국역 만오선생문집

정 장 지음
박미경 옮김

한국국학진흥원

역자소개

박미경 朴媄敬

| 경력 |

경북대학교 중어중문학과 석사과정 졸업
경북대학교 중어중문학과 박사과정 수료
한국국학진흥원 객원연구원(現)

| 역서 |

『만송유고』(공역)
『서계선생일고』
『강해문집』 등

| 논문 |

「'맹자'를 통해서 본 蘇軾과 戴震의 性·情論 비교와 그 의의」

09 영남선현문집 국역총서

국역 만오선생문집

인　쇄　2013년 09월 05일
발　행　2013년 09월 25일

발 행 인　김병일
발 행 처　한국국학진흥원
기　획　한국국학진흥원 연구부 고전국역팀

저　자　정 장
번　역　박미경
해　제　정우락
교　열　정우락
교　정　이기훈·우지영

주　소　경북 안동시 도산면 퇴계로 1997
전화번호　054-851-0700·0743
팩시밀리　054-851-0754
Homepage　http://www.koreastudy.or.kr
E-mail　master@koreastudy.or.kr
출판등록　2002년 3월 18일

편집·제작　도서출판 성심
전화번호　054-857-8051
팩시밀리　054-841-8051

ISBN 978-89-6178-161-9 94810
ISBN 978-89-6178-098-8 (세트)
정가 23,000원

본 도서는 경상북도 영남선현저술 번역사업비의 지원으로 발간되었습니다.

‖ 일러두기 ‖

1. 이 번역본은 『만오선생문집』(목판본 2권 1책)을 저본으로 하였다.
2. 한글 전용을 원칙으로 하였지만, 한자가 필요하다고 판단될 경우에 한자를 병기하였다. 단, 같은 단어가 인접해서 두 번 이상 나오는 경우에는 뒤의 한자를 생략하였다.
3. 운문의 경우 오른쪽에 원문을 부기하고, 번역에서는 한자를 생략하였다.
4. 각주의 한자 표기는 괄호쓰기를 원칙으로 하였지만, 경우에 따라서 원문을 그대로 노출하기도 하였다.
5. 한자 가운데 한글과 음이 다른 표현은 대괄호[ ]로 표기하였다.
6. 관직명의 경우 여러 관직을 중임하였을 때, 한글은 관직에 따라 띄어쓰고 한문은 붙였다.
7. 원문에 결락된 글자는 '□'로 표기하였다.
8. 본서의 원문은 말미에 영인으로 수록하였다.
9. 본서에서 사용된 부호와 그 의미는 다음과 같다.
   - 『 』 : 책명
   - 「 」 : 편명, 작품명
   - " " : 인용문이나 대화체
   - ' ' : 강조 표현이나 간접 인용문
   - [ ] : 한자와 음이 다른 한글 또는 표현
   - · : 병렬형 단어의 중간 표시
   - …… : 중간 생략문

목차

만오선생문집 제1권

만오선생문집 제2권

만오선생문집
晩悟先生文集

해제

▶ 정우락

| 해제 |

『만오선생문집』 해제

정 우 락*

1. 서지사항과 간행경위

『만오선생문집』(이하 『만오집』으로 칭함)은 한강寒岡 정구鄭逑(1543~1620)의 아들 만오晩悟 정장鄭樟(1569~1614)의 시문집이다. 본 국역서의 저본은 1925년 경상북도 성주군 수륜면 회연서원檜淵書院에서 간행한 초간본이다. 내제와 판심제는 '만오선생문집晩悟先生文集'이며, 표제는 '만오집晩悟集'이다. 사주쌍변四周雙邊에 계선界線이 있으며 반엽광곽半葉匡郭의 크기는 17×20.5㎝이고, 책의 크기는 20.5×31㎝이다. 판심版心은 내향2엽 화문어미花紋魚尾에다 상하백구上下白口의 형태로 되어 있다. 10행 20자, 2권 1책의 목판본이다.

『만오집』의 서문은 따로 작성되지 않았고, 문집의 목록은 6판, 권1은 45판, 권2는 18판, 발문은 3판이니 도합 72판이다. 『만오집』의 목판은 최근까지 회연서원 숭모각崇慕閣에 보관되어 오다가 2005년 8월부터 한국국학진흥원에 기탁 보관 중이다. 권1은 저자 본인이 지은 시문을 수록한 것이고, 권2는 부록으로 정장이 죽은 후 그에 대해 쓴 행장이나 묘갈명, 제문 등을 실어 두었다. 발문은 둘인데 하나는 저자의 8대손 함재緘齋 정은석鄭恩錫(1854~1930)이 쓴 것이고, 다른 하나는 저자의 14대 종손 정기락鄭基洛(1881~1946)이 쓴 것이다. 모두 1925년 8월에 작성된 것이다.

* 경북대학교 국어국문학과 교수

『만오집』은 정장이 세상을 떠나고 311년 뒤에 간행되었다. 이 때문에 그 사이 저자의 글이 많이 유실된 것으로 보인다. 일례로 저자가 전라도 도사를 역임하면서 쓴 일기인 「호행일록湖行日錄」이 있었다고 하는데, 문집에는 이에 대한 발문이 남아 있으나 일기는 수록되지 않은 것을 들 수 있다. 이것은 저자의 시문이 시대를 내려오면서 많이 없어졌다는 것을 의미한다. 이에 대하여 발문에서는 이렇게 밝히고 있다.

(가) 지금 세대가 점차 멀어져 부군이 남긴 자취가 점차 멀어지니, 추모하고 그리워하는 마음이 어찌 없을 수 있겠는가? 더구나 생각건대 책 상자에 넣어두었던 유고가 흩어지고 없어져 얼마 남지 않았으니 후손으로서 안타까움을 견딜 수 없다. 게다가 선대 이후로 몇 번이나 판각하려고 하였지만 끝내 이루지 못하였으니, 실로 300년 동안이나 이루지 못하였던 일이다. 지금 종중의 논의가 한데 모아져 원본과 부록을 합하여 한 권의 책으로 만들어 출간에 붙이게 되었다.

(나) 우리 만오 부군은 만력 갑인년(1614, 광해 6)에 돌아가셨으니, 그때는 위로 문목공文穆公이 중풍을 앓으시고, 아래로 승의랑공承議郎公이 겨우 15세로 아직 관례를 치르지 않았다. 또 마침 이 해에 노곡蘆谷의 화재를 당하게 되니 부군의 남긴 글이 사라져 보존되지 못한 것이 마땅하지 않겠는가? 그러나 대대로 내려오면서 마음을 써서 거의 사라진 속에서 남은 일부분과 여러 사람들의 문집 속에 있는 것에서 얻은 대로 기록을 하여 겨우 한 권 분량이 되었다.

위의 글은 모두 『만오집』 발문의 일부인데, (가)는 정은석이 쓴 것이고 (나)는 정기락이 쓴 것이다. 둘 다 1925년에 지은 것으로 『만오집』의 간행경위에 대한 정보가 간략히 제시되어 있다. 우리는 여기서 노곡정사蘆谷精舍에 불이 나 정장의 유문이 많이 사라졌을 것이라는 점, 남은 글을 책 상자에 넣어 두었으나 세월이 오래되어 다수 흩어진 점, 선대 이후로 여러 번 판각하려고 하였지만 300년이 넘도록 그 뜻을 이루지 못한 점, 1925년에 종중宗中의 뜻으로 『만오집』을 원집과 부록으로 나누어 판각하고자 한 점, 정장의 유문을 여러 사람들의 문집 속에서 찾아 다시 보충한 점 등을 알 수 있다.

정구가 72세 되던 해인 1614년(광해 6)은 그에게 있어 매우 불행한 해였다. 1월에 노곡정사에 큰 화재가 발생하여 저술한 책의 대부분이 잿더미가 되었고, 10월에 아들 정장을 잃었기 때문이다. 당시 정장의 아들 유희惟熙는 15세에 지나지 않았고, 정구가 세상을 떠난 해인 1620년에 유희마저 병들어 죽게 된다. 이러한 상황에서 『만오집』 간행은 늦추어지지 않을 수 없었고, 그 사이 유문은 상당량 분실되었을 것으로 보인다. 『만오집』 발문을 지은 두 사람은 위와 같은 사정을 안타까운 심정으로 전하였던 것이다.

2. 저자의 가계와 생애

정장은 자가 직부直夫 혹은 직보直甫이며, 호는 사곡沙谷 또는 만오晩悟이다. 그의 가계와 생애에 대해서는 아버지 정구가 지은 「광기壙記」, 7대손 정위鄭煒(1740~1811)가 지은 「행장」, 이만운李萬運(1723~1797)이 지은 「묘갈명」에 잘 정리되어 있다. 「행장」과 「묘갈명」은 「광기」에 근거한 것인데, 「광기」가 객관적 사실을 간략하게 기술한 것이라면, 「행장」과 「묘갈명」은 선조에 대한 그리운 정서가 주관적 상찬賞讚의 태도와 함께 확장적으로 기술되어 있다. 우선 정장의 가계도를 간략히 제시해보기로 한다.

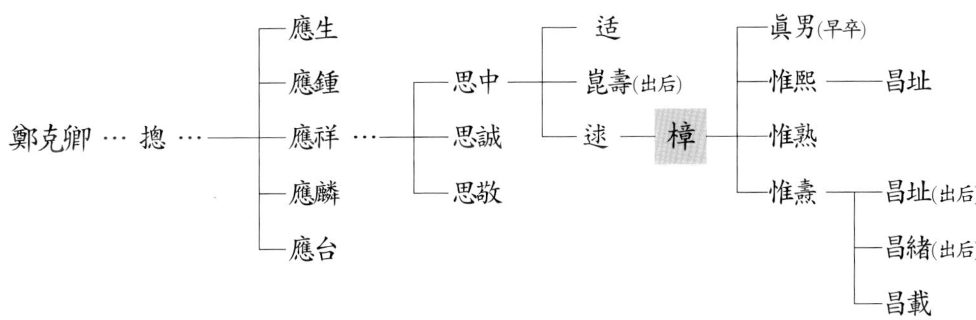

청주 정씨의 세계는 고려 의종毅宗 때 중랑장中郎將을 지낸 정극경鄭克卿(1146~1170)으로부터 시작한다. 정구는 아들 정장의 「광기」에서 “그 선조는 청주인으로 조선의 개국공신인 정당문학政堂文學 문민공文愍公 복재 선생復齋先生 휘 총摠이다. 7세손인 증조할아버지 휘 응상應祥은 사헌부 감찰을 지냈고, 승정원 좌승지에 추증되었다. 할아버지 휘 사중思中은 세상에 나가지 않고 음덕을 쌓았으며 이조 판서에 추증되었다. 아버지 구逑는 품계는 가선嘉善이고 직책은 서함西銜을 받들었다. 어머니 광주光州 이씨는 권지훈련봉사權知訓練奉事 휘 수樹의 딸이고, 할머니 성주 이씨는 처사 휘 환煥의 따님이며, 증조할머니 서흥瑞興 김씨는 한훤당寒暄堂 선생 문경공文敬公 휘 굉필宏弼의 따님이다."라며 그의 선대에 대하여 간략하게 기록하였다.

정장은 아버지 구와 어머니 광주 이씨 사이에서 1남 3녀 중 장남으로 태어났다. 그의 매부 3명은 교리校理 강린姜繗, 봉사奉事 노승盧勝, 부사府使 홍찬洪燦이다. 창녕 조씨 평안도 도사 광익光益의 따님에게 장가들어 아들 넷과 딸 둘을 낳았다. 아들 넷은 진남眞男·유희惟熙·유숙惟熟·유도惟燾인데, 진남은 일찍 죽었다. 딸 둘을 낳았으나 한 명은 일찍 죽고 나머지 한 명은 광주인光州人 노증盧增에게 시집을 갔다. 유희와 현풍 곽씨 사이에서 아들이 없어 셋째 동생 유도의 맏아들 창지昌址로 하여금 대를 잇도록 했다.

정장은 1569년(선조 2) 6월에 사월沙月의 본가에서 출생했다. 당시 아버지 정구는 27세로 모친상을 당한 중이었다. 정장의 조모 성주 이씨가 1568년 11월에 세상을 떠났는데, 정구는 장이 태어나기 한 달 전인 1569년 5월에 아버지의 묘소를 성주부 서쪽 회봉산回峯山에서 성주부 남쪽 대리大里 창평산蒼坪山 기슭으로 이장한 후 어머니와 합장하였다. 이후 정구는 1572년(선조 5) 30세의 나이로 선영을 돌보기 위하여 한강정사寒岡精舍를 지었는데, 이것이 계기가 되어 창평산 기슭 지촌枝村에는 정구의 후손들이 대대로 살게 되었다.

1583년(선조 16) 1월에 정장은 15세의 나이로 관례를 치렀다. 이때 아버지 정구는 41세였는데, 창평에서 남쪽으로 1리 남짓한 지점에 회연초당檜淵草堂을 완성하고 백매원을 조성한다. 이 해에 정구는 문하 제생과 함께 계를 결성하여 매달 초하룻날에 강회를 열었다. 정장 역시 여기에 참여하여 아버지로부터 훈도를 받게 된다. 정위는 그의 「행장」에서 "늘 청천서재晴川書齋에 모여 강학을 하였는데, 청천은 문목공이 도를 강론하던 곳이다. 지금 그 강록講錄을 살펴보니 문목공이 실로 부군을 허여하였다. 학문에 오로지 독실하여 아버지가 인정한 것이 대개 이와 같았다."라고 기술하고 있다. 정장은 이 청천서재의 운영을 위하여 다음과 같은 글을 써서 방백에게 올린 적도 있다.

> 성주 청천서재晴川書齋 유생인 진사 이서李紓 등은 삼가 목욕재계하고 겸 순찰사兼巡察使 합하閤下께 글을 올립니다.
> 삼가 아룁니다. 우리 고을은 먼 영남에 있지만 문헌을 상고할 수 없다고는 말할 수 없어, 다행히 고을 어른들이 창도倡導하는 노력에 힘입어 가수伽水 가에 몇 칸의 집을 지었습니다. 생각해보니 집은 있으나 양식이 없어서 이에 약간의 무명과 비단을 마련하여 바닷고을에서 소금과 바꾸었습니다만, 한미한 선비가 힘이 부족하여 운송해 오기가 또한 어렵습니다.

이 글은 「고을 사람들을 위하여 방백에게 올리는 글[爲鄕人呈方伯文]」의 일부이다. '가수伽水'는 대가천으로 청천서재가 봉비암 근처이기 때문에 이렇게 말한 것이다. 이 청천서재는 당시 정구 등이 향현을 기리며 강학을 열기 위해서 세운 것이다. 위의 글은 정장이 청천서재로 소금을 실어올 관선官船을 내어달라고 방백方伯에게 청을 올린 것이지만, 우리는 여기서 청천정사의 존재와 함께 이 서재가 당시 강학을 위한 주요 공간으로 활용되었다는 사실을 확인할 수 있다.

정장이 청천서재에서 강학한 주요 내용이 무엇인지 확인할 수 없으나 사환을 위한 과거 공부도 중요한 일과 중의 하나였던 것으로 보인다. 향시 등의 시험에 여러 번 응시하였을 뿐만 아니라, 정경운의 『고대일록孤臺日錄』에는 그가 과거를 보러 서울로 가는 길에 정장을 만나 아버지 정구에 대한 안부를 묻고 있다. "길에서 정직부鄭直夫를 만나 한강 선생이 평안하시다는 소식을 들었다.(1594년 11월 20일조)"라고 한 대목이 그것이다. '직부'는 정장의 자이다.

정장의 관직생활은 삼촌인 백곡栢谷 정곤수鄭崑壽(1538~1602)를 통해 이루어진다. 정곤수는 1597년(선조 30) 9월에 사은 겸 변무진주사謝恩兼辨誣陳奏使로 임명되고, 그해 12월에 교서를 받들어 중국에 들어간다. 이 부분에 대하여 정곤수의 행장에서는 "이 당시 칙서를 내린 황제의 은혜에 사례해야 하고 우리나라가 일본과 결탁하여 중국을 침략하려 한다는 명나라의 의혹을 반드시 해명해야 할 처지에 놓였는데, 공이 사은 겸 변무진주사에 차임되어 영중추부사의 임시 직함을 제수받았다. 12월에 표문表文을 받들고 명나라에 들어가 다각도로 교섭하고 변론하여 황제의 의심이 깨끗하게 풀렸다."고 기술하고 있다.

정곤수는 1598년(선조 31) 6월에 조선으로 돌아와서 선조에게 복명하였다. 이에 선조는 정곤수가 임무 수행을 성공적으로 수행한 것에 대하여 그 자제에게 관직을 제수하여 공로에 보답하고자 했다. 정곤수의 품계가 이미 높아 더 올려 줄 수가 없었기 때문이었다. 이때 정곤수는 자신의 자식을 제쳐두고 조카에게 벼슬을 주도록 청하였고, 따라서 정장은 빙고 별제氷庫別提에 임명될 수 있었다. 빙고는 국가기관과 관료들이 사용할 얼음을 저장하고 지급하는 일을 맡는 관서인데, 별제는 정6품에 해당하는 관직이었다.

이후 정장은 사섬시 직장司贍寺直長, 통례원 인의通禮院引儀, 사헌부 감찰司憲府監察, 연기 현감燕岐縣監, 신녕 현감新寧縣監 등 내외 관직을 두루 역임하게 된다. 당시 정장은 서울에 있으면서 김대현金大賢(1553~1602) 등 15인과 함께 재경 향우회 성격을 지닌 칠송정七松亭 동도회同道會를 조직하여 활동하기도 한다. 그리고 조익趙翊(1556~1613)이 쓴 「공산일기公山日記」에 "연기 군수 직부直夫 정장鄭樟이 서신을 부치면서 아울러 물자도 보내와 시로 감사를 전했다.(1602년 5월 13일조)"라고 하거나, 경섬慶暹(1562~1620)이 쓴 『해사록海槎錄』에 "신시에 말을 달려 신녕현으로 들어갔는데, 현감은 정장이었다.(1607년 1월 28일조)"라고 한 기록 등을 통해 외직을 수행하고 있는 정장의 편린을 만나게 된다.

정장은 연기 현감 직을 수행하며 물의를 일으켜 파직을 당한다. 이에 정구는 1604년(선조 37) 그를 지산芝山 조호익曺好益(1545~1609)에게 보내어 글을 배우도록 했다. 이를 계기로 정장은 1607년(선조 40)에 조경曺瓊·정사상鄭四象·이의혼李宜渾·이의잠李宜潛·박돈朴暾·김취려金就礪 등과 의논하여 조호익의 망회정忘懷亭 곁에 선생을 위한 서재를 건립할 수 있었다. 정장은 1607년(선조 40) 신녕 현감으로 복직되었으며, 1608년(선조 41) 1월에는 정인홍鄭仁弘이 나포되어 가까운 지역을 지나가자 아버지의 명을 받고 가서 위문하기도 했다.

정장은 신녕 현감 말년인 1612년(광해 4)에 증광시增廣試 문과에서 을과 5위로 급제한다. 그는 당시의 감회를 "고생하며 왔던 때의 길손이, 기쁘게 길 떠나는 사람 되었네. 성은이 이처럼 크시건만, 한 방울도 보답할 길이 없네."라고 하면서 「과거에 급제하고 감회가 있어서[登第有感]」라는 시를 지어 당시의 느낌을 토로하였다. 당시 함께 급제한 동방同榜은 모두 33인이었는데, 이들을 떠올리며 다음과 같은 시를 짓기도 했다. 「임자년 방목에 대하여 짓다[題壬子榜目]」가 그것이다.

함께 급제한 서른세 사람은	同年三十有三人
홍패에 이름 올려 은택 고루 받았지	紅紙題名雨露均
훗날 조정에서 충신 간신으로 나뉠 터이니	立朝佗日忠邪別
성군의 신하로서 누군들 부끄럽지 않으리	誰是無慚聖主臣

기구에서 제시한 함께 급제한 33인은, 정장과 더불어 이민구李敏求·김윤안金允安·황중윤黃中允·김녕金寧·신홍립辛弘立·이익엽李益燁·신천익愼天翊·엄성嚴惺·강대진姜大進·정광경鄭廣敬·권집權潗·한명욱韓明勖·신익수申翼壽·변종신邊宗信·남궁경南宮綮·이진영李晉英·이유달李惟達·이여황李如璜·김영조金榮祖·정세구鄭世矩·채용蔡容·유백증兪伯曾·진상홍秦尙弘·윤선원尹善元·남궁해南宮楷·안홍량安弘量·신역우申易于·유시위柳時偉·이평李坪·오숙吳䎘·김령金坽·이대엽李大燁 등이다. 정장은 이들 33인을 기억하면서 부끄럽지 않은 신하가 되고자 했던 것이다.

과거에 급제한 정장은 성균관 전적·충청도 도사·예조 좌랑·전라도 도사 등을 역임하였고, 충청도 도사에 임명되어 부임하기도 전에 예조 좌랑에 임명되었다. 정장이 서울에 머물러 있을 때, 아버지 정구는 광해군이 영창대군永昌大君을 시형시키려 하고 인목대비仁穆大妃를 별궁에 유폐시켰다는 소식을 듣고 급히 상소하였다. 그러나 정장은 아버지께 화가 미칠까를 두려워하여 상소문을 올리지 않았고, 이를 안 정구는 다시 상소를 하였다. 『광해군일기』 1613년 11월 10일 조에는 「전 참판 정구의 상소」라는 제하에 이 사실이 잘 나타나 있다.

정장이 전라도 도사가 되어 직무를 수행할 때 이런 일도 있었다. 당시 맏아들 유희惟熙가 10살 남짓이었는데 관아에서 인쇄한 책을 부탁하자, 그는 "내가 평생 아는 것은 '관직에 있을 때 청렴하고 삼간다[居官淸愼]'는 네 글자뿐이다. 지금 관의 힘으로 인쇄한 책을 너에게 주는 것은 결코 자손에게 모범을 끼치는 도리가 아니다. 더군다나 네가 책을 읽으려면 집안에 소장되어 있는 것으로도 충분한데 하필 관아의 재력을 허비하려고 하느냐?"라며 나무랐다. 그의 청렴한 관직생활과 엄격한 자녀교육에 대하여 알 수 있는 대목이다.

그러나 정장은 전라도 도사직을 수행하면서 심각한 병에 걸린다. 이 때문에 더 이상 직무를 수행할 수가 없어 사직하고 고향으로 돌아오게 되고, 이어 1614년(광해 6) 10월에 세상을 뜨고 만다. 향년이 46세였다. 아버지 정구는 죽은 아들의 「광기壙記」를 적으며 슬퍼하였다. 여찬呂燦은 정장을 기리는 만사에서 "관이 지하에 있으니 공자처럼 애통해 하고, 광기를 돌에 쓰며 주자처럼 마음 아파했네."라 했다. 맏아들 백어伯魚가 먼저 죽어 공자가 슬퍼하고, 아들 주숙朱塾의 광기를 쓰며 주자가 가슴 아파했던 것으로 정구의 상황을 비유한 것이다. 정장이 죽자 처음에는 창평산蒼坪山 자좌子坐의 언덕에 장사지냈다가, 뒤에 원래의 묘 동쪽 건좌乾坐의 언덕으로 이장하였다. 이후 그는 원종훈原從勳으로서 승정원 도승지에 추증되었다.

3. 강안江岸 학통 계승

사람들은 정구와 그의 아들 정장을 공자와 백어, 주자와 주숙의 관계에 빗대어 표현하기를 좋아했다. 이만운李萬運(1723~1797)이 정장의 묘갈명에서 "어려서는 아버지께 가르침 받고, 자라서는 스승께 나아가 배웠네.[鯉過庭 塾遊婺]"라고 한 데서도 이러한 사실은 잘 나타난다. 이만운의 이 발언은 단순히 정구와 정장의 관계를 말한 것이 아니다. 그의 학문이 위로는 공자와 주자에 닿아 있으면서, 동시에 어려서는 아버지에게 학문을 익히고, 자라서는 김우옹에게 나아가 배웠다는 것으로 의미를 확대할 수 있기 때문이다. 정구와 김우옹은 강좌의 이황과 강우의 조식 학통을 동시에 이어받았던 대표적인 인물이다. 정장이 이들로부터 학문을 익혔으니 그는 낙동강 연안의 학문을 의미하는 강안 학통을 계승하였다고 할 것이다.

그렇다면 정장이 이황 및 조식과 어떻게 연결될 수 있을까? 『만오집』에는 이황에 대한 언급이 나타나지 않는다. 그러나 이황이 그러했던 것처럼 정장은 매화를 지극히 사랑해서 그를 '매형梅兄'이라 부르며 찬사를 아끼지 않았다. 매화가 지닌 아취雅趣를 깊이 느끼면서 아취가 이취理趣와 맞물리도록 하였다. 조식의 경우는 더욱 직접적으로 나타난다. 정장은 조식이 30대에 살았던 김해의 산해정을 방문하여 차운시를 지었으며, 전라도 도사가 되었을 때는 조식의 신도비에 쓰일 돌을 운반하기 위하여 많은 노력을 기울였다. 다음 작품을 보자.

(가) 매화 형은 언제 이 화분에 옮겨졌소　　梅兄何日此盆移
천 년 만에 다시 화정 같은 지기 만났네　　千載重逢和靖知
다행스럽게도 당 앞에 대나무 아우 있어　　兼幸堂前添竹弟
맑은 향 곧은 절개 서로 잘 어울리네　　清香貞節渾相宜

(나) 그 누가 여기에 높은 정자 세웠나　　伊誰於此起高亭
난간 밖은 아득히 만 리의 바다라네　　檻外遙連萬里溟
학문의 바다에 사는 것을 자부했고　　生計自誇專學海
글재주는 문성에 응했다고들 했지　　詞華人謂應文星
『주역』 읊으며 소나무 걸상에 걸터앉고　　口吟羲易橫松榻
도금 타며 대나무 문빗장에 기대네　　手弄陶琴倚竹扃
그 속에 참된 정취 아는 이 적지만　　眞趣箇中知者少
그윽한 회포 남명과 기만히 합하네　　幽懷默契我南冥

(가)는 노척盧脊(1575~1643)의 「분매盆梅」를 차운한 「노 중임 척의 '분매' 시에 차운하다. 열 수의 절구[次盧重任盆梅韻十絶]」 가운데 아홉째 시이다. 여기서 정장은 '매화 형[梅兄]'이 화분에 옮겨져 화정和靖 같은 지기를 만나게 되었다고 했다. 화정은 매처학자梅妻鶴子로 유명한 송나라의 임포林逋를 의미하는 바, 노척을 이렇게 비유한 것이다. 이처럼 사물과 사람이 어울릴 뿐만 아니라, 매화는 다시 당 앞의 대나무와 형제의 관계를 이룬다고 했다. 나아가 매화와 대나무가 어울릴 수 있는 품격도 제시하였는데 청향清香과 정절貞節이 그것이다. 우리는 여기서 사람(노척)과 사물(매형), 사물(매화)과 사물(대나무)이 일체가 되는 경지를 확인하게 된다.

정장은 이 시에서 '매형'을 세 번 제시한다. 앞에서 든 구절 외에도 "늦게 만난 매화 형과 깊은 인연 맺었네[晩遇梅兄深結知]", "나는 매화 형의 변함없는 절개를 사랑하지만[我愛梅兄節不移]"이라 한 것이 그것이다. 특히 이들 시편에 나타나는 '정중의靜中宜', '정중진취靜中眞趣' 등의 시구는 그의 의식이 어디를 향해 있는가를 분명히 보여주고 있어 중요하다. '지경持敬'을 통한 수양론과 바로 결합되기 때문이다. 수양론에 입각한 이러한 시적 형상은 당대 선비들에게 일반적이기는 하지만, 이황의 매화 사랑이 정구의 백매원으로, 다시 정장의 분매시 10수로 이어지는 지점을 발견할 수 있다는 점에서 특기할 만하다.

(나)는 「삼가 산해정 시에 차운하다[敬次山海亭韻]」이다. 조식은 김해의 산해정에 살면서 산처럼 높고 바다처럼 깊은 학문을 추구하며, 출사出仕와 퇴처退處에 대하여 모색하였다. 여기서 조식은 밀양의 신계성申季誠, 청도의 김대유金大有, 초계의 이희안李希顔, 단성의 이원李源 등과 학문을 강론하였는데, 당시 사람들은 덕성德星이 모였다고 했다. 정장 역시 이를 인식하면서 문성文星을 제시하였다. 이 시에서 특별히 주목되는 것은 미련이다. 진취眞趣를 아는 사람이 드문데, 자신의 생각이 가만히 조식과 합치된다고 하고 있기 때문이다. 이것은 정장의 정신세계가 조식과 강한 친밀성을 지니고 있음을 보인 것이라 하겠다.

조식에 대한 공감은 그가 전라도 도사로 있을 때는 구체적인 행동으로 나타나기도 했다. 「호남의 여러 읍에 통지하여 깨우치는 글[通諭湖南列邑文]」에서 조식의 신도비를 만드는 일에 적극 동참하기를 호소하고 있기 때문이다. 그는 이 글에서 "남명 조식 선생의 신도비에 쓰일 돌을 이제 막 장수현長水縣에서 파내어 채취하였으니, 무릇 선생의 덕을 사모하는 자는 마음을 다하여 돌보아서 대사를 이루지 않을 수 없습니다."라고 하면서 각 읍의 수령과 선비들에게 조식의 신도비 건립을 위한 자금 지원을 당부하였다. 조식에 대한 특별한 존경심이 없이는 불가능한 일이라 할 것이다.

강안 학통과 어떻게 결합되는가는 누구에게 배웠는가 하는 문제와 직결된다. 강안학은 낙동강 연안의 유학을 기반으로 하는 바, 기호학과 영남학, 퇴계학과 남명학이 회통하는 특성을 지닌다. 이는 지역적 특성과 맞물린다고 하겠는데, 정장이 생활하였던 성주는 이러한 성향을 지닌 대표적인 지역이다. 이 지역은 퇴계학파와 남명학파의 중간 지점에 자리하며, 이황과 조식을 함께 스승으로 모신 사인들도 많았다. 성주의 양강兩岡으로 알려진 정구와 김우옹은 그 대표적 인물이다. 정장은 30대 중반에 조호익을 스승으로 섬기기도 하지만, 이들로부터 가장 많은 영향을 받았던 것으로 보인다.

> 열 살 남짓의 나이에 이미 선생의 정성스런 가르침을 받았습니다. 선생께서는 소자가 못난 사람이라 여기지 않으시고, 미루어 허물이 없는 곳에 들게 하셨습니다. 조그만 허물을 보시면 근심이 낯빛에 드러났으며, 조금이라도 잘한 것이 있으면 기쁨이 모습에 나타났으니, 어찌 단지 평범한 사제와 비교할 수 있겠습니까? 실로 하늘이 부여한 인륜의 정과 같았습니다. 그 이래 수십 년간 비록 경서를 수업 받지는 않았지만 저의 공경하여 우러르고 사모하고 기뻐하는 마음은 한시도 그친 적이 없었습니다.

위의 글은 정장이 쓴 「동강 선생을 애도하는 제문[祭東岡先生文]」의 일부이다. 여기에 의하면 그가 열 살 남짓 되었을 때부터 김우옹의 문하에 나아가 가르침을 받은 것을 알 수 있다. 그러나 '그 이래 수십 년간 비록 경서를 수업 받지는 못했지만'이라는 구절에서 보듯이 정장은 김우옹에게 집경수업執經受業을 깊이 받지는 못했던 것으로 보인다. 김우옹이 벼슬살이 때문에 시골에 오래 머물러 있을 수가 없었기 때문일 것이다. 이러한 상황에서 정구가 청천서재에서 강학을 열자 그는 여기에 참여하여 동료들과 함께 경전 공부를 깊이 있게 해 나갔다. 아래 예문도 그의 학통과 관련된 것이다.

> 부군은 가학家學을 이어받고 동강東岡 선생의 문하에서 배우니, 문장과 품행과 도의는 동년배보다 뛰어났고, 그 당시에 재주와 명망 있는 사람 중에 친애하지 않는 이가 없었다. 낙재樂齋·석담石潭·졸재拙齋 등의 여러 사람들과 가장 뜻이 맞아, 하루도 서로 떨어지지 않았다.

위의 글은 7대손 정위가 쓴 정장의 「행장」 가운데 일부이다. 여기서 보듯이 정장은 가학적 전통 아래 김우옹에게 나아가 배웠다. 특히 봉비암 근처에 세웠던 청천서재에서 강안학파의 인물들이 대거 참여하여 강론했던 것으로 보인다. 위에서 언급한 낙재樂齋 서사원徐思遠(1550~1615), 석담石潭 이윤우李潤雨(1569~1634), 졸재拙齋 정추鄭錘(1573~1612) 등이 모두 여기에 해당한다. 이처럼 정장은 위로는 정구와 김우옹을 스승으로 모시고, 옆으로는 서사원 등과 교유하면서 강안 학통을 더욱 공고히 해나갔다. 그러나 이황과 조식, 정구와 김우옹의 학문이 그의 학문 속에 구체적으로 어떻게 반영되었는지는 논하기 어렵다. 현재 남아 있는 그의 문집 속에는 여기에 대한 언급들이 거의 남아 있지 않기 때문이다.

4. 『만오집』의 구성과 내용

정장의 내종형 이서가 그를 애도하는 제문에서 "책에 대해서는 통달하지 않은 것이 없었지만 역학易學에 더욱 정밀하였습니다. 문장에도 솜씨가 있었는데 사륙변려문에 더욱 재주가 있었습니다."라고 한 것으로 보아 그는 '역학'과 '문장'에 특별한 장기가 있었던 것 같다. 특히 그의 문장은 많은 사람들에 의해 높이 평가되었다. "생각건대 공께서는 일찍부터 문장에 통달하여 일찌감치 훌륭한 인재 되었네."(채몽연), "학업을 일찌감치 이루어 문장은 남달리 뛰어났었네."(이천봉)라고 하는 등 제문에 나타나는 허다한 수사를 보면 바로 알 수 있다. 그러나 『만오집』은 분량 면에서 매우 소략하고 남아 있는 것도 문과 급제 이후의 글이 대부분이다. 현재 우리가 볼 수 있는 『만오집』은 그의 짧은 생애에서도 극히 일부분의 것에 해당한다. 이러한 한계를 인정하면서 『만오집』의 구성과 내용을 살펴보기로 하자.

우선 『만오집』의 구성부터 보자. 이 책은 크게 두 부분으로 나뉘어 있다. 하나는 정장 스스로 지은 작품이고 다른 하나는 타인이 정장을 향해 쓴 작품이다. 정장의 작품은 권1에 실려 있고, 타인이 쓴 것은 권2에 부록의 형태로 실려 있다. 이로 보아 『만오집』은 서문이 없는 것을 제외하면 그 구성면에 있어 여타의 문집과 다를 바가 없다. 장현광張顯光이 지은 「제정도사장문祭鄭都事樟文」과 같이 빠진 글도 있어, 현재의 『만오집』은 불완전한 형태로 존재한다. 이를 염두에 두면서 권차 별로 『만오집』의 대체적인 구성을 살펴보면 다음과 같다.

권수	구　　성
권1	시 86수, 책策 1편, 전箋 1편, 교서敎書 1편, 서書 12편, 잡저 2편, 발跋 1편, 잠箴 1편, 제문 9편
권2	광기壙記(정구鄭逑), 행장(정위鄭煒), 묘갈명(이만운李萬運), 제문 14편, 만장 15수, 발 2편(정은석鄭恩錫·정기락鄭基洛)

『만오집』의 경우 시가 86수로 여타의 글에 견주어 볼 때 비교적 많은 편이다. 여기에는 장단구로 된 「원유곡遠遊曲」을 비롯해서 다양한 형식의 시편들이 있어 그의 서정 세계를 알 수 있게 한다. 그리고 오장吳長(1565~1617)을 대신해서 지은 「전라도 관찰사 이경전에게 교시하는 글[敎全羅道觀察使李慶全書]」에서 볼 수 있듯이 관리로서의 행적을 읽을 수 있는 글도 있다. 권2에는 아버지 정구의 「광기壙記」를 비롯해서 다양한 제문 및 만사가 있고, 또한 정위가 쓴 「행장」과 이만운이 쓴 「묘갈명」이 있다. 「행장」과 「묘갈명」은 18세기 후반에 쓰인 것인데, 이 시기 정장에 대한 추모 사업이 본격적으로 일어났다는 것을 알 수 있다. 그러나 문집을 만드는 데까지는 나아가지 못했고, 정기락의 시대인 20세기 초반에 들어와서야 겨우 문집이 만들어지게 되었다.

그렇다면 『만오집』의 내용은 어떻게 구성되어 있는가? 정장은 학자이면서 관료였다. 그가 '역학'과 '문장'에 특별한 장기가 있었다고 하지만 현재 남은 자료로는 그 성과를 판단하기가 어렵다. 아울러 관리 생활을 하였지만, 연기 현감과 예조 좌랑으로 있을 때 각각 한 차례씩 파직을 당하였다. 게다가 전라도 도사에 부임해서는 심각한 병마가 닥쳐 직무 역시 제대로 수행할 수가 없었으니 그의 환로는 순탄한 것이 아니었다. 따라서 그의 학자적 삶과 관료적 삶은 모두 불우했다고 하겠는데, 이를 염두에 두면서 『만오집』의 주요 내용을 몇 가지로 나누어 살펴보기로 한다.

첫째, 정장은 아버지 정구의 강한 영향력 아래에 있었다는 점이다. 정구는 영남학파에서 매우 두드러진 인물이었기 때문에 그는 항상 아버지의 자장 하에 있었을 것으로 보인다. 그의 편지에 아버지 정구가 자주 등장하는 것에서도 이러한 사실을 알 수 있다. "늙으신 아버지께서는 엊그제 집으로 돌아가셨다가 어제 무흘武屹에 들어가셨습니다. 이러한 연로한 연세에 조용히 머물러 쉬지 못하시니 저는 걱정입니다."(고종사촌 형인 노주부 극홍에게 드리다[與表兄盧主簿克弘]), "아버지께서는 지난번 화재를 당해 집과 책이 모두 불타버렸습니다. 다른 것은 아까울 것이 없지만 만 권의 서적은 다시 얻을 수 있겠습니까?"(방백에게 답하다[答方伯]) 등이 대체로 그러한 것이다.

14대손 정기락이 발문을 쓰면서 "아! 세상 사람들은 부군이 문목공의 자식인 줄은 알지만 부군이 부군인 줄을 알지 못한다. 그렇다면 부군에 대하여 놓쳐버린 점이 있지 않겠는가?"라며 탄식해 마지않았다. 이러한 탄식에서 오히려 정장에 대한 당대인들의 인식이 어떠하였는가를 분명히 읽을 수 있다. 앞서 언급한 정경운의 『고대일록』에서도 보았듯이 당대의 선비들은 정장을 만나면 그의 아버지 정구의 안부부터 먼저 물었고, 이것을 특별히 기록해 두기도 하였다. 이처럼 대학자 정구의 아들이라는 사실이 정장에게는 그림자처럼 따라다녔다. 제문이나 만사에는 이러한 사실이 더욱 뚜렷하다.

(가) 충효는 집안에서 전해 내려오고 家傳忠孝
시서의 학문을 대대로 익혔네 世業詩書
아버지의 가르침을 받들어 奉承庭訓
일찍부터 아름다운 칭송 있었네 夙有令譽

(나) 참되고 순박한 성품 세상에 드무니 眞淳世所稀
선을 좋아하여 벗들이 모두 공경했네 好善友共欽
부친께 배워 학문이 더욱 독실했고 鯉庭學益篤
학문에 매진하여 조예가 깊었다네 董帷造詣深

(가)는 조정趙靖(1555~1636)이 쓴 만장이고, (나)는 이천봉李天封(1567~1634)이 쓴 만장이

다. 대대로 내려오는 충효의 집안이라든가 시서를 공부하였다는 점, 순후한 성품을 지녀 벗들이 공경했다는 것 등은 만장에서 흔히 볼 수 있는 수사이다. 그러나 앞의 '정훈庭訓'이나 뒤의 '정학庭學'은 특별한 의미가 있다. 모두 정구를 공자에, 정장을 공자의 아들 백어伯魚에 비유하고 있기 때문이다. 『논어』「계씨」에 보이듯이 공자는 뜰에서 백어에게 시례詩禮의 중요성을 일깨웠다. 이에 근거하여 당시의 사람들은 정장에게 특별한 '정훈'이 있었을 것이라 생각했다. 송광계宋光啓의 '어려서 집안의 가르침을 아버지께 배웠다', 박명윤朴明胤의 '일찍부터 집안의 가르침을 전수받았다', 이언영李彦英의 '오랜 세월 아버지께 가르침을 받았다', 이탁李濯의 '이끌어 줌은 오로지 아버지의 가르침에 힘입었다' 등 허다한 구절이 모두 그것이다. 우리는 여기서 정장의 생애에서 아버지 정구의 자장을 느낄 수 있다.

둘째, 수양과 학문에의 의지를 강하게 드러냈다는 점이다. 위기지학爲己之學은 선비들이 학문의 입문단계에서부터 항상 배우는 것이다. 정장 역시 이를 위하여 무척 노력했던 것으로 보인다. 그는 일찍이 자연 속에서 시서를 읽으며 살고 싶어했다. "좌천과 승진 옳고 그름에 관심 없으니, 또 어찌 공경과 재상을 부러워하랴. 방의 왼쪽 오른쪽에 수많은 도서 두고, 집의 앞뒤에 우뚝한 산 흐르는 물 있네. 대그릇 밥과 표주박 물도 즐겁노니, 대대로 요순의 태평세월 노래 부르네. 욕심 없이 만족하여 늙는 줄도 모르겠거늘, 다시 이 밖에 무엇을 구하랴."(「원유곡遠遊曲」)라고 한 데서 그러함을 알 수 있다. 그의 수기적修己的 면모는 「소첩잠梳貼箴」에 가장 적실하게 드러난다.

내 머리는 네가 빗고	我髮汝理
내 때는 네가 씻는데	我垢汝滌
내 마음은 누가 다스리며	我心誰理
내 욕심은 누가 막을까	我欲誰窒
오직 안과 밖은	惟外與內
다스리는 것이 하나라네	其理則一
어찌 내 이를 생각하여	盍余念玆
종일 애쓰고 삼가지 않으리	朝乾夕惕

빗을 소재로 잠을 지었다. 그는 이 시에서 '빗-몸-마음-욕심'의 상관관계를 연역해 내고 있다. 이를 '아발我髮 - 아구我垢 - 아심我心 - 아욕我欲'의 구도로 설명하고자 했다. 즉 빗이 '나의 머리'와 '나의 때'를 씻어내듯이, 나는 '나의 마음'을 다스려 '나의 욕심'을 물리치자는 것이다. '나[我]'를 특별히 강조하면서 모든 문제가 나에게 있다는 것을 보였다. '기리즉일其理則一'은 '빗과 몸'의 관계가 '마음과 욕심'의 관계와 같다는 것인데, 이를 위하여 '종일 애쓰고 삼가'는 것이 무엇보다 중요하다고 보고, 정장은 여기에 매진하고자 하였다. 매진의 구체적 내용 가운데 하나가 학문이기 때문에 정장은 다음과 같이 노래할 수 있었다.

학문에 뜻을 둔 초년에는 면장이 부끄러워	志學初年愧面牆
경전 안고 도를 구하면서 길 헤맬까 두려웠네	抱經求道懼迷方
그리워하며 만나지 못함을 얼마나 한하였나	懷人幾恨難同席
옛날 생각하며 당에 오르지 못함을 상심했네	思古偏傷未入堂
널리 배워 단속하려고 스승 따르기를 바랐고	博約願從函丈得
서로 공부하려고 벗의 도움을 기약했지	交修期與友朋相
난초방에서 다행히 제현의 뒤를 받드니	蘭房幸奉諸賢後
장래에 광간한 자 면할 수 있어 기쁘네	却喜將來免作狂

여러 벗들과 경상북도 성주군 수륜면에 있는 청휘당에서 분운分韻한 것이다. 정장은 그때 "일용의 공부로 다른 일 없어, 서로 격려하며 함께 노력할 뿐.[日用無餘功 相看俱努力]"라는 주자시 「무이정사잡영武夷精舍雜詠」에서 '득得'자를 얻어 위와 같은 시를 지었다. 여기에는 그의 학문 과정과 현재적 상황이 잘 나타나 있다. 초년에 경전을 안고 도를 구하던 일, 공부를 하면서도 승당升堂을 못해 상심했던 일, 스승을 찾아 널리 배우고 벗들과 상마相磨하던 일들을 먼저 말하고, 마침내 '광간狂簡'한 자가 되지 않을 수 있어 기쁘다고 했다. 광간은 뜻은 크지만 실천력에 문제가 있는 것을 의미한다. 정장은 사우와의 학문을 통해 이를 면할 수 있었다고 했으니, 그의 학문적 자부심을 드러낸 것으로 보아도 좋을 것이다.

셋째, 관리로서 치도治道를 바르게 하기 위하여 고심하였다는 점이다. 정장이 처음에는 숙부 정곤수鄭崑壽(1538~1602)의 추천에 의해 음직으로 출사하였고, 나중에는 문과에 급제하여 벼슬길로 나아갔다. 「회포를 말하다[述懷]」라는 시에서 "한평생 천하에 뜻을 두어, 부귀영화는 바라지 않았네."라고 하였고, 「부안에서 새벽에 읊다[扶安曉吟]」에서 "천리 먼 대궐 생각 내내 꿈속에 들어오고, 외로운 충정에 잠 못 드는데 또 닭이 우네."라고 한 데서 그가 스스로 생각한 유가적 이상을 관직생활을 통해 실현하고자 하였음을 알 수 있다. 그는 치도를 임금과 신하로 나누어 생각했다. 임금의 경우부터 보자.

> 군주가 오로지 인仁을 생각하는 것은 천하가 지극히 잘 다스려지는 기틀입니다. 인仁은 사랑이 중심이고, 사랑은 애민愛民보다 큰 것이 없습니다. 그러므로 하소연할 곳이 없는 자를 학대하지 않았던 것은 우임금이 백성을 어여삐 여겼던 방법이며, 홀아비와 과부에게 은혜를 끼쳤던 것은 문왕이 백성을 어여삐 여겼던 방법입니다. 오늘날은 노나라 장공莊公 때처럼 심하게 가뭄이 들어 한 해 내내 풍족하지 못하니, 위정자가 백성을 도탄에 빠뜨린다는 탄식이 있으며, 백성들이 살 곳을 정하리란 기약을 할 수 없습니다. 백성들이 하소연할 곳이 없기가 이때보다 심한 적이 없었으니, 오직 전하께서는 유념하십시오.

「사폐책史弊策」의 일부이다. 이 글은 역사 기록의 폐단에 대한 대책을 말한 것이다. 정장은 여기서 '사폐'를 위하여 사관의 선발이 무엇보다 중요하고, 이 사관은 '재주', '학문', '식견'이 모두 갖추어진 자라야 한다고 했다. 현재 이러한 자가 없기 때문에 사관의 배양이 무엇보다 중요하다고도 했다. 이와 함께 당대의 급무를 2강綱 8목目으로 제시했다. 2강은 '마음 바르게 쓰기[正心術]'와 '기강 세우기[立紀綱]'이고, 8목은 '하늘의 노여움을 경외하기[敬天怒]', '백성들의 고통을 불쌍히 여기기[恤民隱]', '언로 열기[開言路]', '인심 수습하기[收人心]', '인재 선발을 공정히 하기[公銓選]', '경연 열기[開經筵]', '학교 숭상하기[崇學校]', '국방 대비를 엄격히 하기[嚴武備]' 등이다. 이 모든 것이 군주의 마음이 어떠한가에 달려 있다고 하면서 임금의 '인仁'을 강조하였던 것이다.

정장은 신하가 가져야 하는 치도治道를 언급하기도 했다. 그는 지방정치에 대하여 더욱 많은 관심을 가졌는데, 가장 중요한 덕목은 '충신독경忠信篤敬'이라 했다. 정장은 함경도 수성輸城으로 부임하는 이윤우李潤雨(1569~1634)를 전송한 일이 있다. 이때 그는 시를 지어 주면서 관직에 임하는 태도를 서문의 형식으로 간략하게 말했다. 즉 "멀거나 가깝다고 하여 달리 여기지 말고, 높고 낮다고 하여 차이를 두지 말고, 그대 직분에 더욱 힘써서 주상의 은혜에 보답하려고 하는, 이것이 바로 무백茂伯(이윤우의 자)의 벗이 무백에게 기대하는 것이 아니겠는가? 충성스럽고 믿음직하고 독실하고 공경하는 것은 무백의 능사能事이니, 내가 무백에게 두 번 말하지는 않겠네."라며 이윤우에게 신하의 치도를 당부하였다.

지제교 오장吳長(1565~1617)을 대신해서 지은 교서에는 그의 지방정치에 대한 생각이 구체적으로 드러난다. 이 글은 전라도 관찰사 이경전李慶全(1567~1644)에게 임금의 입장에서 교시하는 형식으로 이루어져 있다. 이 글에서는 전라도 지역을 잘 살펴 오랑캐의 도발을 막기 위한 모책謀策이 있어야 한다고 하였고, 학교를 통한 교화, 농상農桑의 장려, 부역의 경감 등 수많은 세무를 열거하였다. 그리고 무엇보다 따뜻한 마음으로 은혜를 베풀면서 중도中道를 잃지 말라고 했다. "사랑하고 보살펴주는 뜻은 말보다 앞서 있으니, 느슨하고 방종하여 정도를 어겨가며 명예를 구하지 말고, 급하고 성을 내어 중도를 잃는다는 비난을 부르지 말라."고 한 것이 그것이다.

넷째, 벼슬살이를 하면서 사향의식思鄕意識을 강하게 드러내고 있는 점이다. 정장은 관리로서의 치도를 실현하기 위하여 격무를 소화해내며 매우 분주하였던 것으로 보인다. 방대순房大順에게 보내는 시에 "머나먼 타향의 행색 마냥 고달프고, 아름다운 강의 뱃놀이 혼자 저버렸네."라는 표현에서 그 단면을 읽을 수 있다. 그러나 그는 관직생활을 하면서 자신에게 날아드는 비방으로 괴로워한다. 「원유곡遠遊曲」에서는 "어찌하여 벗도 믿을 것이 못 되는지, 털을 불어 허물을 찾는구나."라고 하였고, 「고향을 그리는 노래[思鄕曲]」에서는 "일개 좌막佐幕이 무슨 상관이건대, 어지러이 바깥 비방이 많기도 하네."라고 하였다. '좌막'은 여기서 전라도 도사직을 의미하는 바, 정장은 당시 여러 비난에 시달렸고, 이로 인해 많이 괴로워했다. 「호행일록 뒤에 쓰다[書湖行日錄後]」의 일부를 들어보자.

> 잘하지도 못하는 일을 억지로 하며 만 일 년이 되어 가는데, 고향으로 돌아가자니 성은을 저버리기 어렵고, 머무르자니 내 형편과 서로 어긋나서, 이러지도 저러지도 못하여 지체하면서 오래도록 돌아가지 못하였다. 마침내 하루아침에 피로가 쌓여 병이 되고 비방이 쌓여 무성하게 되니, 내가 스스로 감당할 수 있겠는가?

전라도 도사를 사임하고 고향으로 돌아가며 적은 것이다. 여기서 그는 성은을 저버리기도 어렵고, 그렇다고 머물러 있을 수도 없다고 했다. 게다가 피로가 쌓여 몸은 병들고 비난마저 무성히 쌓였다고 했다. 이러한 진퇴양난의 처지에서 그는 사임을 하게 되는데, 「가휴에게 바치다[寄呈可畦]」에 "노심초사해도 이루는 일은 없고, 좌우로 책망만 당한다오. 일과 계획이 서로 어긋나니, 한밤중에 길이 탄식한다오."라며 자신의 처지를 깊이 한탄하였다. 여기서 제시한 '일과 계획의 어긋남', 즉 '사계상위事計相違'에 대한 의식이 그의 글에 다량 내포되어 있다. 이러한 생각은 그를 더욱 고독하게 했고, 이 고독이 그로 하여금 사향의식을 강화시켰던 것으로 보인다. 다음 작품을 보자.

올해 초 떠나온 고향산 추억하니	家山追想歲初離
어찌 부모님 생각하지 않을 때 있으리	寧有吾親不憶時
천 리 밖 타향에서 열흘을 앓았는데	天涯千里經旬病
더군다나 호남에는 아는 이도 적다네	況復湖鄉少舊知

「고향을 그리며[思鄕]」라는 제목의 시다. 객수를 달랠 길 없었던 정장은 부모가 계시는 고향을 떠올렸다. 게다가 몸은 병들고 그 자신이 머물고 있는 곳에는 아는 사람이 거의 없었다. 이러한 고독감과 사향의식은 정장 시세계의 주조를 이룬다고 해도 과언이 아니다. 곡성谷城에서 지은 「고향을 그리는 노래[思鄕曲]」에서도, 고향으로 돌아가지 못하고 있는 심정을 자책하면서 "아득한 이 회포를 누구와 이야기할꼬? 깊은 근심은 사라지지 않는구나."라며 괴로워해 마지않았다. 이처럼 정장의 사향의식은 벼슬살이의 고달픔에서 발생했다. 어쩌면 그의 득병得病과 환향還鄕은 이미 예견되어 있었는지도 모를 일이다.

5. 맺음말

정장의 시문집인 『만오집』은 그가 세상을 떠난 지 311년 뒤인 1925년에 간행되었다. 일찍 수습을 한 자료가 있었다 하더라도 오랜 세월이 흐르는 동안 많은 부분이 흩어졌을 것이라는 사실을 충분히 짐작할 수 있다. 현재 남아 있는 글 역시 그가 문과급제 후 객지에서 관직생활을 하면서 쓴 시문이 대부분이다. 따라서 오래도록 공부하던 과정에서 발생했던 학문적 문제의식에 대한 글은 거의 찾아볼 수가 없다. 그가 역학에 밝았고, 문장에 특히 뛰어났다는 동문들의 발언에 비추어 볼 때, 그의 학문적 깊이는 남다른 데가 있었다고 하겠는데, 현재로서는 이 부분에 대하여 제대로 알 길이 없다.

정장은 항상 아버지 정구의 영향력 속에 있었던 것으로 보인다. 집안에서는 물론이고 청천서재의 강학에 참여하면서 아버지는 그에게 중요한 스승이기도 했다. 10세 초반에는 김우옹을, 30대 중반에는 조호익을 스승으로 모시며 학문을 넓혀가기도 했다. 이러한 상황을 감안할 때, 이황과 조식을 중심으로 형성된 영남의 학통이 정구와 김우옹으로 이어지고, 이것이 다시 정장에게 전수되었던 사실을 알 수 있다. 정구와 김우옹이 낙동강 연안에 거점을 마련하고 강을 넘나들며 강안학적 회통성을 구축하였으니, 정장의 경우에도 이러한 경향이 나타날 수밖에 없었다.

정장은 위기지학爲己之學에 입각하여 스스로를 단속하였고, 출사 후에는 치도治道를 바르게 하기 위하여 많은 노력을 하였다. 이러한 과정에서 병마가 그에게 몰려들었고, 이것은 사향의식을 강화하는 데 일정한 작용을 한 것으로 보인다. 여기서 일과 계획이 서로 어긋난다는 의식이 조성되었다. 자신과 세상이 모순되어 벼슬을 오래하지 못하였고, 치도를 이루고자 하였으나 호남지역에서 잠시 시험해 보았을 뿐이었다. 이 때문에 그는 스스로를 향하여 다음과 같이 노래하였다.

스스로 잘 안다네 스스로 잘 안다네	自知明自知明
세상과 다투기 어려운 줄 잘 안다네	自知難與世相爭
세상 걱정하여 바로 잡으려는 마음 간절하고	憂時縱切匡時念

군주 사랑해도 보답하려는 정성 갚기 어렵네	愛主難酬報主誠
어려움과 위험 보고도 부질없이 문을 닫고	目擊艱危空掩戶
꽹과리 징소리에 놀라도 그저 말을 삼키네	耳驚刁斗但呑聲
스스로 잘 안다네 스스로 잘 안다네	自知明自知明
낚시질 하는 것이 공경보다 낫다는 것을	自知漁釣勝公卿

「스스로 잘 알다[自知明]」의 전문으로, 정장은 자신을 위와 같이 이해하고 있었던 것으로 보인다. 세상과 다투기를 싫어하는 성정性情, 군주를 사랑하지만 제대로 된 관리 노릇을 해서 보답할 수 없었던 사정, 사회적 어려움을 보고 행동할 수 없었던 소극성이 그것이다. 스스로를 이렇게 파악한 그는 벼슬을 하는 공경公卿의 길보다 자연과 함께 하며 낚시질하는 길을 걷고자 하였다. 그러나 정장은 이 길도 제대로 걸을 수 없었다. 몸이 병들어 46세를 향년으로 세상을 마감할 수밖에 없었기 때문이다. 사정이 이러하므로 이후경李厚慶(1558~1630)은 만사에서 "향기로운 지초에 서리가 내리고, 빼어난 혜초는 바람에 시들었네."라고 하면서 꿈을 펼치지 못한 정장에 대하여 안타까운 마음을 금하지 못하였던 것이다.

만오선생문집
晩悟先生文集

제1권

만오선생문집 제1권

시詩

원유곡遠遊曲 옥과玉果에 머무르던 때

괴로워라 내 생애 어려움 많으니	悶余生之多艱兮
한가한 날 멀리 와서 노닐도다	聊暇日以遠遊
공명은 내 바라는 바가 아니요	功名之非所望兮
소원은 허물이 적은 것이네	乃所願則寡尤
덧없는 세월이 나와 함께 하지 않으니	荏苒世月之不吾與兮
봄·여름·가을·겨울이 훌쩍 지나갔네	焂冬夏與春秋
평소 지닌 뜻 이룰 수 없어 슬프니	悲夙志之不可以得遂兮
뜻을 거두어들여 스스로 수양하리라	擬斂志而自修
부모님 계신 고향을 그리노니	想桑梓之故鄕兮
저 물가 저 언덕이 있다네[1]	有某水與某邱
돌아가서 늙은 생애 마치기를 생각하며	思歸去而終老兮

1) 저 물가 …… 있다네 : 고향의 산수를 말한다. 한유(韓愈)의 「송양소윤서(送楊少尹序)」에 "저 물가와 저 언덕은 내가 어린 시절에 물고기를 잡고 노닐었던 곳이다.[某水某丘 吾童子時所釣遊也]"라는 말에서 유래한다.

세속 밖의 넉넉한 유람에 내맡기노라	任物外之優游
좌천과 승진 옳고 그름에 관심 없으니	黜陟是非之不聞兮
또 어찌 공경과 재상을 부러워하랴	復何羨乎公侯
방의 왼쪽 오른쪽엔 수많은 도서 두고	紛左圖而右書兮
집의 앞뒤엔 우뚝한 산 흐르는 물 있네	山後峙而水前流
대그릇 밥과 표주박 물도 즐겁노니	簞食瓢飮之亦樂兮
대대로 요순의 태평세월 노래 부르네	世唐虞之歌謳
욕심 없이 만족하여 늙는 줄도 모르겠거늘	囂囂然不知老之將至兮
다시 이 밖에 무엇을 구하랴	顧外此而何求
내가 여기 온 것을 생각해 보니	念不佞之此來兮
어느덧 한 해가 다 되었네	奄一紀之已周
고장에서 죄를 짓지 않으려	要不得罪於州郡兮
밤낮으로 늘 근심하였지	恆蚤夜之懷憂
어찌하여 벗도 믿을 것이 못 되는지	何故舊之不足恃兮
털을 불어 허물을 찾는구나[2]	乃吹毛而索疣
끝내 외로운 발길 함께 할 이 없으니	果孤蹤之無與兮
마음이 아득하여 자유롭지 못하네	心悠悠而不自由
이 몸이 아무 것도 할 수 없음을 아노니	知此身之不可以有爲兮
떠나가 논밭에서 농사나 지으리라	逝將從事於田疇

2) 털을 …… 찾는구나 : "불어 내야 보이는 작은 흉은 찾으려 들지 말고, 때를 씻어 내야 알 수 있는 작은 흠은 살피지 말라.[不吹毛而求小疵 不洗垢而察之難]"는 말에서 유래한다.(『韓非子』「大體」)

과거에 급제하고 감회가 있어서[登第有感]

고생하며 왔던 때의 길손이	困頓來時客
기쁘게 길 떠나는 사람 되었네	欣榮去路人
성은이 이처럼 크시건만	聖恩如許大
한 방울도 보답할 길 없네	涓滴答無因

회포를 말하다[述懷]

한평생 천하에 뜻을 두어	平生四海志
부귀영화는 바라지 않았네	不欲慕繁華
풍진 속에 객이 된 지 오래니	風塵爲客久
어느 곳이 내 집이런가	何處是吾家

서판에 짓다[題書版]

비장한 뜻 처음으로 다리기둥에 썼으나[3]	壯志初題柱

---

3) 다리기둥에 썼으나[題柱] : 촉군(蜀郡) 성도(成都) 사람 사마상여(司馬相如)가 일찍이 촉군을 떠나 장안으로 가는 길에 성도의 성 북쪽 승선교(昇仙橋)에 이르러 그 다리기둥에 "네 마리의 말이 이끄는 훌륭한 수레를 타지 않고서는 다시 이 다리를 건너지 않겠다.[不乘駟馬高車 不復過此橋]"라고 써서 기필코 공명을 이루겠다는 자신의 포부를 밝혔는데, 뒤에 그의 뛰어난 문장 실력을 한 무제(漢武帝)에게 인정받고 출세하였다는 고사에서 유래한다.(『華陽國志』)

쇠약해진 노년이라 만사가 그만이네	衰年萬事休
오두막집에서 쓸데없이 한스러워 하니	窮廬空自恨
녹지 않은 눈이 내 머리에 가득하네	殘雪滿吾頭

임자년 방목[4]에 대하여 짓다[題壬子榜目]

함께 급제한 서른세 사람은	同年三十有三人
홍패[5]에 이름 올려 은택 고루 받았지	紅紙題名雨露均
훗날 조정에서 충신 간신으로 나뉠 터이니	立朝佗日忠邪別
성군의 신하로서 누군들 부끄럽지 않으리	誰是無慚聖主臣

갑인년[6] 호남의 아사로서 장흥부에 머물며[甲寅 以湖南亞使 留長興府]

이 봄이 장차 다하려는데	一春將盡日
먼 고향 아직 돌아가지 못했네	千里未歸人
어버이 생각에 오래 잠 못 들고	思親久不寐
외로운 촛불에 다시 이웃도 없네	孤燭更無鄰

---

4) 임자년 방목 : 1612년(광해 4)에 치렀던 과거에 급제한 자의 명단을 말한다.

5) 홍패[紅紙] : 문·무과 급제자에게 주던 붉은 색의 증서를 말한다.

6) 갑인년 : 1614년에 충청도 도사에 제수되었다.

쾌승헌에서 밤에 앉아. 2수[快勝軒夜坐 二首]

고향 가는 천리 길 구불구불 멀기도 한데 驅馳千里路逶迤
하늘 한쪽 끝에 있는 심사를 누가 알거나 心事天涯有孰知
한밤 빈 난간에서 촛불 밝히고 앉았으니 半夜空軒明燭坐
끝없이 이는 회포를 견디지 못하겠네 悠悠懷抱不堪支

한밤에 일어나 아무 생각 없이 앉았으니 中宵起坐意無他
임금님 그리움 어버이 생각 이보다 더하랴 戀闕思親孰有加
천리 타향에서 일신이 다 초췌하였으니 千里一身憔悴盡
보국하려는 충정 다시 어떻겠는가 愚衷報國更如何

장흥의 객사에서 추억하다[長興旅舍追感]

병든 몸으로 벼슬살이 벌써 반 년 扶病驅馳已半年
이 몸이라고 어찌 호남에 인연 없으랴 此生湖外豈無緣
다행히 선조께서 노니시던 곳이라 幸逢先祖曾遊地
시야 가득 구름과 산이 모두 끌리네 滿目雲山摠似牽

강진현에서 장난삼아 짓다. 2수[康津縣 戱題 二首]

가랑비 속 외로운 등불 아래 생각나는 것 있으니 細雨孤燈有所思
보국하려는 마음에 다시 사심이 없네 心懷報國更無私
천리 밖의 벼슬살이 몸이 너무 괴로워 驅馳千里身長苦
병 많은 외로운 신하 갈 길이 더욱 더디네 多病孤臣去益遲

평소 벗들이 나를 어리석다고 비웃더니 平日親朋笑我癡
낮은 벼슬하는 오늘에야 비로소 알겠네 薄官今日始相知
다만 나랏일 때문에 돌아가지 못하니 只緣王事未歸去
천리 밖의 외로운 신하 나그네로 있네 千里孤臣若有羈

나그네 회포[客懷]

지난겨울 임금님 계신 서울을 떠났는데 去歲之冬離帝閽
또 듣자니 남은 벗은 아무도 없다 하네 又聞親舊更無存
천리 밖 하늘가에서 새로운 시름 더하니 天涯千里添新恨
대나무 마주하고 산 쳐다보며 누구와 말할꼬 對竹看山孰與論

흥덕현에서 감회가 있어[興德縣有懷]

천리 밖 벼슬살이 길은 끝없고 驅馳千里路悠悠
하늘가에 지내는 심사 바라는 것이 없네 心事天涯不有求
늙고 병들어 임금께 보답할 길 없는데 只緣老病難酬主
오늘 차디찬 난간에서 또 머무르고 있네 今日寒軒又淹留

흥덕현에서 현감 척형 곽덕수[7] 영희와 이야기 나누며[興德縣 與縣監郭戚兄德修 永禧 同話]

천리 밖 하늘가에서 형제가 만나니 千里天涯遇弟兄

공명 이룬 오늘은 공경보다 더 낫네　　功名今日勝公卿
못나서 길이 나그네 된 것이 부끄러워　　只慚才劣長爲客
강 버들 산꽃에도 모두 시름겹네　　江柳山花摠惱情

흥덕에서 이눌[8]옹의 시에 차운하다[興德 次李訥翁韻]

먼 길은 아득히 산과 시내인데　　長路悠悠山與溪
이러한 행색으로 동서를 물어 무엇하랴　　何須行色問東西
하늘가를 떠도는 나그네 괴로움만 더하니　　天涯客况添酸苦
꿈속의 공명은 날이 갈수록 아득하네　　夢裡功名日益迷

밤에 술을 마시며[夜飮]

긴긴 밤을 밝은 촛불 아래 앉아　　耿耿長宵明燭坐
하늘가 외로운 나그네 홀로 잠 못드네　　天涯一客獨無眠
이곳에 다시 와서 술 마시며 웃으니　　重來此地含杯笑
비로소 세상에는 다 인연 있음을 알겠네　　始識人間摠有緣

---

7) 곽덕수(郭德修) : 곽영희(郭永禧)를 말한다. 덕수는 자이다. 호는 만취당(晩翠堂), 본관은 현풍이다. 1606년 문과에 급제하고 현감을 지냈다.

8) 이눌(李訥, 1569~1599) : 자는 약우(若愚), 호는 낙의재(樂義齋), 본관은 청안이다. 임진왜란 때 경주에서 의병을 일으켰고, 전쟁이 끝나자 서실을 중건하여 학문 활동을 하던 중 부상 당한 곳이 악화되어 죽었다. 선무원종공신(宣武原從功臣) 1등에 녹훈되었다. 문집으로 『낙의재선생유집』이 있다.

부안에서 새벽에 읊다[扶安曉吟]

외로운 촛불 끝없이 밤새 밝은데 一燭悠悠達夜明
먼 길손은 돌아가지 못하는 정을 품네 遠人空抱未歸情
천리 먼 대궐 생각[9] 내내 꿈속에 들어오고 千里五雲長入夢
외로운 충정에 잠 못 드는데 또 닭이 우네 孤忠耿耿又鷄鳴

곡성에서 방대순을 보내며[谷城送房大順]

방군을 위하여 이 시를 주노니 吾爲房君贈
훗날에도 행여 그리워하게나 佗年幸相思
아득히 끝없는 아쉬운 마음에 悠悠無盡意
헤어지는 길에 버들가지 꺾노라[10] 臨路折楊枝

낙강의 시[11]에 뒤따라 차운하다[追次洛江韻]

신선의 배를 가는 대로 맡겨두니 仙帆縱所之

---

9) 대궐 생각[五雲] : 오운은 오색구름이란 뜻으로, 이는 본디 신선이 사는 곳을 가리키는데 여기서는 제왕의 처소를 미화하여 선경(仙境)에 비유한 것이다.

10) 헤어지는 …… 꺾노라 : 「절양류(折楊柳)」라는 악부곡이 있는데, 그 내용은 이별할 때 버들가지를 꺾어 주며 작별의 정을 노래하는 것이다.

11) 낙강의 시 : 1588년 7월 정구(鄭逑)가 함안 군수를 그만두고 낙동강을 배로 거슬러 올라와 사우들과 함께 '萬頃蒼波欲暮天'을 분운하며 시회를 열었다. 구체적인 장소는 고령의 쌍림면 개산포(開山浦)에서 멍드미 사망정(四望亭)에 이르는 구간이었으며, 이때 지리산으로 유람을 가던 이기춘(李起春)과 박성(朴惺) 등 7인이 참여하였다. 이에 대하여 정장이 '만(萬)'자 운으로 추차(追次)한 것이다.

이응과 곽태가 멀지 않음을 알겠네[12)] 李郭知非遠
강 한가운데로 해가 지려하니 江心日欲沈
기상이 천만가지로 흩어지네 氣像紛千萬

꿈속에 돌아가신 어머니를 뵙고 깨어나 감회가 있어서[夢見先慈 覺後有感]

돌아가신 어머니 꿈속에서 뵈니 너무도 분명하여 先慈夢拜極分明
깨고서도 사모하는 마음 견디기 어려워라 旣覺難堪永慕情
자식의 지극한 회포 남은 알지 못하는데 人子至懷人莫識
두견새는 무슨 일로 또 그리 슬피 우는 걸까 杜鵑何事又悲鳴

회포를 달래며[遣懷]

이 몸이 무슨 일로 이 하늘가에 와 있나 此身何事此天涯
끝없는 온갖 감회를 누가 알아주랴 百感悠悠有孰知
한밤에 창문 열고 한참 앉아 있다가 夜半開牕良久坐
나그네 시름에 겨워 애써 시를 읊노라 不堪旅恨强吟詩

---

12) 신선의 …… 알겠네 : 이·곽(李郭)은 후한 때 태원(太原) 사람인 곽태(郭太)와 당시 하남윤(河南尹)이던 이응(李膺)을 말한다. 가난하지만 학문을 좋아했던 곽태가 천하를 유람하다가 낙양에 이르자, 이응이 매우 기뻐하며 그와 사귀었다. 뒤에 곽태가 고향으로 돌아가려 하여 경사(京師)의 많은 학자들이 곽태를 전송했는데, 곽태는 이응만 데리고 배를 탔다. 그러자 전송하던 사람들이 그 둘을 신선과 같다고 일컬었다.(『後漢書』「郭太傳」)

담양에서 밤에 앉아[潭陽夜坐]

하늘 끝 하찮은 벼슬살이 기뻐할 일 너무 없어	天涯薄宦苦無歡
심사가 한밤에도 너그러워지지 않네	心事中宵不自寬
초췌한 이 몸 고향에 돌아가지 못하건만	憔悴此身歸未得
꿈속의 넋 어느 밤인들 고향 가지 않으리	夢魂何夜不鄉關

곡성현에서 현감 조홍벽[13]·정자 김중허[14]와 작별하며[谷城縣 別縣監趙弘璧 正字金仲虛]

마주앉아 이야기 나누던 그때가 떠오르니	追憶當年對說時
오늘 작별이 있게 될 줄을 어찌 알았으랴	豈知今日有分離
아득한 이 아쉬움 다할 길 없으니	茫茫此恨無由盡
어디서 서로 그리며 훗날을 점칠까	何處相思卜後期

창평 현감 권신중[15]이 부채를 준 것에 사례하며[謝昌平倅權信中贈扇子]

한 해 동안 분주히 말안장에서 마냥 달렸건만	一年鞍馬任驅馳

13) 조홍벽(趙弘璧) : 조선왕조실록 『광해군일기』 8년(1616) 9월 10일 기사에 곡성 현감 조홍벽(趙弘璧)에 대한 기사가 있고, 정장(鄭樟)은 1614년에 사망을 하였다. 그러므로 그가 곡성 현감으로 부임한 것은 1614년 이전임을 알 수 있다.

14) 김중허(金仲虛) : 중허는 김감(金鑑, 1566~?)의 자이다. 호는 입택(笠澤), 본관은 금산이다. 1612년 문과에 급제하고 평안도 어사·경상도 도사·양남 제독(兩南提督) 등을 지낸 뒤 벼슬을 단념하고 귀향하였다. 1644년에 김해 부사를 지냈으며, 문장으로 이름이 높았다.

15) 권신중(權信中, 1575~1633) : 자는 군집(君執), 본관은 안동이고, 서울 출신이다. 1605년 증광시에 급제한 후, 장원서 별제(掌苑署別提)에 제수되었고, 이후 창평 현감 등의 여러 벼슬을 지냈다.

공에도 무익하고 사에도 보탬 없었네 無益於公不補私
벗이 주는 부채에 고맙다 사례하니 多謝故人行有贐
갈림길에서 손 붙잡고 다시 시름겨워하네 卻愁攜手更臨岐

창평에서 사직의 글을 올리고 느낌이 있어서[昌平呈辭狀有感]

어찌하여 처음 계획이 끝내 어그러졌나 如何初計竟蹉跎
좋은 일 많지 않고 나쁜 일만 많았네 好事無多惡事多
세상에 쓰이기 어려운 줄 스스로 알아 不佞自知難用世
텅 빈 난간에서 온종일 홀로 읊조리누나 空軒終日獨吟哦

희릉[16] 전사청에서 우연히 짓다[禧陵典祀廳偶題]

봉직에 어찌 자리의 높고 낮음 물으랴 奉職何須問汚隆
마음 다해 일 받드는 것이 바로 충성인 것을 盡心承事卽爲忠
하찮은 신하가 외람되이 희릉의 제사 맡으니 微臣猥典禧陵祀
당시의 성스런 교화 속에 있는 것만 같네 如在當年聖化中

---

16) 희릉(禧陵) : 조선 11대 중종(中宗)의 계비(繼妃)인 장경왕후의 능이다. 경기도 고양군 원당면 원당리에 있다.

노중임[17] 척의 「분매」 시에 차운하다. 열 수의 절구[次盧重任 脊 盆梅韻 十絶]

세속 밖의 외론 등걸 책상위에 옮겨 놓고	物外孤查案上移
주인이 이로부터 마음을 맡겼다네	主人從此托心知
눈 내리는 밤 맑은 향기는 더욱 좋고	雪夜淸香嗅更好
그윽한 생각 고요 속에 알맞음을 깨닫겠네	幽懷偏覺靜中宜
옥색의 빼어난 꽃 길사[18]가 옮기니	玉色奇花吉士移
고요 속의 참된 정취 뉘라서 알랴	靜中眞趣有誰知
이 보게나 생애 짧다고 말하지 마소	傍人莫說生涯少
뜰 가운데 또 잘 어울리는 국화 아우 있다네	亦有庭心菊弟宜
주인은 무슨 일로 이 매화를 옮겼나	主人何事此梅移
속세 밖의 고상한 품격을 나는 안다네	物外高標我卽知
사람이 매화 얻을 때 매화도 주인 만나	人得梅時梅遇主
담담한 자태 맑은 운치 서로 잘 어울리네	淡姿淸韻兩相宜
겨울 매화 멀리 교외에서 옮겨와	寒梅遙自外郊移
세모에 흉금을 뒤늦게 안 네게 부치노라	歲暮襟期寄晩知
하필이면 벗이 와서 말해야만 하랴	何必有朋來後說
주인과 깊이 마음 맞으면 이것이 서로 좋지	主人深契此相宜

17) 노중임(盧重任) : 노척(盧脊, 1575~1643)이다. 중임은 자이다. 『함양역사인명(咸陽歷史人名)』에 의하면 노척의 자는 임중(任重)으로 되어 있는데 어느 것이 맞는지 확인할 수 없다. 호는 성옹(省翁), 혹은 성재(省齋), 본관은 풍천이다.

18) 길사(吉士) : 어진 선비를 가리킨다. "왕에게는 길사가 많으시니, 군자가 부리는지라, 천자께 사랑받도다.[藹藹王多吉士 維君子使 媚于天子 鳳凰鳴矣]"라는 구절에서 유래한다.(『詩經』「大雅·卷阿」)

주인의 마음 계절따라 바뀌지 않아　主人心不與時移
늦게 만난 매화 형과 깊은 인연 맺었네　晩遇梅兄深結知
금꽃 옥색이 서로 어울려 비치니　金葩玉色渾相映
바람 자는 날 달빛 아래서 가장 잘 맞네　最到無風月下宜

황량한 교외에 버려진 채 몇 해나 지났나　委棄荒郊歲幾移
화분 속에서 오늘에야 지기를 만났네　盆中今日遇君知
뛰어난 자태 아는 이 없다 말하지 마소　奇姿莫道無人識
꽃부리 맑은 향은 눈 내린 뒤 제격이라오　寒萼清香雪後宜

나는 매형의 변함없는 절개를 사랑하지만　我愛梅兄節不移
고상한 자태를 예부터 아는 이 적었다네　高姿從古少人知
지금 화분 속에 심긴 그대를 보니　如今見子盆中植
외로운 선비 아름다운 꽃이 함께 어울리네　奇士奇花一樣宜

매화는 깊은 산에서도 지조를 바꾸지 않고　梅在深山志不移
그대는 빈 거리에 있어 알아주는 이 없었네　子居空巷世無知
하룻밤의 상봉도 참으로 운수가 있어야 하니　一夕相逢眞有數
세한[19]의 심사가 책상 가에서 잘도 어울리네　歲寒心事案邊宜

매화 형은 언제 이 화분에 옮겨졌소　梅兄何日此盆移
천년 만에 다시 화정[20] 같은 지기 만났네　千載重逢和靖知

19) 세한(歲寒) : 어려움에도 변하지 않는 지조를 말한다. "날씨가 추워진 뒤에야 소나무와 잣나무가 늦게 시듦을 안다.[歲寒然後 知松柏之後彫也]"는 말에서 유래한다.(『論語』「子罕」)

20) 화정(和靖) : 송나라 임포(林逋)의 시호이다. 임포가 서호(西湖)의 고산(孤山)에 은거하면서 매화와 학을 아내와 자식으로 여기며 지냈으므로, 당시에 사람들이 '매처학자(梅妻鶴子)'라고 하였다.(『世說新語補』「棲逸」)

다행스럽게도 당 앞에 대나무 아우 있어　兼幸堂前添竹弟
맑은 향 곧은 절개 서로 잘 어울리네　清香貞節渾相宜

무심한 겨울 매화에 마음이 쏠리니　無心寒萼有心移
내 벗의 마음을 여기에서 알겠구나　我友胷襟此可知
이 보게나 흔한 꽃처럼 여기지 마소　傍人莫把凡花視
가득한 맑은 향기 가까울수록 좋다오　滿臭清香近益宜

척형 이사정 해[21]를 방문하여 만나지 못하고[訪李戚兄士正 楷 不遇]

멀고 험한 진흙길 말 타고 달려와　跋涉泥程走馬來
형제의 그리운 회포 펼쳐 보려 하였지　只要兄弟好懷開
다행히 서재에 어진 자제가 있어　賴有書帷賢子弟
은근히 나에게 석 잔 술을 권하네　慇懃勸我數三杯

우연히 짓다[偶題]

세상 사람의 욕구 헤아리기 어려운데　世間人欲苦難量
백세인들 어찌 네 마음에 맞을 건가　百世何能稱爾情
천 년 뒤에는 죽는다 하더라도　若使千年方得死
천 년이 다 지나면 또 살기를 바라지　千年閱了又求生

---

21) 이해(李楷) : 자는 사정(士正), 본관은 재령이고, 1657년 문과에 급제하였다.

고향을 그리며[思鄕]

올해 초 떠나온 고향산 추억하니	家山追想歲初離
어찌 부모님 생각하지 않을 때 있으리	寧有吾親不憶時
천리 밖 타향에서 열흘을 앓았는데	天涯千里經旬病
더구나 호남에는 아는 이도 적다네	況復湖鄕少舊知

장수 현감 황수규[22]에게 주다[贈黃長水 秀奎]

근심 속에 마음이 즐겁지 않더니	憂患之中心不樂
이 밤에 만나니 흥이 무궁하구나	相逢此夕興無窮
한 잔 술을 권하며 나누는 정 끝이 있으랴	一杯相屬情何盡
날 저문 연못에서 마음 다시 황홀하네	日暮蓮池意更憧

척질 이견보 명룡[23]의 시에 차운하다[次李戚姪見甫 命龍]

산 넘고 물 건너 머나먼 길을	水水山山萬里程
늙어서 염치 잊어 이번 걸음 부끄럽네	老而忘恥愧今行

---

22) 황수규(黃秀奎) : 『조선왕조실록』 1603년(선조 36) 5월에 도사(都事) 황수규에 대한 기사가 두 번 보인다.

23) 이명룡(李命龍, 1570~?) : 자는 현보(見甫), 호는 낙촌(洛村), 본관은 광산이다. 1606년에 진사시에 입격하였고, 한강의 문인이다.

이 밤에 애써 찾아온 그대 고마우니	多君此夕勤相訪
어찌 이전의 숙질간이란 이름 때문만이랴	豈啻從前叔姪名

가뭄을 근심하며[悶旱]

백성의 기쁨과 슬픔은 모두 하늘에 달렸는데	民生休戚總由天
오늘 어찌하여 우리 논을 가물게 하시는고	今日何爲旱我田
성군께서는 상림[24]에서 기도하실 터이니	聖主桑林應有禱
이로부터 누가 다시 흉년을 탄식하랴	從玆誰復歎無年

원경명[25]에게 주다[贈元警鳴]

나는 시세의 길[26]에 아는 이가 적어	余於時路少相知
매번 동지를 만나고도 이별을 하는구나	每遇同心有別離
뜬세상 공명을 그대는 말하지 말고	浮世功名君莫說
시시비비는 그들대로 맡겨두시게나	非非是是任其爲

---

24) 상림(桑林) : 가뭄에 비를 기원한 곳을 말한다. 은(殷)나라 탕(湯)임금은 7년 동안 가물었을 때 "탕임금이 직접 상림에서 기도할 즈음에 사해의 구름이 몰려와 천리의 비가 이르렀다.[湯之時 七年旱 以身禱於桑林之際 而四海之雲湊 千里之雨至]"라고 한 고사에서 유래한다.(『淮南子』「主術訓」)

25) 원경명(元警鳴) : 원탁(元鐸, 1577~?)의 자이다. 본관은 원주이고, 1606년에 문과 급제하였다.

26) 시세의 길[時路] : 세태에 영합해서 부귀와 권세를 추구하며 사는 사람을 은유하였다.

찐 닭 한 그릇을 삼가 가휴 조익[27]의 적소에 보내다[蒸鷄一器奉贈趙可畦 翊 謫所]

형이 견책을 받아 공주로 귀양 왔으니　兄承恩譴謫公城
이곳과는 가까운 반나절 노정이라네　檗境相連半日程
그리워도 보지 못하고 줄 것조차 없어　相思不見無相贈
닭 한 그릇 편지 한 장으로 마음을 표하네　一器翰音表寸情

가휴의 편지가 와서 기뻐하며. 절구 2수[喜可畦書至 二絶]

벼슬살이 쓸쓸하여 절간 같은데　官居寥落似僧廬
놀라 뜯어보니 다정한 몇 마디 편지　驚坼多情數字書
지척에서 한 달이 되도록 보지 못하니　尺地三旬思不見
언제 쯤 공무 여가에 틈 내어 찾아보려나　短鞭何日著公餘

아마도 귀양살이가 벼슬살이보다 나으리　謫居遙想勝官居
문 닫고 글 보는 흥취 무엇이 이와 같을까　閉戶看文興孰如
장부더미 속에 골몰하고 있어서　朱墨叢中頭角沒
근래에는 고인의 책 전혀 보지 못했네　邇來全廢古人書

---

27) 조익(趙翊, 1556~1613) : 자는 탑중(搭中), 호는 가휴(可畦), 본관은 풍양이다. 한강의 문인이다. 1588년 알성문과에 급제하였다. 사헌부 장령으로 있으면서 기축옥사 문제를 재론하였는데, 서인인 정철을 제거하려는 선조의 입장에 맞서다가 이로 인해 선조로부터 미움을 받아서 공주로 귀양 갔다. 그의 『가휴선생문집(可畦先生文集)』 중에서 「공산일기(公山日記)」와 「진사일기(辰巳日記)」를 살펴보면 이 무렵 정장(鄭樟)과 시를 주고받은 것으로 추측된다.

가휴에게 보내다. 4수[贈可畦 四首]

서툴러서 세로[28]를 알기 어려우니　　踈拙難堪世路知
그대 의지하여 그나마 회포를 나누려네　　憑君聊與托襟期
만나면 마음이 먼저 취하는 줄도 모르니　　相逢不覺心先醉
이렇게 시와 술로 지내다가 또 조롱 받겠네　　詩酒如今又犯譏

충청도에서 외로이 지내며 아는 이 드문데　　孤踪湖外少相知
피차 어느 때에나 좋이 만날 수 있으랴　　彼此何時有好期
빗속에 그리는 정 감회 너무 많구나　　相思雨裏偏多感
게다가 여생에 남들의 조롱에 시달림에랴　　况復殘生困衆譏

세상 물정 모르는 선비 심사를 누가 알랴　　迂儒心事有誰知
분수 밖의 공명은 본래 바라지 않았다네　　身外功名本不期
고향으로 달려가 낚시와 사냥이나 할까 하니　　擬赴故山魚鳥約
이제부터 세상 조롱 훌쩍 벗어나리라　　從玆高免世間譏

검간[29]을 따르기로 결심한 줄 알았더니　　早隨黔澗結心知
이곳에서 그대 만날 줄 기약이나 했으랴　　此地逢君豈所期
성주의 크신 은혜를 아는지 모르는지　　聖主洪恩能識未
세속 굴레에 얽혀 조롱 많을까 두렵네　　恐妨塵網自多譏

---

28) 세로(世路) : 인생의 처세길, 또는 벼슬살이의 길 등을 뜻한다.

29) 검간(黔澗) : 조정(趙靖, 1555~1636)의 호이다. 자는 안중(安仲), 본관은 풍양이다. 봉상정(奉常正)을 지냈으며 이조 참의에 증직되었다. 저서로 『검간집』이 있다.

반사차원[30]으로 좌도를 향하며 장난삼아 가휴에게 주다. 2수[以頒赦差員 向左道 戲贈可畦 二首]

말술로도 시름의 성 깨뜨리기 어려우면　難將斗酒破愁城
외로운 꿈 멀리 날리어 금수로 오게나　孤夢長飛錦水程
그립다는 글자 은근히 쓴 것을 보니　慇懃卻寫相思字
말은 없어도 피차의 마음은 같아서겠지　脈脈應同彼此情

밝은 달빛은 임술년 가을[31]과 똑같이 밝은데　夜月明同壬戌秋
노니는 사람은 어찌하여 옛 풍류만 못할까　遊人何減舊風流
귀양 간 자네[32]가 까닭없이 갑자기 생각나　無端忽憶長沙客
그리움에 만 섬의 시름을 견디지 못하겠네　不耐相思萬斛愁

최덕구 항경[33]의 시에 차운하다[次崔德久 恒慶 韻]

나 게을러도 그대가 버리지 않으니　我慵君不棄

---

30) 반사차원(頒赦差員) : 왕이 하사하는 정기 사면, 또는 대사(大赦)·특사(特赦)를 반포하기 위하여 보내는 사람이다.

31) 임술년 가을[壬戌秋] : 송나라 소식(蘇軾)이 이 해(1082) 가을과 초겨울에 적벽에 배를 띄우고 벗들과 즐기고 나서 전후(前後) 「적벽부(赤壁賦)」를 지었다.

32) 귀양간 자네[長沙客] : 한(漢)나라 때 사람인 가의(賈誼)를 말하는 것으로, 문제(文帝)가 불러 박사(博士)로 삼았다. 한 해 만에 태중대부(太中大夫)에 이르렀는데, 뒤에 그의 급격한 승진에 불만을 품은 자들에 의해 모함을 받아 장사왕 태부(長沙王太傅)로 좌천되었던 것에서 전의(轉意)되어, 귀양의 뜻으로 쓰였다.

33) 최항경(崔恒慶, 1560~1638) : 자는 덕구(德久), 호는 죽헌(竹軒), 본관은 영천이다. 한강 정구의 문인이다. 1605년 생원시에 입격했으나 벼슬하지 않았다. 오암정사(鰲巖精舍)를 짓고 위기지학(爲己之學)과 궁행실천(躬行實踐)에 힘썼다.

그대 의리 나는 매우 공경하네　君義我偏欽
형제처럼 간절한 정의이고　兄弟綢繆意
벗의 정중한 마음이네　友朋鄭重心
날씨 차고 바람이 매서워도　天寒風力勁
정의는 지극하고 술잔은 깊다네　情極酒杯深
산수에서 평생을 지내려는 약속　山水平生契
곳곳을 찾아보기에 마침 좋구려　端宜處處尋

이무백 윤우[34]가 임소 수성[35]으로 가는 것을 전송하며[送李茂伯 潤雨之任輸城] 서문 병기

길을 떠나는 사람에게는 반드시 이별의 선물을 주는데, 내가 무백과 이별하면서 장차 무엇을 선물로 줄 것인가? 재물이 없으면 예를 차릴 수 없으니, 감히 글로써 이별의 선물로 삼지 않겠는가? 내가 일찍이 공자의 말을 듣건대, "말이 충성스럽고 믿음직하며 행실이 도탑고 공경스러우면 비록 오랑캐 땅에서도 행해질 것이다." 하였다. 더구나 그대가 떠나는 곳이 오랑캐의 나라가 아님에랴. 어느 땅인들 임금의 땅이 아니며 어떤 관직인들 임금의 관직이 아니겠는가.[36] 해와 달이 비추고 비와 이슬이 적시는 곳이면 성스러운 임금의 넓은 은혜가 어느 곳인들 이르지 않겠는가. 멀거나 가깝다고 하여

---

34) 이윤우(李潤雨, 1569~1634) : 자는 무백(茂伯), 호는 석담(石潭), 본관은 광주(廣州), 성주 출신이다. 처음에는 이이(李珥)로부터 수학하였으나 그 사후에 정구의 문인이 되었다. 1606년 문과에 급제하였다. 담양 부사, 경성 판관, 공조 참의를 지냈다. 저서로 『석담집』 등이 있다.

35) 수성(輸城) : 함경북도 청진에 있었던 조선시대의 역참이다.

36) 어느 …… 아니겠는가 : "넓은 하늘 아래 왕의 땅 아닌 곳이 없고 땅의 모든 물가에 이르기까지 왕의 신하 아닌 자가 없다.[溥天之下 莫非王土 率土之濱 莫非王臣]"는 뜻을 가져왔다.(『詩經』「小雅·北山」)

달리 여기지 말고, 높고 낮다고 하여 차이를 두지 말고, 그대 직분에 더욱 힘써서 주상의 은혜에 보답하려고 하는 이것이, 바로 무백의 벗이 무백에게 기대하는 것이 아니겠는가. 충성스럽고 믿음직하고 독실하고 공경하는 것은 무백의 능사이니, 내가 무백에게 두 번 말하지는 않겠네. 그러나 벗과 멀리 이별하는 정을 무엇으로 막을 수 있겠는가? 아득히 먼 변방 땅에 이별의 회포가 착잡하여 애오라지 한 수의 시로 말하려고 하네.

떠나는 벗을 전송하노니　我送故人去
저 멀리 하늘 끝 수성이네　輸城天一涯
재주는 사직을 지탱할 만하고　才宜扶社稷
관직은 도깨비 같은 적을 막네　職是禦魍魎
좌천된 벼슬이라고 무어 한탄하랴　謫宦何須恨
영화롭게 돌아올 때가 있을 터인데　榮還會有時
바람을 맞이하여 슬퍼하는 것은　臨風惆悵意
헤어짐이 아쉬워서가 아니라네　非爲惜分離

「후조」 시에 차운하다. 3수[次後凋韻 三首]

늘그막에 서리 내린 머리카락 서글퍼　晩境悲霜髮
산허리에 몇 칸 집을 지었네　山腰入數楹
속된 사람 찾아오는 이 없고　相尋無俗駕
한가롭게 새소리를 듣노라　閒聽有禽聲
시와 술로 기나긴 날을 보내며　詩酒消長日
거문고 노래로 이 생애 보내네　琴歌過此生
세상일 부질없이 말하지 마시게　莫言浮世事
나는 공명을 사모하지 않는다오　吾不慕功名

공명을 가장 싫어 하는 것은　功名最不好

위험이 벼슬 속에 있기 때문이라네 危處在青雲
벼슬길에 분주한 나를 늘 부끄러워하고 奔走恒慚我
유유자적한 그대를 늘 부러워하네 優遊每羨君
풍류가 어찌 끝이 있으랴 風流寧有極
송죽은 절로 떼어놓을 수 없다네 松竹自無分
이만하면 생애가 족한데 如此生涯足
어찌 꼭 공훈이 제일이랴 何須第一勳

나는 세속의 사람으로서 我是塵中物
늘그막에 백발마저 더하였네 衰年白髮添
고사高士가 산속에 있으니 高人山裡在
성은이 영남을 적셨네 聖恩嶺外霑
안개와 구름이 늘 짝이 되고 烟雲長作伴
시와 술을 날마다 곁들이네 詩酒日相兼
못난 발걸음 이제야 들러서 賤迹今來過
저문 처마 밑에서 한 잔 기울이네 一杯倒暮簷

가휴에게 주다. 2수[贈可畦 二首]

남쪽으로 온 지 벌써 한 해 南來已一歲
이곳이 꼭 고향 같네 此地似吾鄉
삼동의 추위에 초췌하니 憔悴三冬恨
닷 섬의 곡식[37] 처량하구나 凄涼五斗糧

---

37) 닷 섬의 곡식[五斗糧] : 생계를 위해 낮은 벼슬자리에 있는 것을 말한다. 진(晉)나라 때 도잠(陶潛)이

교제 끊어 말세 풍속 사양하고	斷交辭末俗
오랜 병으로 깊은 방에 앉았네	長病坐深房
강 건너로 편지 자주 보내 보지만	隔水頻傳信
누가 이 뜻 알아줄까	誰能此義當

상산이 일찍이 고향땅이더니	商山曾故土
금수가 또 지금의 고향이네	錦水又今鄕
쓸쓸하게도 나를 알아줄 이 없는데	冷落無知己
처량한들 누가 양식 대어 줄까	凄凉孰繼糧
외로운 촌락의 천리 밖 나그네	孤村千里迹
밝은 달은 새벽 방에 비치네	明月五更房
맑은 회한 그 얼마이기에	淸恨其何許
말술로도 감당하기 어려운 걸까	難將斗酒當

병중에 우연히 짓다[病中偶題]

한 번 든 병이 이다지도 오래 가니	一病嗟何久
이런 저런 회포 어떻게 스스로 달래랴	情懷詎自聊
-원문 빠짐- 이경의 밤을 보내고[38]	□□經二夜
신음하며 새해 아침 맞았네	呻楚逹三朝

팽택 수령으로 부임한 지 81일 만에 독우(督郵)가 고을에 오게 되었다. 독우를 맞이하기 위해 "옷을 제대로 갖추어 입고 맞이해야 한다.[當束帶迎之]"고 하자, "내가 다섯 섬의 쌀 때문에 향리의 어린 아이에게 허리를 굽혀야 하겠는가?[我豈能爲五斗米 向鄕里小兒折腰]"라고 한탄하며 벼슬을 그만두었던 고사에서 유래한다.

38) 이경의 밤을 보내고 : 이곳에 글자가 빠져서 뜻을 정확히 알 수 없다.

집에는 문병 오는 손님 없고 問病門無客
숲에 찾아드는 새는 둥지가 있네 尋林鳥有巢
이불 쓰고 아무 말 없이 있다가 擁衾渾不語
지팡이 짚고 잠시 거닐어 보네 扶杖暫逍遙

담주39)에 머무르며[留潭州]

쇠약하고 늙어 나랏일 하느라 衰老從王事
해마다 먼 곳에서 지낸다네 年年作遠遊
공명은 헌 신짝처럼 여기고 功名看弊屣
세월은 세찬 물결 같이 흐르네 日月似奔流
천 겹 시름 물리치지 못하고 未卻千層恨
만 섬의 근심 없애기 어렵구나 難消萬斛愁
담주에서 스물다섯 달을 지내고 潭州經二五
관문 구름 속에 다시 머무르네 關雲更淹留

정본에게 주다[贈鄭本]

아득히 먼 길 가는 나그네 悠悠行路客
회포를 누구와 이야기할까 懷抱共誰論
작별하며 자주 눈물 훔치고 作別頻揮淚

39) 담주(潭州) : 전라도 담양군의 옛 이름이다.

그리울 적마다 넋이 나가는 듯 相思每斷魂
비 내리는 밤 길기도 하더니 雨來三夜永
꿈 깨자 시름만 남아 있네 夢罷一愁存
물끄러미 아무 말도 못하고 脈脈無言地
외로운 등불 아래 형제가 얘기 나누네 孤燈話弟昆

창평 현감 권신중의 시에 차운하다[次韻權昌平]

화관의 삼경 밤에 華館三更夜
외로운 등불 사위려는데 孤燈欲滅時
어진 주인이 술 마련하였으나 主賢能備酒
손님은 병들어 마시지를 못하네 客病未含巵
대대로 맺은 교분 그대는 알겠지 世契君應識
사귄 정 나는 변함이 없다네 交情我不移
새벽이 쉬이 올까 근심스럽구나 卻愁天易曙
역마의 길에서 헤어져야 하리 郵路有分離

삼가 산해정[40] 시에 차운하다[敬次山海亭韻]

그 누가 여기에 높은 정자 세웠나 伊誰於此起高亭

40) 산해정(山海亭) : 남명(南冥) 조식(曺植) 선생이 30세 되던 해에 처가가 있는 김해로 내려와 공부에 전념하면서 벼슬에 나아가지 않고 후학을 양성하던 곳이다. 김해 신어산 아래 탄동(炭洞, 지금의 대동)에 있으며, 사십대 중반 다시 합천으로 가기까지 약 15년간을 이곳에서 지냈다.

난간 밖은 아득히 만리의 바다라네	檻外遙連萬里溟
학문의 바다에 사는 것을 자부했고[41]	生計自誇專學海
글재주는 문성[42]에 응했다고들 했지	詞華人謂應文星
『주역』 읊으며 소나무 걸상에 걸터앉고	口吟羲易橫松榻
도금[43] 타며 대나무 문빗장에 기대네	手美陶琴倚竹扃
그 속에 참된 정취 아는 이 적지만	眞趣箇中知者少
그윽한 회포 남명과 가만히 부합하네	幽懷黙契我南冥

낙중[44]에서 우연히 읊다[洛中偶吟]

시름겨워 찬 이불 쓰고 잠들지 못하니	愁擁寒衾獨不眠
새벽 물시계 소리 한 해가 지나는 듯	五更殘漏度如年
등불 앞 외로운 그림자 누구 짝일까	燈前隻影知誰伴
미관으로 관사에 머물며 스스로 가련해할 뿐	館下微官只自憐
말없이 고향 갈 날 세어 보며 계책 세워도	黙數歸鄕雖有計
가만히 생각하니 벼슬 그만둘 길 없어 어쩌랴	潜思投紱奈無緣
춘당의 봄날은 이제 막 길어졌는데	春堂春日方今永
어쩌면 돌아가 수연에서 춤을 출까	何以歸歟舞壽筵

41) 학문의……자부했고 : 이이가 이황에게 준 시에 "닦은 학업은 천 권의 경서를 읽었는데[活計經千卷]"라고 한데서 비롯하여, 우리나라 선비들은 '활계(活計)'를 '학업'이란 뜻으로 보는 경우가 많았다.

42) 문성(文星) : 문운(文運)을 맡고 있다는 별 이름이다.

43) 도금(陶琴) : 도연명이 탔다는 줄 없는 거문고, 즉 무현금(無絃琴)을 말한다.

44) 낙중(洛中) : 이 시에서는 서울을 뜻한다.

빗속에서 회포를 쓰다[雨中書懷]

한 달이나 나그네 되어 장안에 머무르니	三旬爲客滯長安
수심 속에 반 나절의 틈도 내기 어렵네	愁裡難偸半日閒
오경의 밤비에 백발이 슬프고	夜雨五更悲白髮
타향의 봄바람에 홍안을 추억하네	春風千里憶紅顏
요순 군민[45]의 장한 뜻 부질없이 버렸으나	君民壯志雖虛擲
원숭이 학과 맺은 처음 맹세 아직 남아 있네	猿鶴初盟尙未殘
만사가 고향으로 돌아가는 것만 못하니	萬事無如歸去好
구름 노을 깊은 곳이 바로 고향 산이네	雲霞深處是家山

우연히 짓다[偶題]

만 섬의 시름 속에 한봄을 보내며	萬斛愁中送一春
벼슬살이에 매여 고향으로 돌아가지 못하네	羈遊猶作未歸人
삼 년의 서울살이에 몸은 늙어 가는데	三年京洛身將老
머나먼 고향을 꿈속에서 몇 번이나 다녀왔나	千里鄕關夢幾巡
낮은 벼슬살이는 끝내 흥미 없으니	薄宦到頭無興味
나지막이 읊조리며 어디에서 정신을 일깨울까	沈吟何處喚精神
희끗한 짧은 머리카락 이제는 다 긁어 없어지고	星星短髮今搔盡

45) 요순 군민 : 이윤(伊尹)이 상(商)나라 탕(湯)임금의 부름에 응하면서 지녔던 "혼자 요순의 도를 즐기기보다 내가 모시는 임금을 요순 같은 임금이 되게 하고, 요순 시대의 백성이 되게 하겠다.[由是以樂堯舜之道 吾豈若使是君 爲堯舜之君哉 吾豈若使是民 爲堯舜之民哉]"는 뜻을 말한다.(『孟子』「萬章上」)

처량한 말만 입에서 새어 나오는구나　　羸得凄詞發兩唇

집안사람의 시에 차운하다[次宗人韻]

동성만 못하다는 『시경』의 말[46]　　不如同姓著周詩
인심을 감동시키니 어찌 나를 속이랴　　感發人心豈我欺
백 리 떨어진 곳은 천 리 떨어진 것과 같고　　百里地同千里地
일 년 그리움은 십 년 그리움의 배나 되네　　一年思倍十年思
각자 고장에 있으면서 그리워만 하다가　　各在鄕關徒夢想
우연히 서울에서 만났다가 또 헤어지네　　偶逢京洛又分離
부평초 삶은 만남과 헤어짐 원래 정해진 것 없으니　　浮生聚散元無定
동이 술 어느 때에나 또 마셔 볼까　　樽酒何時更有期

스스로 잘 알다[自知明]

스스로 잘 안다네 스스로 잘 안다네　　自知明自知明
세상과 겨루기 어려운 줄 잘 안다네　　自知難與世相爭
세상 걱정하여 바로잡으려는 마음 간절하고　　憂時縱切匡時念
군주 사랑해도 보답하려는 정성 갚기 어렵네　　愛主難酬報主誠

---

46) 동성만 …… 말 : 이 구절은 『시경』 「당풍(唐風)·체두(杕杜)」의 “어찌 다른 사람이 없으랴만, 우리 동성만 같지 못하네.[豈無他人 不如我同姓]”라는 말을 인용하였다.

어려움과 위험 보고도 부질없이 문을 닫고 目擊艱危空掩戶
꽹과리와 징소리에 놀라도 그저 말을 삼키네 耳驚刁斗但呑聲
스스로 잘 안다네 스스로 잘 안다네 自知明自知明
낚시질 하는 것이 공경보다 낫다는 것을 自知漁釣勝公卿

집으로 돌아오다[還家]

일 년을 호남에서 벼슬살이에 분주하며 一年湖外任馳驅
나랏일 어려움 많아 자유롭지 못했네 王事多艱不自由
멀리 떨어진 고향 생각이 아득하고 遠隔家鄕思渺渺
깊이 종국 그리는 마음 끝이 없네 深懷宗國意悠悠
꿈속에서는 늘 늦은 귀향을 한탄하고 夢中每恨歸來晩
길가에서는 세월의 흐름에 너무 놀랐지 道上偏驚歲月流
오늘에야 벼슬 그만둘 계획 이루었으니 今日售吾投紱計
벗들이 모두 머리카락이 세었다고 말하겠지 親朋皆說鬢成秋

신문숙[47]의 「쇄연당」 시에 차운하다[次申文叔灑然堂韻]

부평초처럼 만나 동이 술 함께 기울이며 萍逢樽酒幸同傾
이전의 이십 년 정을 세세히 이야기 나누었네 細話從前廿載情

---

47) 신문숙(申文叔) : 『가휴선생문집(可畦先生文集)』의 「공산일기(公山日記)」와 「진사일기(辰巳日記)」에 나온다.

고을 아름다운 경치 일찍이 사모하였는데　曾慕仁鄕多景致
게다가 집안의 명성 혼자 드날린다 하네　况聞高閣擅名聲
세속의 벼슬살이 맛을 부러워 말게나　風塵宦味君休羡
변덕스런 인심에 내 넉넉히 -원문 빠짐- 하다네　雲雨人心我飽□
한 집에 모여 취할 날 있으리니　醉會一堂知有日
돌아가려면 부디 달 밝은 날로 잡으소　歸期須趁月光明

청휘당[48]에서 '일용의 공부로 다른 일 없어 서로 격려하며 함께 노력할 뿐'[49]의 시로 운을 나누어 '상'자 운을 얻다[晴暉堂分韻 日用無餘功 相看俱努力 得相字]

학문에 뜻을 둔 초년에는 면장[50]이 부끄러워　志學初年愧面牆
경전 안고 도를 구하면서 길 헤맬까 두려웠네　抱經求道懼迷方
그리워하며 만나지 못함을 얼마나 한하였나　懷人幾恨難同席
옛날 생각하며 당에 오르지 못함[51]을 상심했네　思古偏傷未入堂
널리 배워 단속하려고[52] 스승 따르기를 바랐고　博約願從函丈得

---

48) 청휘당(晴暉堂) : 현재 경북 성주군 수륜면 신파리에 있다. 고려 말의 충신이며 문장·도학에 있어서 당대의 거벽(巨擘)인 도은(陶隱) 이숭인(李崇仁)을 모신 사우(祠宇)이다.

49) 일용의 …… 노력할 뿐 : 주자의 「무이정사잡영(武夷精舍雜詠)」 12수 중에서 「관선재(觀善齋)」라는 시에 나온다.

50) 면장(面牆) : 학문을 하지 않아 이치를 알지 못하여 막막하다는 뜻이다. "사람으로서 「주남」과 「소남」을 배우지 않으면 마치 담장을 마주하고 선 것 같다.[人而不爲周南召南 其猶正墻面而立也與]"라고 한 데서 유래한다.(『論語』「陽貨」)

51) 당에 …… 못함 : 일정한 학문의 경지에는 올랐으나 아직 절정의 경지에 이르지 못하였음을 비유하는 말로 "자로(子路)는 당에는 올랐으나 아직 실(室)에는 들어가지 못했다.[由也 升堂矣 未入於室也]"라는 말에서 유래한다.(『論語』「先進」)

서로 공부하려고[53] 벗의 도움을 기약했지	交修期與友朋相
난초방[54]에서 다행히 제현의 뒤를 받드니	蘭房幸奉諸賢後
장래에 광간한 자[55] 면할 수 있어 기쁘네	卻喜將來免作狂

방대순에게 주다[贈房大順]

머나먼 타향의 행색 마냥 고달프고	天涯行色任勞勞
아름다운 강의 뱃놀이 혼자 저버렸네	孤負仙江泛一舠
보름 동안 따르며 침식을 잊고	半朔過從忘寢食
여러 날 시와 술로 다시 즐겁게 노닐었네	數旬詩酒更遊遨
못난 나는 삼생[56]의 서투름이 부끄럽고	不才愧我三生拙
덕 있는 그대 백세의 호걸임을 알겠네	有德知君百世豪
내일이면 서로 멀리 떨어질 것이니[57]	明日參商雲樹隔
그리우면 어디서 또 높은 곳에 오를꼬	相思何處又登高

---

52) 널리 배워 단속하려고[博約] : "군자는 글을 널리 배우고 예로서 단속한다면 또한 도에 어긋나지 않을 것이다.[君子博學於文 約之以禮 亦可以弗畔矣夫]"라는 말에서 유래한다.(『論語』「雍也」)

53) 서로 공부하려고[交修] : "미치지 못하는 점을 서로 가다듬으시오.[交修不逮]"라는 말에서 유래한다.(『書經』「周書·冏命」)

54) 난초방[蘭房] : 어진 이와 함께 하는 것을 비유한다. "선한 사람과 함께 지내면 마치 지란의 방에 들어간 것과 같아 그 향기는 못 맡더라도 오래 지나면 동화된다.[與善人居 如入芝蘭之室 久而不聞其香 卽與之化矣]"는 말에서 유래한다.(『孔子家語』)

55) 광간한 자[狂] : 이상은 크고 높지만 현실에 어두운 것을 말한다. "우리 고을의 제자들은 뜻은 크나 일에는 소략하여 찬란히 문장을 이루었을 뿐 그것을 마름질할 줄 모르도다.[吾黨之小子狂簡 斐然成章 不知所以裁之]"라는 말에서 유래한다.(『論語』「公冶長」)

56) 삼생(三生) : 불가에서 전생·현생·내생을 말한다.

57) 멀리 떨어질 것이니[參商] : 서로 멀리 떨어지게 됨을 뜻하는 말이다. 삼성(參星)은 동쪽 하늘에 있고 상성(商星)은 서쪽 하늘에 있어서 삼성이 뜨면 상성이 지게 되니, 영원히 서로 만날 수가 없기에 이르는 말이다.

가휴에게 바치다[寄呈可畦]

지난날 한 고을에 있을 적에도	昔在一城中
오히려 서로 드물게 만났었지	相逢猶未數
어찌 다른 이유 있어서랴	夫豈有佗故
그대와 나 다 같이 바빠서였지	彼此俱在劇
손은 비록 자주 잡지 못했으나	握手雖不頻
마음만은 서로 사랑이 도타웠네	中心相愛篤
호남과 영남으로 한 번 헤어지니	湖嶺一分襟
갑자기 천리의 이별 되었지	忽成千里別
운수의 그리움[58] 아득히 끝이 없어	雲樹渺無涯
매번 옥 같은 그대 그렸지	每懷人似玉
그대가 성군의 은전을 받들어	君承聖主恩
갑자기 공주로 좌천되었네	忽有公山謫
세상일 어찌할 수 없으니	世事無奈何
보배 품고 한 지역에서 시달리네	懷珍困一域
내가 다스리는 고을 이웃에 있어	弊封在鄰境
길이 겨우 50리였네	道里纔五十
아침에 갔다가 저녁에 올 수 있으나	朝往夕可還
그대 모습 한번 보고 싶어만 하였네	儀容思一接
시사가 마침 경황이 없어	時事適蒼黃
분주하여 조금도 틈이 없네	奔馳無寸隙

58) 운수의 그리움[雲樹] : 벗을 그리워하는 마음을 뜻하는 말로, 두보(杜甫)의 「춘일억이백(春日憶李白)」의 “위수 북쪽 봄날의 나무 한 그루, 장강 동쪽 해질녘 구름이로다.[渭北春天樹 江東日暮雲]”라는 구절에서 유래한다.

집은 가까운데 사람은 멀어　室邇人則遠
마음속이 내내 쌓이고 맺히네　中心長蘊結
열흘에 세 번씩 편지를 받아보니　一旬三見書
산과 강으로 막힌 것보다 낫네　猶勝關河隔
한가한 속에 세월이 지루할 터인데　閒中日月長
그대는 무엇으로 낙을 삼으시오　問君何所樂
문을 닫고 큰 은혜에 감격하며　杜門感洪恩
글을 읽어 얻어낸 것 엮어가면　讀書紬所得
옥을 이룰[59] 터전이 되어　所以玉成地
마음 저절로 슬퍼하지 않겠지　心悰自無戚
지난번 자리에서 어진 신하 떠올렸으니　前席憶賢臣
다시 부르실 날이 응당 있겠지　召還應有日
근심을 분담하자니[60] 재주 없어 부끄럽고　分憂愧不才
일을 다 하자니 자격 없어[61] 부끄럽네　觸事慚鵜翼
공사의 계책 주도면밀하지 못하여　公私計不周
아전과 백성이 돌아가며 꾸짖는다오　吏民交徧讁
게다가 도적을 체포할 적이면　況當捕賊秋
흉악한 무리들 더러 달아나는구려　凶徒多見逸
노심초사하여도 이루는 일은 없고　心勞事無成
좌우로 책망만 당한다오　左右遭譴責

---

59) 옥을 이룰[玉成] : 보배로운 인물이 된다는 뜻이다. “왕께서 너를 보옥으로 만들고자 하시니[王欲玉女]”라는 구절에서 유래한다.(『詩經』「大雅·民勞」)

60) 근심을 분담하자니[分憂] : 지방에 수령으로 나가는 것을 ‘분우’라고 한다.

61) 자격 없어[鵜翼] : 자신이 재주가 없다고 겸손히 하는 말이다. 『시경』「조풍(曹風)·후인(候人)」에 “도요새가 어량에 앉아만 있고, 날개 적셔 일하지 않네.[維鵜在梁 不濡其翼]”라는 구절이 있는데, 적임자가 아니면서 그 자리에 있는 것을 비유하는 말로 쓰인다.

일과 계획이 서로 어긋나니 事與計相違
한밤중에 길이 탄식한다오 中宵長歎息
수령이 되어 백성을 살리지 못하니 作倅未活民
민생이 탄식할 만하다네 民生可於悒
못난 선비도 자신을 잘 아는데 腐儒自知明
티끌만큼도 나라에 보답한 것이 없네 涓埃無補國
산림에는 묵은 인연 있어 林下有宿緣
돌아가려는 계획 벌써 정하였다네 歸歟計已决
그 전에 여가를 얻게 되면 其前得暇日
함께 살아갈 일 이야기하려 하니 擬與敍契活
원컨대 그대는 서로 버리지 마시고 願君無相棄
만나자는 약속 세밑까지 지키시게나 幽期保歲末
그대와 은거하기 좋으니 與君好相隱
어느 곳이 반곡[62] 이려나 何處是盤谷
하고 싶은 수많은 말들 許多所欲言
종이에 어떻게 다 쓰겠소 片楮何能訖
읍이 가난하여 줄 것이 없기에 邑殘無相贈
대충대충 별폭에 적어 두었다네 草草在別幅
바람결에 그저 소식 부치노니 臨風聊寄音
아마 내 얼굴에 대신 되겠지 庶代吾面目
하고픈 말 다하지 못하고 한마디 하노니 掛一而漏萬
그대 잘 살피시게나 伏惟尊照察
늦여름 6월 6일에 季夏初六日
정장은 머리 조아리고 아뢰오 鄭樟頓首白

62) 반곡(盤谷) : 당나라 때 문신 이원(李愿)이 벼슬을 사직하고 물러가 은거하려고 했던 곳으로, 한유가 그를 송별하는 뜻으로 지은 「송이원귀반곡서(送李愿歸盤谷序)」가 유명하다.

고향을 그리는 노래[思鄕曲] 곡성谷城에 머무를 때

아! 몇 년을 두고 돌아가려고 하였건만	嗟幾年之思歸兮
오늘도 아직 돌아가지 못하네	尙今日之未歸
공명에 묶여 있어서	功名之有所縛兮
하루아침에 떨치고 나서지 못하네	未一朝之拂衣
일개 좌막[63]이 무슨 상관이건대	佐一幕之何關兮
어지러이 바깥 비방이 많기도 하네	紛外謗之悠悠
벼슬자리 떠나는 것은 어렵지 않으니	一官之决去不難兮
어찌 명예와 이익의 자리에서 부침하랴	夫豈名利場之沈浮
아득한 이 회포를 누구와 이야기할꼬	茫茫此懷之誰與語兮
깊은 생각에서 지워지지 않는구나	徒耿耿而不自已
이제서야 돌아가려던 계획 이루어지니	今言歸之始遂兮
산수에 행장을 맡기겠노라	任山水之行李

동강[64] 김선생을 애도하는 만시. 3수[輓東岡金先生 三首]

아, 선생이시여! 이래서는 안 되니	嗟先生兮不可詎

63) 좌막(佐幕) : 비장(裨將) 등의 막료로, 조선시대 감사나 절도사 등 지방장관이 데리고 다니던 막료를 말한다. 당시 정장이 전라도 도사로 있을 때이므로 이렇게 말한 듯하다.

64) 동강(東岡) : 김우옹(金宇顒, 1540~1603)의 호이다. 자는 숙부(肅夫), 본관은 의성이다. 조식의 문인으로, 1567년 식년문과에 급제하였다. 시호는 문정(文貞)이다. 저서로는 『동강집』·『속자치통감강목』 등이 있다.

도는 크고 재주는 남다르셨도다	道之大兮才之奇
학문이 충만하고 조예가 깊으시니	充學問兮造詣深
왕의 보좌하는 신하요 학자들의 스승이었네	王者佐兮學者師
흉금은 가을달 같고 운치는 옥항아리인 듯[65]	襟秋月兮韻冰壺
모습은 너그럽고 마음은 넓으셨네	貌樂易兮心坦夷
훌륭한 조정에 서서 밝으신 군주 보좌하여	立治朝兮佐明主
옛 도를 오늘에 베풀리라 기약하셨지	期古道兮今可施
가슴 가득한 충성 늙을수록 견고하였고	忠一斗兮老彌堅
삼품의 지위에도 마음 더욱 낮추었네	位三品兮心益卑
이미 시세는 어렵고 위태로워졌는데	旣時勢兮艱危
또다시 묵은 병이 계속 이어졌네	又宿疾兮支離
마침내는 호서로 돌아오셔서	遂歸來兮湖之西
마음대로 유유자적하며 지내셨네	聊自適兮我宜
책을 지어 오당[66]들을 가르치시니	著吾書兮誨吾黨
후학들에게 남겨지기를 바라셨네	庶後學兮有貽
어찌 이리도 사문은 불행[67]한지	何斯文之不穀
갑자기 한 어른이 돌아가셨네	奄一老兮不遺
선비는 의지할 곳을 잃었고	士失兮依歸
나라는 시귀[68]를 잃었네	國失兮蓍龜

65) 흉금은……인 듯: 사람의 인품과 덕성이 결백하고 깨끗한 것을 비유하는 말이다. 『송사』「이통열전(李侗列傳)」에서 등적(鄧迪)이 주자의 스승인 연평(延平) 이통의 인품을 말하면서 "마치 얼음을 담은 옥항아리와 가을철의 밝은 달[氷壺秋月]과 같아 티 없이 맑고 깨끗하니 우리들이 미칠 수 없다."고 하였다.

66) 오당(吾黨) : 『논어』「공야장(公冶長)」에 나오는 말로, 공자가 '우리 고을의 제자들[吾黨之小子]'이라고 한 이래로, 공자의 도를 배우는 무리, 유학자 등의 뜻으로 쓰인다.

67) 불행[不穀] : '곡(穀)'은 '선(善)'의 뜻으로 '불곡(不穀)'은 '불선(不善)'의 의미인데, 여기서는 불행의 뜻으로 풀이하였다.

68) 시귀(蓍龜) : 점을 치는 시초(蓍草)와 원귀(元龜)의 준말로, 국가에서 의심스러운 일이 있으면 그에

임금께서는 놀라 슬퍼하시고　九重兮震悼
팔도 사람들 모두 마음 아파하네　八路兮傷悲
하늘 한 끝에서 반장返葬을 하니　返旅櫬兮天一涯
고향을 향하는데 길은 아득하구나　指故鄕兮路逶迤
제가 은혜를 받은 것이 가장 깊었으니　最小子兮受恩深
어려서 어른께 나아갔다네　趨門牆兮自童癡
재주는 둔하고 성품은 어리석었지만　才魯莽兮性愚騃
선생을 힘입어 조금이나마 알게 되었네　賴先生兮稍有知
이제 선생께서 나를 돌보지 않으시니　今先生兮不我顧
아득한 저승이여 쫓아가기 어렵네　邈九原兮難追
흰 상여줄 잡고 여정의 반을 걷고는　執素紼兮程之半
붉은 명정 전송하며 묵묵히 눈물 흘리네　送丹旌兮涕橫頤
모습을 뵐 날이 다시 언제이런가　接容顔兮復何時
가르침을 받을 날 이제 기약이 없네　承誨語兮永無期
삶이 있으면 죽음이 있으니　有生兮有死
선생이시여! 편안히 여기소서　先生兮自怡
고비[69]는 아무 데도 계시지 않으니　皐比兮無所
저는 어디로 가야 합니까　小子兮何之
삼간[70]에 해가 지니　三竿兮落日
슬픈 만사 한 곡조 읊습니다　一曲兮哀詞

대한 자문에 응할 수 있는 훌륭한 인물, 믿고 의지할 만한 사람을 비유할 때 쓰는 표현이다.

69) 고비(皐比) : 호랑이 가죽이다. 송나라의 장재(張載)가 항상 호랑이 가죽을 깔고 앉아서 『주역』을 강론하였는데, 후세에 와서는 강학하는 자리, 혹은 스승을 일컫는 말로 쓰인다.

70) 삼간(三竿) : 해가 장대 세 개의 길이만큼 높이 올랐다는 뜻이다. 정오에 떠 있는 해처럼 우러러 볼만한 스승이란 이중적인 뜻이 있다.

아! 우리 도가 이 지경에 이르렀구나	嗟嗟吾道至於斯
광풍제월[71] 같은 모습 다시 뵐 길이 없네	光霽容儀更莫追
올곧은 도, 길이 명군을 보좌할 수 없게 되었고	直道永違明主佐
참된 선비, 다시는 후생의 스승 될 수 없게 되었네	眞儒無復後生師
나무 고드름에 나라 쇠퇴함이 아플 뿐만 아니라	不惟木稼傷邦瘁
산 무너져 애통하게도 철인이 돌아가심을 어쩌랴[72]	其奈山頹痛哲萎
저는 평소 돌보심을 가장 많이 받았으니	小子最承平日眷
붉은 명정 천리 길 지극한 슬픔으로 보내도다	丹旌千里送餘悲
참된 선비 중에 우리 선생만한 이가 없으니	眞儒無若我先生
도에 나아감이 비록 깊어도 자만하지 않았네	造詣雖深不自盈
학문의 과정 따라 길이 나아가셨고	學問工程長進進
근원처의 마음은 늘 깨어있으셨네	源頭心地每惺惺
임금을 사랑하여 부질없이 백성 치료할 대책 품었고	愛君謾抱醫民策
세속을 벗어나도 오히려 군주 돕는 정성 깊었네	遯世還深輔主誠
다만 남긴 법도는 강목[73]에 남아 있으니	只有餘謨綱目在
문생들의 슬픔과 한 어느 때나 가라앉으리	門生悲恨幾時平

71) 광풍제월[光霽] : 마음이 넓고 쾌활하여 아무 거리낌이 없는 인품을 말한다. 황정견의 「염계시서(濂溪詩序)」에 "용릉의 주무숙은 인품이 매우 고상하고 가슴속이 깨끗해서 마치 비 갠 뒤의 온화한 바람과 깨끗한 달빛 같다.[舂陵周茂叔 人品甚高 胸中灑落 如光風霽月]"라고 한 말에서 유래한다.

72) 철인이[木稼] …… 어쩌랴 : 목가(木稼)는 목개(木介)의 별칭이다. 극심한 추위로 나무에 얼어붙은 얼음인데, 현인군자가 죽을 조짐이다. 송나라 왕안석이 지은 한기(韓琦)의 만사에 "나무 고드름에 고관이 떨었다는 말 들었는데, 산이 무너진 오늘 철인이 돌아갔네.[木稼曾聞達官怕 山頹今見哲人萎]"라고 하였다.(『石林詩話』)

73) 강목(綱目) : 김우옹이 1595년(선조 28)에 저술한 『속자치통감강목』을 말한다.

서애 류선생을 애도하는 만시[輓西厓柳先生]

큰 어르신을 어찌 남겨두지 않으시는가 大老如何不慭遺
이제부터 다시는 넉넉한 모습 뵐 길이 없네 從今無復望餘儀
어버이 받드는 지극한 효성 고을사람 감복하고 奉親至孝鄕人服
세상 걱정하는 충성을 임금께서 아셨다네 憂世孤忠聖主知
주춧돌 같은 한 몸에 종묘사직이 달렸고 柱石一身關廟社
세상 경영 십 년에 나라 안위를 떠 맡으셨네 經綸十載任安危
고을을 다스리느라 장사에 참여하지 못하니 封疆有守違臨穴
나라 위해 슬퍼하고 또 사사로이 곡하노라 爲國而悲且哭私

정평보 추[74]를 애도하는 만시. 4수[輓鄭平甫 錘 四首]

아! 정평보여 嗚乎鄭平甫
나는 굼뜬 말, 그대는 천리마였지 我駑君爲驥
한 번 병들자 끝내 일어나지 못하니 一疾終不起
이제 영영 그만이로구나! 如今長已矣
타고난 바탕 어질고 착하였고 良善乃素稟
그 뜻은 강개했다네 慷慨是其志
어린 나이 때부터 曰自齠齔年
벌써 소를 먹을 기상[75] 있었다 하네 已有食牛氣

---

74) 정추(鄭錘, 1573~1612) : 자는 평보(平甫), 호는 양졸재(養拙齋), 본관은 동래이다. 한강 정구를 스승으로 섬겨 성리학을 닦아 학문과 기예가 깊은 경지에 이르렀고 동문의 선비들이 서로 추중하였다.

75) 소를 먹을 기상[食牛] : 어려서부터 걸출한 모습을 보였다는 말이다. 호랑이나 표범 새끼는 아직 털 빛깔이

어르신의 집에 장가를 와서	來贅長者家
명리와 도의를 구분하게 되었네	能辨利與義
부지런히 힘써 공부를 게을리 않고	孜孜學不倦
이 밖에 좋아하는 것이 없었지	此外無他嗜
애써 노력하여 과거에 응시하였건만	辛勤應科擧
끝끝내 성취하지 못하였네	末梢終不利
비록 용감히 저를 끊지는 못했으나	雖未勇斷彼
오로지 사문[76]에 뜻을 두었네	斯文專用意
늙어서는 길이 먼 것도 잊고서	日暮忘路遠
성현처럼 되기를 마음에 기약했네	前修心所跂
끓는 물에 닿은 듯 악을 싫어하고	惡惡如探湯
자기가 한 듯 선을 좋아하였다네[77]	好善如出己
선조를 받듦에 정성을 다하였고	奉先盡其誠
형제간에 마음을 하나로 하였지	弟兄心一致
스승과 벗들 사이에서는 온화하였고	雍容師友間
화목하여 다른 말들이 없었네	穆穆無異議
따라 배운 지 삼십 년	從遊三十年
사람들은 진심으로 따랐다네	人服眞無僞
산수 간에 초가를 엮고	結茅山水間
유독 요산요수[78]의 맛을 알았네	偏知仁智味

선명하게 되기도 전에 '소를 잡아먹을 것 같은 기상[食牛之氣]'을 보인다는 말에서 유래한다.(『尸子』)

76) 사문(斯文) : 유학의 도, 혹은 유학자를 지칭하는 말로 쓰인다. "하늘이 장차 '사문(斯文)'을 없애려 하였다면 내가 사문(斯文)에 참여할 수 없었을 것이다.[文王旣沒 文不在玆乎 天之將喪斯文也]"라는 말에서 유래한다.(『論語』「子罕」)

77) 끓는 …… 좋아하였다네 : "선(善)을 보았을 때는 미처 다하지 못할 듯이 서둘러 행하고, 불선(不善)을 보았을 때는 끓는 물에 손이 닿은 것처럼 재빨리 손을 뗀다.[見善如不及見 不善如探湯]"는 말에서 유래한다.(『論語』「季氏」)

평생 무엇을 경영하겠는가　生平何所營
삶은 나그네처럼 담담하였네　契活淡如寄
선한 자는 하늘이 복을 주시니　善者天所福
네 아드님 순후하고 아름답도다　四子醇且美
그대의 덕은 이 같으니　謂君德如斯
장수와 복이 걸맞으시리라 하였는데　壽福期相値
어찌하여 사람의 수명에는　如何壽夭間
아득히 이러한 이치 없는 걸까　漠漠無此理
생각건대 나는 사귄 지 가장 오래라　念我交最久
근래에 30년이 되어간다네　邇來迫卅禩
서로 감싸 격의가 없었으니　綢繆兩無間
형제의 정과 무엇이 다르랴　同腹情何異
그대는 내 모자라고 어리석음을 아껴주고　君愛我疎愚
나는 그대 넓은 도량에 탄복하였지　我服君坦易
넉넉히 노닐며 오래도록　優游謂長保
생애를 가천에서 지내리라 여겼는데　百年伽水裡
이제 세상과 이별해 버리니　今成隔世別
묵은 약속 부질없이 땅에 떨어졌네　宿計空墜地
온전히 돌아가니[79] 그대 서운함 없겠지만　全歸子無憾
나의 슬픔 끝내 어찌 다할까　我悲終何旣
처량히도 낮은 산기슭에　凄凉短麓上
그대 무덤 여기에 있네　子宅在於是

78) 요산요수[仁智] : 『논어』 「옹야(雍也)」의 "어진 사람은 산을 좋아하고 지혜로운 사람은 물을 좋아한다. [仁者樂山 知者樂水]"라는 말 뜻을 가져왔다.

79) 온전히 돌아가니[全歸] : "부모께서 온전히 낳아 주셨으니 자식이 온전히 보존하여 돌아가야 효라 할 수 있다.[全而生之 全而歸之 可謂孝矣]"라는 말에서 유래한다.(『禮記』 「祭義」)

상여줄 잡고 탄식도 끝나기 전에	執紼嗟未遂
두 줄기 눈물이 하염없이 흐르네	淚迸不知止
두 줄기 눈물 흘린들 어찌하리	淚迸知奈何
이 슬픔은 길이 끝없구나	此悲長無已
병으로 누운 지 열흘에 편치 못하여	臥病經旬未得安
그대 생각에 내내 눈물이 흘렀다오	思君長是淚漫漫
이제 평생의 벗을 영원히 이별하니	從今永訣平生友
가천에서 낚시하던 기쁨 다시 하기 어렵네	難再伽川漁釣歡
구름은 청산을 두르고 산은 오두막 감싸니	雲繞青山山繞廬
이 숲을 사람들은 신선의 거처라 하네	樹林人道是仙居
신선 거처는 처량히도 이제 주인이 없고	仙居慘惔今無主
쓸쓸히 책상 위에는 책만 남아 있네	寂寂空留架上書
그대 자질 남다름을 공경하여	欽君資質超於衆
만날 때마다 속마음을 토로하였네	每與相逢吐肺肝
존사친우[80]는 요즘에 견줄 이가 없었고	尊師親友今無比
애제공형[81]은 옛 사람도 그대 같기 어렵다네	愛弟恭兄古亦難
오늘 혼이 지하로 돌아가니	此日有魂歸地下
다른 날 인간세상에서 만날 길 없네	他時無路遇人間
아픈 마음에 눈물이 해가[82]를 따라 흐르니	傷心淚逐薤歌落
저녁노을 뉘엿뉘엿 긴 장대에 걸려있네	夕照依依掛數竿

80) 존사친우(尊師親友) : 스승을 높이고 벗과 친하게 지내는 것이다.

81) 애제공형(愛弟恭兄) : 아우를 아끼고 형에게 공손히 하는 것이다.

82) 해가(薤歌) : 해로가(薤露歌), 즉 만가를 말한다. 해로는 악부에 나오는 「상화곡(相和曲)」의 이름으로 고대의 만가(輓歌)이다. 초나라 송옥(宋玉)의 「대초왕문(對楚王問)」에 "양아곡, 해로곡을 노래하자, 나라 안에서 그것을 이어 창화(唱和)하는 자는 수백 명이었다.[其爲陽阿薤露 國中屬而和者 數百人]"라는 말이 있다. 해(薤)는 부추 종류인데 사람의 목숨이 부추 잎에 맺힌 이슬처럼 쉽게 소멸된다는 뜻에서 나온 말이다.

박균미 명언의 개장에 지은 만시. 2수[輓朴君美 明彥 改葬 二首]

내 벗이 죽은 지 18년인데	吾友云亡十八秋
지난일 추억하자니 아득하기만 하네	追惟往事儘悠悠
연상[83]에서 글을 논할 때면 늘 청안[84]이었고	論文淵上恒青眼
숲속에서 술병 차고는 다 백발이었네	佩酒林間指白頭
하루아침에 산과 바다로 잠시 이별했더니	暫別一朝分嶺海
길이 이 세상 하직하고 유명을 달리하였네	長辭百世隔明幽
오늘 고향으로 비로소 반혼을 하니	狐丘今日魂初返
황량한 언덕에서 상여줄 잡고 눈물 흘리네	執紼荒原涕未收
안회[85]는 끝내 요절하였지만	顏回已矣終無壽
백도[86]는 오늘에 비로소 아이가 있네	伯道如今始有兒
고향 언덕으로 반혼하니 서운함 없겠고	魂返故原靡所憾
면면히 이어질 여경[87] 어찌 의심하랴	綿綿餘慶復何疑

---

83) 연상(淵上) : 한강 정구의 회연초당을 이렇게 불렀고, 이후 회연서원도 '연상'이라 하였다.

84) 청안(靑眼) : 반가워한다, 기뻐한다는 뜻이다. 진(晉)나라 죽림칠현(竹林七賢)의 한 사람인 완적(阮籍)의 고사에서 유래하는 것으로, 그는 예교에 얽매인 속된 선비가 찾아오면 흰 눈[白眼]을 뜨고, 맑은 고사(高士)가 찾아오면 반갑게 청안을 뜨고 대했다는 고사에서 유래한다.

85) 안회(顏回) : 공자의 가장 뛰어난 제자였으나 젊은 나이에 죽었다. 박명언이 요절한 것을 말하는 듯하다.

86) 백도(伯道) : 박명언이 조카를 양육한 일이 있어 그를 칭송하는 듯하다. 진(晉)나라 등유(鄧攸, 자는 백도)가 난적(亂賊)을 만났을 때, 일찍 죽은 아우의 아들을 살리기 위해 자기 아들을 버리고 갔는데, 그 뒤에 끝내 후사를 보지 못했다는 고사에서 온 말로, 등유는 자식이 없었지만 박명언은 자식이 있었다는 의미로 썼다.(『晉書』「鄧攸傳」)

87) 여경(餘慶) : 넉넉한 복을 말한다. "선을 쌓는 집에 반드시 넉넉한 경사가 있다.[積善之家 必有餘慶]"라는 말에서 유래한다.(『周易』「坤卦」)

하천옥을 애도하는 만시[輓河天沃]

십 년 전부터 한 집안이 되었는데	十載從來爲一家
지금 잃으니 아픔이 어떠하겠소	如今相失痛如何
육순은 요절이 아니니 그대는 한하지 마소	六旬非夭君休恨
뒷일의 많고 적음을 어찌 물을 필요 있겠소	後事寧須問少多

재종숙모 윤씨를 애도하는 만시[輓再從叔母尹氏]

생각건대 정숙한 덕 유순하고 아름다워	洪惟淑德本柔嘉
일찍이 서원[88]의 예법 있는 집에 시집오셨지	早入西原禮法家
반평생 규문을 지켜 담박함을 달게 여기고	半世守閨甘淡泊
한 평생 살림 맡아 사치함을 멀리 하셨네	一生主饋絶奢華
과부로 지낸 지 8년에 몸은 늙음을 재촉하여	孀居八載身催老
병으로 누운 지 한 달 만에 돌아가셨네	病臥三旬壽未遐
다행히 산풍의 허물없는 자식[89] 있으니	賴有山風無咎子
마지막을 보내는 오늘 탄식할 것 없네	送終今日不須嗟

88) 서원(西原) : 지금의 충청북도 청주이다. 재종숙모 윤씨가 청주 정씨 가문에 시집온 것을 말한다.

89) 산풍(山風)의 …… 자식 : 산풍은 『주역』 「고괘」이다. 『주역』 「고괘(蠱卦)」 초육(初六)에 "아버지의 일을 주관함이니, 자식이 있으면 죽은 아버지가 허물이 없게 되리라.[幹父之蠱 有子考無咎]"는 구절에서 유래한다.

대책[策]

역사 기록의 폐단에 대한 대책[史弊策]

신은 답하여 아뢰옵니다. 신이 일찍이 들으니, 옛사람의 말에 "동호[90]가 나지 않았으면 천하에 직필直筆이 없었을 것이고, 공자께서 돌아가시자 천고에 공정한 말이 없어졌다."고 하였습니다. 아! 후세의 붓은 과연 끝내 곧을 수 없으며, 후세의 말은 과연 끝내 공정할 수 없을까요? 남에게 시비를 공정하게 가릴 수 있는 자는 오직 자기의 시비를 공정하게 가릴 수 있는 자이니, 자기의 시비를 공정하게 가릴 수 있으면 곧은 붓을 잡을 수 있고, 공정한 말을 남길 수 있습니다. 그만입니다! 오늘날에 그러한 사람을 볼 수가 없으니! 어리석은 신이 길게 탄식하는 것은 실로 언제나 여기에 있지 않은 적이 없습니다.

지금 우리 주상전하께서 큰 정사를 펼쳐 멀리 있는 신하를 부르시고, 옥음을 크게 발하시며 금장金章(금과 같은 광채)을 밝게 드러내시니, 크도다! 한 마디 말씀이여! 먼저

90) 동호(董狐) : 춘추시대 진(晉)나라의 사관(史官)이다. 진 영공(晉靈公)이 조순(趙盾)을 죽이려 하자 조순이 도망갔다가 조천(趙穿)이 영공을 죽인 뒤에 조순이 돌아왔다. 동호가 "조순이 그 임금을 시해하였다.[趙盾弑其君]"라고 기록하여 조정에 보였다. 조순이 자기가 죽이지 않았다고 강변하자 동호가 "그대는 일국의 정경으로 도망을 하면서 국경을 넘지도 않았고, 돌아와서는 역적을 토벌하지도 않았으니, 그대가 죽인 게 아니고 누구인가?[子爲正卿 亡不越境 反不討賊 非子而誰]"라고 하였는데, 이 일과 관련하여 공자가 "동호는 옛날의 훌륭한 사관이었다. 그의 서법은 숨기는 일이 없었다.[董狐 古之良史也 書法不隱]"라고 찬양하였다.(『春秋左氏傳』「宣公 2年」)

역사 기록의 폐단에 대하여 자문을 하시니, 신의 천박한 식견과 유치한 관찰력으로 어찌 알 수 있겠습니까? 아무리 그렇더라도 거룩한 명命을 대하고서 감히 알지 못한다고 사양할 수 없습니다. 절하고 머리를 조아리며 전하를 위하여 힘껏 말씀드리겠습니다.

신이 삼가 전하의 책문을 읽으니, 이렇게 말씀하셨습니다. "옛날부터 나라가 있으면 …… 만세토록 믿을만한 역사 기록[史]이 되겠는가?" 신은 삼가 몇 번이나 읽고 나서 전하께서 시비를 분명히 하시고, 권하고 타이름을 엄히 하시는 성대한 마음을 공경하고 우러렀습니다.

신이 듣건대 역사 기록이란 한 세대의 잣대이며, 천 년의 귀감입니다. 전대前代의 일을 기록하여 그 득실을 드러내는 것은 역사 기록에 달려 있으며, 후세에 법을 보여 그 득실을 거울삼는 것이 역사 기록에 달려 있습니다. 선유先儒가 이른바 "나라는 사라질 수 있지만 역사 기록은 사라질 수 없다."[91]고 한 것은 바로 이를 두고 하는 말입니다. 그러므로 나라를 잘 다스리는 자는 사관史官 간택하는 것을 급선무로 여깁니다. 역사의 기록에 적임자를 얻게 되면 한 마디 말이라도 가벼이 허여하지 않고, 한 글자라도 가벼이 빼앗지 않아서 포상하는 것이 지극히 공변되고, 폄하하는 것도 지극히 공변되어 만세의 법이 될 수 있습니다. 그리고 역사의 기록에 적임자를 얻지 못하면 허여할 만한 것이 아닌데도 허여하며 빼앗을 수 없는데도 빼앗아, 포상이 공평하지 않고 폄하도 공평하지 않아 백대의 공변된 논의를 속입니다.

역사를 기록하는 자를 제대로 간택하지 못하였으면서 말이 공평하기를 바라기는 어렵습니다. 아무리 그렇더라도 간택하고 싶어하기만 하고 간택하는 방법을 모른다면 어떻게 간택할 수 있겠습니까? 반드시 재주와 학식과 식견 세 가지가 모두 갖추어져야만 사관의 그릇을 갖추었으며 사관의 직분에 걸맞다고 말할 수 있는 것입니다. 재주가 충분하지 않고 학식이 뛰어나지 않으며 식견이 밝지 않으면서 사관의 노릇을 잘한 자를

---

91) 나라는 …… 없다 : 원나라의 동문병(董文炳)이 한림학사 이반(李盤)에게 한 말이다.

신은 들어본 적이 없습니다. 재주가 충분하고 학식이 뛰어나며 식견이 밝은 이가 사관이 되면 훌륭히 다스리는 임금에게는 보불黼黻[92]이 되어 해와 별 같이 빛나며, 어지럽히는 적에게는 도끼가 되어 바람과 서리처럼 매서울 것이니, 글을 쓰면 직필이 되고 말을 하면 공변된 말이 되어 장차 백세百世 뒤에라도 미혹되지 않을 것입니다.

아! 하늘이 일세一世의 인재를 내면, 일세의 쓰임에 이바지하기에 충분합니다. 그렇다면 오히려 어찌 일개 사관 중에 그러한 사람을 얻기 어렵겠습니까? 다만 윗자리에 있는 사람이 훤히 알아 보아 관직을 제대로 주는 데 달려있을 뿐입니다. 옛날을 살펴보건대 결승結繩의 글이 변하여 서계書契[93]의 문장이 일어났고, 좌우의 사관은 요순 시대에도 갖추어져 있었습니다. 그런데 일에 따라 반드시 기록한 것으로는 『서경』보다 간절한 것이 없고, 편년編年을 관통하여 기록한 것으로는 『춘추』가 가장 상세하니, 역사를 담론하는데 조종祖宗이 되는 것은 진실로 그러한 것입니다. 노나라에서 기린이 잡히자 공자께서 절필을 하시니, 그 뒤로 천년 사이에 누가 공변된 말을 하였습니까? 다행히 한漢나라에서 한 명의 태사공을 얻으니, 오히려 일시의 훌륭한 사관이 되기에 충분하였습니다. 그러나 대사大事를 논하는데 있어서는 노장[黃老]을 먼저 하고 육경六經을 뒤로 하며, 유협遊俠의 일을 서술하는 데 있어서는 처사處士를 뒤에 놓고 간웅奸雄을 앞에 두었습니다. 그러니 주상전하께서 물어보신 말씀 중에 이른바, '순수하면서 잡되지 않음'에 대하여 신은 감히 경솔하게 허여하지 못하겠습니다.

앞뒤로 3000여 년의 역사를 50만자의 언어로 논저論著하였으니 문장은 과연 올곧았습니다. 제왕의 일을 기록하는 데는 『시詩』·『서書』에 근본하였으며, 열국列國의 세계世系를

---

92) 보불(黼黻) : 임금의 다스림을 빛내줄 훌륭한 신하라는 뜻이다. 원래 보불은 예복에 수놓은 화려하고 아름다운 꽃무늬로, 희고 검은 것이 '보'이고 푸르고 붉은 것은 '불'이다.

93) 결승(結繩)의 …… 서계(書契) : 결승은 상고 시대에 신농씨(神農氏)가 노끈을 묶어 의사를 표현하는 방법이었으며, 서계는 나무에 새겨서 썼다는 최초의 문자이다. 결승문자를 쓰다가 복희씨(伏羲氏) 때에 이르러 서계를 만들어서 이를 대체하였다고 한다.(『史記』「五帝本紀」)

기록하는 데는 『춘추좌씨전春秋左氏傳』에 근거하였으니, 일은 과연 자세하게 사실을 밝혀내었습니다. 백이伯夷를 어질게 여겨 열전의 첫머리에 두었고 안영晏嬰을 사모하여 그를 위해 채찍을 잡는 마부라도 되기를 바랐으니,[94] 허투로 미화시킨 것이 아니었다고 할 만 합니다. 진평陳平이 뇌물 받은 것[95]을 숨기지 않고 장탕張蕩[96]이 매우 각박했던 것을 힘껏 비방하였으니, 남의 악을 숨기지 않았다고 할 만합니다. 그러나 양웅의 말[97]이 어찌 저를 속이겠습니까? 허여하고 빼앗는 것이 잘못되거나 시비가 자못 어그러지는 데 이르러서는 소자蘇子도 성인의 경經을 비단 찢듯이 하였다는 비난이 있었습니다. 나무란 자가 어찌 반고班固 뿐이겠습니까?

반고의 『후한서』는 비록 '칭송할 만하다'고 하겠으나 사마천에 대해서도 그와 같은 반열에 있다고 하겠습니까? 왕충王充의 저서에서는 반고를 으뜸으로 여기고 사마천을 다음으로 여겼지만[98] 장보張補의 지론持論은 반고를 열등하게 여기고 사마천을 우수하다 여겨, 세상에 일정한 설이 아직 없습니다. 그러나 저의 생각을 말씀드리자면 처음 시작하는 자는 공을 이루기 어렵지만 따라하는 자는 공을 이루기가 쉽습니다. 사마천은 창시를

---

94) 안영 …… 바랐으니 : 『사기』「관안열전론(管晏列傳論)」에 나오는 말이다.

95) 진평(陳平)이 …… 것 : 강후(絳侯)와 관영(灌嬰) 등이 진평을 모함하여 "진평이 여러 장수들에게 뇌물을 받아, 뇌물을 많이 준 자는 좋게 처리하고 뇌물을 적게 준 자는 나쁘게 처리했다.[平受諸將金 金多者得善處 金少者得惡處]"고 하였다.(『史記』「陳丞相列傳」)

96) 장탕(張蕩)이 …… 것 : 한 무제(漢武帝) 때의 옥관(獄官)으로, 사마천은 그를 「혹리열전(酷吏列傳)」에 실었다.

97) 양웅의 말[子雲所稱] : 자운(子雲)은 양웅의 자(字)이다. 그는 『법언』에서 "태사공(太史公, 사마천을 지칭함)에 이르러 여섯 나라를 기록하고, 초나라와 한나라를 지나 춘추에 이르기까지 성인과 시비(是非)를 함께 하지 않아 자못 경서와는 어긋났다.[及太史公 記六國 歷楚漢 訖麟止 不與聖人同是非 頗謬於經]"라는 말을 하였다.

98) 왕충(王充)의 …… 여겼지만 : 왕충은 『논형(論衡)』「초기편(超奇篇)」에서 "반고는 사마천을 이어 100편 이상을 썼는데 기사가 자세하고 뜻은 얕으나 이치가 갖추어져 있으니 보고 읽는 자들이 으뜸으로 여기고 태사공을 다음으로 여긴다.[班叔皮續太史公 書百篇以上 記事詳悉 義淺理備 觀讀之 者以爲甲而太史公乙]"고 하였다.

하였고 반고는 사마천이 이루어 놓은 법을 따랐을 뿐입니다. 제왕에 비유하자면 사마천은 한나라의 고조高祖와 광무제光武帝가 나라를 개창한 것과 같고, 반고는 문제文帝와 경제景帝가 수성守成한 것과 같으니, 신은 이것으로 우열을 삼습니다.

범엽范曄[99]의 『한서』는 제후의 기록을 제왕의 기록보다 앞에 두었고, 백관百官을 서지書志보다 증가시켰으니 비록 스스로는 "훌륭한 역사 기록에 부끄러움이 없다."[100] 고 여겼지만 선유先儒들은 논의할 것이 많고 취할 것이 적다고 나무랐으니, 또한 어찌 오늘날의 본보기로 삼을 만하겠습니까? 삼국 시대 이후로는 그 책을 평가하여 말하기를, "옛 책의 군더더기이고 조보朝報[101]의 보잘것없는 것이다."라고 하니, 어찌 믿지 않겠습니까? 그러니 또한 감히 전하를 위해 높이 평가하지는 못하겠습니다.

아! 사마천과 반고와 범엽은 비록 사관의 재주가 있지만 학식은 뛰어나지 못하였고 식견은 밝지 못한데 어떻게 고인들이 필삭筆削한 남긴 뜻을 저버리지 않을 수 있겠습니까? 우리나라의 열성조께서 창성함을 여시자 천운의 빛남이 수백 년에 두루 미쳤습니다. 기사記事와 기주記注의 관직을 춘추관에 두었고, 대교待敎와 봉교奉敎의 신하를 한림원에 두었으니, 요순 시대에 있던 좌우左右 사관의 제도에서 취하여 지극하게 구비되어 있습니다. 요임금같이 밝고 순임금처럼 지혜로운 군주를 보좌하여 높디높고 넓디넓은 다스림을 이루었고, 주고周誥와 은반殷盤[102]의 글을 부연하니 광대하고도 바르고 임숙한[103]

---

99) 범엽(範曄, 398~445) : 자는 울종(蔚宗), 남조(南朝) 송나라 때 사람이다. 제가(諸家)들의 『후한서』를 산삭(刪削)하였다.

100) 훌륭한 …… 없다 : 『군서고삭(群書考索)』에 "범엽이 동한의 기록을 산삭하고는 스스로 '옛날의 훌륭한 역사책에 부끄럽지 않다.[范曄增損東漢 自謂無慙良史]'라고 말하였다."는 내용이 있다.

101) 조보(朝報) : 관보(官報)와 같은 말이다. 딱딱하고 형식적인 문장을 뜻한다.

102) 주고(周誥)와 은반(殷盤) : 『서경』「주서(周書)」에 나오는 '대고(大誥)' 등의 고(誥)의 형식으로 된 문장과 『서경』「상서(商書)」에 나오는 '반경(盤庚)'을 말한다.

103) 주고(周誥) …… 엄숙한 : 한(漢)나라 때의 양웅(揚雄)이 지은 『법언(法言)』「문신(問神)」편에 "『서경』의 우서(虞書)와 「하서(夏書)」는 화기(和氣)가 있고 질박하며, 「상서(商書)」는 광대하고, 「주서(周書)」는 엄숙하고 바르다.[虞夏之書渾渾爾 商書灝灝爾 周書噩噩爾]"라는 말에서 유래한다.

성대함이 있습니다. 빛나도다, 법도여! 계승하였도다, 공렬이여![104] 보필하여 빠뜨림이 없었습니다. 선은 스승으로 삼을 만하고 악은 경계로 삼을 만하였으니, 역사 기록의 제도가 다 갖추어졌습니다.

지난 일의 시비를 분명히 밝혀 후진後進을 권면하고 징계하면, 성대한 문장을 온 세상이 모두 우러릅니다. 그런데 어찌하여 역사를 기록하는 관직은 있는데 적합한 사람이 없는 것입니까? 오직 사사로움을 따르고 공변된 도는 땅을 쓸듯이 사라졌으며, 올곧게 쓰지 않고 굽히고 왜곡하는 것이 풍토를 이루었고, 옳고 그름은 진정한 옳고 그름이 아니고 여탈予奪은 개인을 위한 여탈이 되니, 사사로운 은혜를 팔려고 간사한 것을 바르다고 여기는 자가 있으며, 자기의 원한을 갚으려고 청렴한 자를 탐욕스럽다고 하는 경우가 있기 때문입니다. 앞 시대, 옛날의 역사 중에서 그와 혹시라도 비슷한 경우를 본 적이 없으니, 재능과 세상이 모두 이전보다 못하다고 아무리 말하더라도 좋을 것입니다. 그러니 전하께서 이른바 "오로지 문장에 달려 있는 것이 아니라 진실이 급선무가 된다."는 말씀이 어찌 오늘날 역사 기록의 폐단에 딱 맞는 말씀이 아니겠습니까?

선조의 보첩寶諜을 지금 수선하고 있으니, 그 일을 맡기는 것은 생각건대 중요하지 않겠습니까? 오늘날 이 책임을 맡은 자는 과연 재주가 있으며 과연 학식이 있으며 과연 식견이 있습니까? 이러한 재주가 없고 이러한 학식이 없으며 이러한 식견이 없으면서도 이 직책에 있으면서 이 임무를 담당한다면 어떻게 대서특필이 모두 바르고 곧아서 오늘날에 비난을 받지 않고 후세에 할말이 있을 수 있겠습니까? 하늘과 대비되는 큰 아름다움을 펼치고 전에 없던 위대한 공적을 찬양하기는 어렵지 않겠습니까?

아! 난리를 겪은 뒤 선비의 기상은 떨치지 못하고, 공정한 도가 오래도록 사그라져서 낡은 풍습이 벌써 굳어졌으니, 유독 붓을 잡은 관리에게 감히 공정한 도리를 행하라고

104) 빛나도다 …… 공렬이여 : 『주례』를 지은 주공(周公)을 찬양한 말인데, 열렬(烈烈)은 공이 빛난다는 뜻으로 『서경』「군아(君牙)」에 "빛나도다! 문왕의 법이여! 크게 계승하였도다! 무왕의 공렬이여![丕顯哉 文王謨 丕承哉 武王烈]"라는 말에서 유래한다.

바랄 수 있겠습니까? 필삭筆削은 어디를 말미암아 그 진실을 얻으며, 시비是非는 어디를 말미암아 공정함을 얻겠습니까? 이것을 가지고 후세에 믿음을 전하는 역사서로 삼으려고 한다면, 신은 시비가 혹 뒤섞여서 훗날에 권면과 경계가 될 수 없을까 두렵습니다.

그렇다면 어떻게 하여야 하겠습니까? 이를 바로잡는 기틀은 다른 데 있는 것이 아니라 전하께서 그들을 어떻게 배양하는가에 달려 있다고 여깁니다. 전하께서 참으로 바름으로 선비의 절조를 기르고 곧음으로 선비의 기개를 기르셔서 정직한 사람이 제자리에 있으면, 재능이 있으나 지위가 낮은 자를 재능이 없으면서 지위가 높은 사람 위에 앉히기도 하고, 군왕과의 관계가 먼 사람을 군왕과 친한 사람 위에 앉히기도 할 것이며,105) 간사하고 나쁜 사람이 조정에 있게 되면 그들을 먼 지방으로 물리쳐서 그 자취를 멀리하게 할 것입니다. 구차스럽게 아첨하는 선비를 물리치고 정직하여 흔들리지 않는 신하를 발탁하여 선비의 기풍이 크게 바뀌고 공도公道가 크게 행해지면, 사관의 자리에 있으면서 사관의 책임을 맡은 자는 오직 공론公論을 굽힐 수 없고 사사로운 뜻을 따를 수 없다는 것만을 알아서 곧음으로 죽는 것을 영광으로 여기고 굽혀 사는 것을 치욕으로 여길 것입니다. 기록하지 않으면 그만이겠지만 기록하게 되면 모두 공정한 말이고, 깎아내지 않으면 그만이겠지만 깎아낸다면 모두 올바른 논의일 것입니다. 공변된 말이 드높고, 바른 말이 당당하여 공정하지 못한 시비是非가 없고 바르지 않은 여탈予奪이 없어서 선한 자들이 이로 인하여 기운을 더하고 간사한 자들이 이 때문에 혼백이 빼앗길 것입니다.

죽백竹帛이 광채 나고 간책簡冊이 빛나는 것은 비유하자면 조화옹이 절로 물상物象을 닮은 것과 같고, 단안斷案이 절로 법률에 부합되는 것과 같습니다. 그러면 동호의 직필을 다시 볼 수 없음을 근심하지 않을 것이고 공자의 공변된 말도 우러러 기대하게 될 것이니,

---

105) 지위가 …… 할 것이며 : 『맹자』「양혜왕하(梁惠王下)」에 "임금이 어진 사람을 등용하는 것은 부득이한 듯 해야 합니다. 신분이 낮은 사람으로 하여금 높은 이를 넘게 하며, 관계가 먼 사람을 가까운 친척 위에 앉히기도 할 것이니 신중히 하지 않겠습니까?[國君 進賢 如不得已 將使卑踰尊 疏踰戚 可不愼]"라는 말에서 유래한다.

어찌 성대하지 않겠으며 어찌 아름답지 않겠습니까? 생각건대 전하께서는 유념하소서.

신이 삼가 전하의 책문을 읽으니, "그대들은 …… 내가 장차 직접 볼 것이다." 하셨습니다. 이 말씀을 통해서 저는 실로 전하께서 하찮은 자에게 물어보고 평범한 자의 말을 살피시는 성대한 마음을 공경하고 우러렀습니다. 아! 전하께서 역사 기록의 폐단에 대하여 질문하셨기 때문에 신은 이미 사관을 잘 간택해야 한다는 것으로 대답 드렸으며 또 선비의 재능을 배양해야 한다고 계책을 바쳤습니다. 생각건대 오늘날 근심할 만한 일은 역사 기록의 폐단이란 한 가지 일에 그치지 않습니다. 그러나 전하께서 물어보시는 것이 이러한 점에 대해서는 언급하지 않으시기에 저는 홀로 근심을 이길 수 없습니다.

아! 오늘날의 급선무는 대강大綱이 2개가 있고, 세목細目이 8개가 있습니다. 마음 씀을 바르게 하고, 기강紀綱을 세우는 것은 대강이고, 하늘의 노여움을 경외하고 백성들의 고통을 불쌍히 여기며, 언로言路를 열고 인심을 수습하며, 인재선발을 공정하게 하고 경연을 열며, 학교를 숭상하고 국방을 엄정히 하는 것은 그 세목입니다.

아! 마음은 몸을 주재하며, 만사의 근본입니다. 더구나 군주의 마음은 유혹하는 것이 많으며, 소리와 여색과 편안하려는 욕심은 그 뜻을 쓸어 내고, 가까이서 총애하는 사람과 아첨하는 신하는 그 뜻을 미혹되게 합니다. 그러므로 두려워하고 조심하였던 것은 요임금과 순임금이 이 마음을 바로 하였던 방법이며, 오직 정밀하고 오직 한결같이 하였던 것은 우임금이 이 마음을 바로 하였던 방법입니다. 두려워하고 삼가던 것은 탕임금과 문왕이 이 마음을 바로 하였던 방법이 아니겠으며, 치우치지 않고 무리 짓지 않았던 것은 무왕이 이 마음을 바로잡았던 방법이 아니겠습니까? 보존하고 기르는 공부를 깊이 하여 마음의 본체를 이것으로 세우고, 자세히 살피는 공부를 지극히 하여 마음 씀씀이를 이것으로 행하십시오. 생각건대 우리 전하께서는 처음에는 맑고 깨끗하여 마음 씀을 바르게 하는 것을 다스림과 교화를 펴는 근본으로 여기셨습니다. 모르겠지만, 한가히 지내거나 홀로 계실 때에도 두려워하고 조심하는 마음을 스스로 보존하여 남이 모르는 홀로 있는 마음자리에서도 부끄럽지 않으며, 마음을 삼가고 조심하여 감히 편안히 지내지 못하시는지요? 마음을 잡아서 보존하는 것은 전하께 달려 있고, 버려서 잃어버리는 것도 전하께 달려 있습니다. 오직 전하께서는 유념하소서.

아! 나라를 잘 다스리는 데에는 길이 있으니 기강을 세우는 것에서부터 시작됩니다. 기강이 서지 않으면 만사가 통섭될 수 없습니다. 이른바 강綱이란 그물에 벼리가 있는 것과 같고, 기紀라는 것은 실에 실마리가 있는 것과 같습니다. 그물에 벼리가 없으면 그물을 펼 수가 없고, 실에 실마리가 없으면 천을 짤 수가 없습니다. 그러므로 한 집안에는 한 집안의 기강이 있고 한 나라에는 한 나라의 기강이 있습니다. 큰 벼리를 들자 백성들이 변하였던 것은 요임금이 임금 노릇 할 수 있었던 까닭이며, 사람의 기강을 비로소 다스려서 나라를 편안하게 하였던 것은 탕임금이 임금 노릇 할 수 있었던 까닭입니다. 하나라의 기강이 일찍이 쇠약해졌으나 소강小康이 중흥시켰던 것은 대우大禹의 기강으로 그 기틀을 삼았기 때문이고, 주나라의 복이 일찍이 한 번 요동을 쳤으나 선왕宣王이 옛날로 회복할 수 있었던 것은 문왕·무왕의 기강을 근본으로 삼았기 때문입니다.

생각건대 우리 전하께서는 뜻을 굳건히 하여 잘 다스리려고 생각하여 기강을 세우는 것을 풍속을 바르게 하는 근본으로 삼으셨습니다만, 잘 모르겠습니다. 이른바 강綱이 과연 엄숙하고 공경스러워서 바뀐 적이 없었는지요? 이른바 기紀가 과연 가지런하여 어지럽지는 않았는지요? 기강을 거두어들여 떨치는 것이 전하에게 달려 있으며, 흩어서 무너뜨리는 것도 전하에게 달려 있으니 오직 전하께서는 이것을 유념하소서.

아! 하늘과 사람이 서로 감응하는 즈음은 매우 두려워할 만합니다. 상하가 하나의 의리로 통하고 현미顯微의 간격이 없어서 인사人事가 아래에서 잘 이루어지면 하늘이 상서로움을 내려 응하고, 인사人事가 아래에서 잘못되면 하늘이 재앙을 내려 깨우침을 줍니다. 그러므로 요임금이 하늘을 공경하였고, 순임금이 하늘을 어루만져 달래었으며, 탕임금이 상제를 공경하였으며, 무왕이 상제가 자신에게 임한 듯이 하였으니, 이는 위에 있는 하늘에게서 하늘을 구한 것이 아니라 자기 자신에게 있는 하늘에서 구하였던 것입니다.

덕을 닦자 상桑과 곡穀이라는 나무가 마르며,[106] 훌륭한 말에 형혹성이 물러난 것은 자기에게 있는 천심에 진정을 다하여 위에 있는 천심의 재앙을 돌렸던 것입니다.[107] 지금 비가 내리고 햇빛이 비치는 것이 때맞추어 이루어지지 않고 일식과 월식이 일어나며, 기근이 거듭 들고 산과 골짜기가 끓어오르니, 자기에게 있는 하늘을 아직 다 닦지 않아서 위에 있는 하늘이 이러한 인자하고 자애롭게 다스리는 깨우침을 주시는 것은 아닌지요? 선유先儒가 말하기를, "높고 높이 위에 있어 마치 나를 보지 않는 것 같지만 살펴보지 않는 때가 없고, 푸르고 푸르면서 말이 없어 나와 함께 있지 않는 것 같지만 보호하지 않은 적이 없다."고 하였습니다. 재앙과 상서로움은 하늘에 달려 있지만 공경하고 소홀히 하는 것은 자신으로부터 말미암으니, 오직 전하께서는 유념하소서.

아! 군주가 오로지 인仁을 생각하는 것은 천하가 지극히 잘 다스려지는 기틀입니다. 인은 사랑이 중심이고, 사랑은 애민愛民보다 큰 것이 없습니다. 그러므로 하소연할 곳이 없는 자를 학대하지 않았던 것은 우임금이 백성을 어여삐 여겼던 방법이며, 홀아비와 과부에게 은혜를 끼쳤던 것은 문왕이 백성을 어여삐 여겼던 방법입니다. 오늘날은 노나라 장공莊公 때처럼 심하게 가뭄이 들어 한 해 내내 풍족하지 못하니, 위정자가 백성을 도탄에 빠뜨린다는 탄식이 있으며,[108] 백성들이 살 곳을 정하리란 기약[109]을 할 수

---

106) 덕을 …… 마르며 : 상(商)나라 중종(中宗) 때 상(桑)과 곡(穀)이라는 상서롭지 못한 나무가 조정 마당에 솟아났는데, 아침에 나서 저녁에는 아주 굵게 자랐다. 중종이 두려워 이척(伊陟)에게 물으니 "신이 들으니, 요망함은 덕을 이기지 못한다고 합니다. 황제의 다스림에 무슨 잘못이 있으신 듯합니다. 황제께서는 덕을 닦으소서.[臣聞妖不勝德 君之政 其有闕與 君其修德]"라고 하였다. 중종이 그 말을 따라 덕을 닦으니, 요망한 나무들이 말라 죽었다고 한다.(『史記』「殷本紀」)

107) 훌륭한 …… 것입니다 : 형혹(熒惑)은 별 이름으로 화성(火星)의 별칭인데, 이 별이 나타나면 재난이 발생한다고 한다. 춘추 시대 송 경공 37년에 형혹성(熒惑星)이 송나라의 분야(分野)에 나타나자 경공이 두려워하였다. 천문을 담당한 자위(子韋)가 "정승에게 재앙을 돌리소서."라고 청하자, 경공이 "정승은 나의 고굉(股肱)이다."라고 하며 거절하였고, 다시 "재앙을 백성에게 돌리소서."라고 하자, 경공은 "군주는 백성이 있어야 한다."라고 거절하였고, 또다시 "연사(年事)에 돌리소서."라고 하자, 경공은 "연사가 흉년이 들면 백성들이 굶주리게 되니, 내가 어떻게 군주 노릇을 하겠는가?"라고 하며 거절하였다. 이에 자위는 "군주께서 군주다운 말씀을 세 번 하셨으니, 반드시 형혹성이 옮겨 갈 것입니다."라고 하였는데, 과연 1도(度)를 옮겨 갔다고 한다.(『史記』「宋微子世家」)

108) 노나라 …… 있으며 : 노(魯)나라 장공(莊公) 28년에 "겨울에 흉년이 들어 장손진(臧孫辰)이 제나라에 고하여 쌀을 사들였다[冬大無麥禾 藏孫辰告糴于齊]"라는 기사가 있는데, 황중염(黃仲炎)은 『춘추통설(春秋通說)』에서 "장공은 평소 덕을 닦는데 힘쓰거나 백성을 사랑하는 임금이 아니었다. 그가 궁실의 서까래를 꾸며 사치를 일삼고 산택(山澤)에 사냥하는 것을 이롭게 여겨, 한 해에도 누대를 짓는 것이 세 번에 이르렀던 것을 관찰해보면, 단지 토목공사로 인하여 백성을 힘들게 하였을 뿐이다. 장손진을

없습니다. 백성들이 하소연 할 곳이 없기가[110] 이때보다 심한 적이 없었으니, 오직 전하께서는 유념하소서.

아! 강과 바다가 강과 바다가 되는 까닭은 온갖 냇물을 잘 받아들이기 때문이며, 성스럽고 현명한 임금이 성스럽고 현명한 임금이 되는 까닭은 많은 사람의 말을 잘 살피기 때문입니다. 오늘날 위에서는 듣기를 즐겨하는 정성이 있으시지만 아래에서는 말씀을 드리는 조심스러움에 얽매이니, 조정에서는 과연 한 가지 일이라도 말할 만한 것이 없으며, 백성들이 사는 길거리에 과연 한 가지의 폐단이라도 논할 만한 것이 없겠습니까? 『중용』에서 이르기를, "순임금은 묻기를 좋아하며, 평범한 사람이 하는 말이라도 살피기를 좋아하였다."라고 하였으니, 오직 전하께서는 이를 두려워하소서.

아! 지극히 어리석은 사람이라도 속일 수 없는 것은 사람의 마음이며, 한 번 잃어버리면 합할 수 없는 것도 사람의 마음입니다. 어루만져 주시면 임금으로 여기며 학대하시면 원수로 여깁니다. 오늘날은 적이 물러나서 10년이나 서울을 침략했던 전쟁은 비록 그쳤으나 편안할 때에 위험한 시절을 잊어버리지 말아야 합니다. 무신년의 역모사건[111]이 아직 풀리지 않았고 게다가 황지潢池에서 무기를 놀리는 자[112]들이 많아 백성들은 분옥焚

제나라에 보낸 것이 백성을 구제하기 위해서인줄 어찌 알겠는가?"라고 하였다.(『春秋左傳』)

109) 살 …… 기약 : 『시경』「홍안(鴻鴈)」에 "기러기들 날아와서, 못 가운데에 앉았도다.[鴻鴈于飛 集于中澤]"라고 하였는데, 주희(朱熹)의 주석에, "유민(流民)들이 기러기들이 못 가운데 앉아 있다고 스스로 말하여, 자기들이 살 곳을 얻어 집을 짓고 거주하는 것을 흥(興)한 것이다."라고 하였다.

110) 하소연 …… 없기가 : 『예기』「왕제(王制)」에 "어려서 아버지가 없는 자를 고아라고 하고, 늙어서 자식이 없는 자를 독신자라고 하며, 늙어서 아내가 없는 자를 불쌍한 자라고 하고, 늙어서 남편이 없는 자를 과부라고 하는데, 이 네 종류의 사람은 하늘이 낸 백성 중 곤궁하면서 하소연 할 곳이 없는 자이다.[少而無父者謂之孤 老而無子者謂之獨 老而無妻者謂之矜 老而無夫者謂之寡 此四者 天民之窮而無告者也]"라고 하였다.

111) 무신년의 역모사건 : 1608년 광해군이 즉위한 해로, 광해군의 처남인 유희분(柳希奮)이 역모를 꾸민다고 무고하여 임해군(臨海君)을 죽인 사건이다.

112) 황지(潢池)에서 …… 놀리는 자 : 반란을 일으키는 자를 말한다. 『한서』「공수전(龔遂傳)」에 "백성들이 굶주림과 추위에 곤란을 당해도 관리들이 보살피지 않으니, 폐하의 적자(赤子)들이 황지에서

玉의 두려움[113]을 안고 있어서 인심이 편치 않은 것이 오늘날보다 심한 때가 없었으니, 오직 전하께서는 이것을 두려워하소서.

인재 선발이 다 공정하지 못한 것과 경연經筵이 제때에 열리지 않는 것과 학교를 숭상하지 않을 수 없는 것과 군비를 엄정히 하지 않을 수 없는 것에 대해서는 미천한 신하가 비록 감히 일일이 말씀드리지는 못하지만 제게 충성스런 마음이 있음을 성주聖主께서는 밝게 보아 아실 것입니다. 사람이 부족하다고 말을 무시하지 않으시고 두 가지의 벼리와 여덟 가지의 세목에 대한 설을 대략 채택하여 실시하신다면 천 리 먼 곳에 떨어져 있는 외로운 신하는 집으로 물러나 맑은 교화에 감화되어 태평세월을 노래할 것이니, 비록 죽더라도 살아있는 것과 같을 것입니다. 저는 자리에 맞지 않게 분수를 범하여 지극히 두렵고 두려움을 이기지 못하겠습니다. 삼가 죽음을 무릅쓰고 대책의 글을 올립니다. 신은 삼가 대책을 올립니다.

폐하의 병기(兵器)를 훔쳐서 희롱하게 하였습니다.[其民困于饥寒而吏不恤 故使陛下赤子 盜弄陛下之兵于潢池中耳]"라고 한 말에서 유래하였다.

113) 분옥(焚玉)의 두려움 : 선한 사람이든 악한 사람이든 가리지 않고 함께 재앙을 당하는 것을 말한다. 『서경』「윤정(胤征)」의 "불이 곤산의 등성이를 태우면 옥과 돌이 모두 불타나니[火炎昆岡 玉石俱焚]"라는 말에서 유래하였다.

전箋

대전의 탄신일에 축하하며 바치는 전[大殿誕日賀箋]

임금의 성스런 덕을 도와 받드시니, 법도로 삼는 경사가 이미 강물이 흘러 모이듯114) 응하여 이르렀고, 태평성대에 비로소 나셨으니 산호山呼115) 같은 축하를 감히 늦출 수 있겠습니까? 모든 백성들이 함께 뛰고 온갖 짐승들이 모두 춤을 춥니다.

공손히 생각건대 주상전하께서는 여섯 마리 용116)을 타고 하늘을 다스리시니 사계절에 따라 모든 공적이 이루어집니다. 왕의 지위를 지니시고 장수를 누리시니 구오九五의 복117)이 나란히 이르고, 백성에게 알맞고 사람에게 알맞게 하시니 억조의 백성들이 모두 추대하기를 바랍니다. 이에 탄신하신 날을 맞이하여 감히 기뻐하는 글을 바칩니다.

---

114) 강물이 흘러 모이듯 : 『시경』「소아(小雅)·천보(天保)」의 "강물이 흘러 모여들듯 불어나지 않는 것이 없네.[如川之方至 以莫不增]"라는 말에서 유래하였다.

115) 산호(山呼) : 한 무제가 숭산(嵩山)에 올라갔더니 산에서 만세를 세 번 부르는 소리가 들렸다는데서 유래하여, 나라의 큰 의식이 있을 때 황제나 임금의 축수(祝壽)를 표하기 위하여 만수무강을 비는 뜻에서 신하들이 두 손을 치켜들고 '만세' 또는 '천세'를 크게 일제히 외치던 일을 말한다.

116) 여섯 마리 용[六龍] : 때에 맞게 잘 다스린다는 뜻이다. 『주역』「건괘(乾卦)·단전(彖傳)」의 "마지막과 시작에 대하여 훤하면 여섯 방위가 각기 제때를 맞추어 이루어지니, 때로 여섯 마리 용을 타고 하늘을 다스린다.[大明終始 六位時成 時乘六龍以御天]"라는 말에서 유래한다.

117) 구오의 복[九五福] : 기자(箕子)가 말한 홍범구주(洪範九疇)의 오복으로, 수(壽)·부(富)·강녕(康寧)·유호덕(攸好德)·고종명(考終命)을 가리킨다.

저는 남쪽 지역에 있으나 마음은 대궐로 달려가는데, 조정과는 천 리 길에 막혀 있어서 나아가지 못합니다. 하지만 학처럼 만수무강하시기를 송축 드리며 삼가 홀로 영남 땅에서 머리 조아립니다.

교서敎書

전라도 관찰사 이경전[118]에게 교시하는 글[敎全羅道觀察使李慶全書]

지제교知製敎 오장吳長을 대신하여 짓다

왕은 이렇게 말한다. 교화를 펴고 백성을 편안히 하기 위하여 방백은 한 도의 다스림을 전담하고, 군대를 다스리고 사나움을 금하기 위하여 관찰사는 군대의 권위를 총괄하도다. 이를 겸하는 것은 실로 어려우니, 경卿이 아니면 누가 할 수 있겠는가?

생각건대 남쪽지역은 평소 큰 지방이라 일컬어지는데, 병란이 난 뒤로 이미 너무 쇠퇴하여 공사간의 모든 것들을 수습할 길이 없도다. 강유剛柔와 문무文武의 재주를 갖춘 인재가 아니면 어찌 제도를 정비하고 백성을 어루만지는 책임을 맡을 수 있겠는가?

생각건대 오직 경은 덕을 쌓은 선한 복이 대대로 빛나고, 학문과 행실이 집안에 전해 내려와 귀로 듣고 눈으로 보는 가르침을 받으니, 뜰 앞의 옥수玉樹[119]가 빼어나고 금니金泥와 수첩繡帖[120]은 해 아래 상서로운 구름에서 빛났도다. 청요직淸要職의 벼슬을 두루

---

118) 이경전(李慶全, 1567~1644) : 자는 중집(仲集), 호는 석루(石樓), 본관은 한산이고, 영의정 이산해(李山海)의 아들이다. 1590년 문과에 급제하였다. 저서에 『석루유고』가 있다.

119) 뜰 …… 옥수(玉樹) : 훌륭한 자손을 말한다. 『진서(晉書)』「사현열전(謝玄列傳)」에 사현(謝玄)의 숙부 사안(謝安)이 현의 기량을 중하게 여겨 "무엇을 원하느냐?"고 물었더니, 현은 "지란(芝蘭)·옥수(玉樹)가 뜰에서 나듯 사씨 집안에 훌륭한 자제가 나게 하는 것입니다.[譬如芝蘭玉樹 欲使其生於階庭耳]"라고 말한 데서 유래한다.

120) 금니(金泥)와 수첩(繡帖) : '금니'는 귀한 문서로, 여기서는 왕의 교서를 뜻한다. 수은과 금가루를 섞어

거치자, 훌륭한 문벌의 아름다움을 더 잘 이었도다. 마음을 다하여 고문顧問의 선발에 들었으니, 경연에 참석한 지 몇 년이며, 정사를 펴서 자문의 수고를 다하였으니, 백 리의 먼 곳에서 온갖 고난 겪었도다. 경이 이제야 조정으로 체직되어 돌아오자마자, 나는 실로 경을 신하로 의지하였도다. 낳아주신 분께 욕됨이 없도록 하는 것은[121] 경이 스스로 힘쓰는 바이고, 그대 임금을 밝게 섬기는 것은 실로 내가 기대하는 바로다. 경은 나의 나랏일이 어려움을 걱정하고 나는 그대의 집안 우환이 혹독한 것을 탄식하노라. 사람들이 모두 말하기를, "왕중서王仲舒의 고誥[122]와 같으니, 승정원의 자리가 아니면 적합치 않다."고 말하였으나, 경이 장방평張方平의 재주[123]가 있어 지방을 다스리기에 넉넉하다는 것을 나는 홀로 믿었도다. 이에 남쪽을 돌아보는 날에 그대가 나를 돕는 정성을 가상히 여기노니, 누가 이만하랴? 드러난 명성이 중망에 부합되는 자로 그대보다 훌륭한 이가 없으니, 간택하여 뽑는데 천거의 글을 기다리지 않고, 이에 그대를 제수하노라.

생각건대 50주州의 많은 고을은 거의 수 천리 강역疆域이라. 땅은 변방과 닿아 있어 바다는 왜놈이 엿보고, 흐르는 물은 한강까지 통하니 길은 체부遞夫[124]가 배로 운송하는

만든 진흙으로, 고대에 천자가 봉선(封禪)할 때 이것으로 문서를 봉인(封印)하였다.(『太平御覽』) '수첩' 역시 교서를 말한다.

121) 낳아주신 …… 것은[無忝所生] : "일찍 일어나고 밤늦게 잠들어서, 너를 낳아주신 분을 욕되게 하지 말지어다.[夙興夜寐 無忝爾所生]"라는 말에서 유래한다.(『詩經』「小雅·小宛」)

122) 왕중서(王仲舒)의 고(誥) : 왕중서처럼 '고(誥)'라는 문체를 잘 지었다는 말이다. 『신당서』「왕중서열전(王仲舒列傳)」에 "목종이 즉위하고 나서 매번 '왕중서의 글은 생각해 볼 만하니, 고(誥)의 문체가 가장 적합하고 예스런 풍도가 있다'고 하며, 불러 중서사인으로 삼았다.[穆宗立 每言仲舒之文可思 最宜爲誥 有古風 召爲中書舍人]"는 내용이 있다.

123) 장방평(張方平, 1007~1091)의 재주 : 자는 안도(安道), 호는 악전거사(樂全居士), 시호는 문정(文定), 회양(睢陽)사람이다. 촉 땅에 농지고(儂智高)가 쳐들어 올 것이란 유언비어로 민심이 동요되자 조정에서 그에게 조서로 급히 촉으로 가도록 하면서 편의에 따라 일을 행할 수 있도록 허락하였다. 도착한 즉시 그는 3일 동안 성문을 닫지 않고 유언비어를 퍼뜨린 자를 붙잡아 효수하고 그 잔당들을 유배 보내어 촉을 안정시켰다.(『宋史』「張方平傳」)

곳에 있도다. 사대부의 습속은 말만 앞세우니 병폐는 붕당보다 심하고, 호족들은 고을을 마음대로 다루어 그 폐단이 이미 법을 멸시하기에 이르렀도다. 사치하고 화려한 것을 숭상하여 질박하고 참된 도를 잃었고, 기교와 위선으로 꾸미면서 근신하고 삼가는 기풍이 없어졌도다. 반드시 멀리 내다보는 계획과 변방을 다스리는 모책謀策이 있어야 오랑캐의 도발을 멈출 수 있고, 반드시 궁한 사람을 슬피 여기고 곤란에 처한 자에게 은혜를 끼치는 다스림이 있어야 지친 백성이 소생할 수 있도다. 현명한 자가 아니면 두루 살피지 못하며, 결단성이 없으면 무엇으로 두렵게 하겠는가? 자기를 다스리는 도는 청렴하고 삼가는 것이 우선이고, 남을 감화시키는 요체는 정성과 간절함이 귀하도다. 학교란 교화의 근본이니, 더욱 마땅히 경학으로 인도하여 과정을 신중히 해야 하노라. 농사와 누에치기는 먹고 입는 근원이니, 힘쓸 것이 백성의 수고스러움을 펴주고 나무를 심도록 권장하는 데 있도다. 의리를 밝히면 인심이 저절로 맑아지고, 요역을 가벼이 하면 백성의 힘을 펼 수 있노라. 옥사를 결단할 때 으레 억울한 사연이 있게 되니, 심리는 반드시 잘 살펴보아야 하도다. 백성과 친한 이로는 수령만한 이가 없으니 출척黜陟에 어찌 지극히 공평함을 따르지 않겠는가? 더구나 지금은 군대를 조련하는 방책이 급선무이니, 도적을 방어하는데 힘쓰고 방패와 창 등의 무기를 잘 정비하는 것을 혹시라도 소홀히 할 수 있겠는가? 앉고 서고 나아가고 물러나는 훈련에 차질이 없은 뒤에야 군졸을 쓸 수 있도나. 이것은 그 대체이니, 나머지는 미루어볼 수 있도다. 그러나 반드시 주앙周昂[125]처럼 참작하는 권도가 있어서 법의 한도를 벗어나는 일에 행하게 되면 감응하여 통하게 되리라. 사랑하고 보살펴주는 뜻은 말보다 앞서 있으니, 느슨하고 방종하여 정도를 어겨가며 명예를

124) 체부(遞夫) : 각 역에 있으면서 공문서를 전달하는 역졸이다.

125) 주앙(周昂) : 원술(袁術)이 회남에 있을 때 죽양 태수였던 주앙은 원술이 음란하고 사나운 것을 싫어하여 그와 통교(通交)하지 않았다. 원술이 오경(吳景)을 보내어 주앙을 공격하였으나 함락시키지 못하였다. 그러자 오경은 백성들을 모아놓고 주앙을 따르는 자는 죽여 용서하지 않겠다고 하니, 주앙이 "내가 부덕한 탓이지 백성들이 무슨 죄가 있느냐?[我則不德 百姓何罪]"라고 하며 군대를 해산시키고 마침내 본군(本郡)으로 돌아갔다고 한다.(『冊府元龜』)

구하지 말고, 급하고 성을 내어 중도를 잃는다는 비난을 부르지 말라. 일 벌리기를 좋아하여 새로운 규칙을 지어내지 말고 구태의연한 모습으로 허투루 지난 일에 응하지 말라. 관직이 통훈通訓 이하이면 직접 결단하여 번거롭게 장계狀啓로 아뢰지 말고, 죄가 사형에 해당되면 위에 아뢰어 재결하기를 기다리라.

아! 나의 할 말을 다 하였으니, 경은 가서 일을 공경히 할지어다. 한 도를 비추는 복성福星을 오늘에 다시 보기를 바라노니 닷새마다 보고하는 정사는 오직 옛 사람보다 아름답게 하라.

서書

일송 심희수[126]께 올리다[上沈一松 喜壽]

이 화창한 봄에 대감의 생활이 매우 복되시리라 생각하니, 우러러 그리워하는 마음 견딜 수 없습니다. 장樟[127]은 대감의 보살핌을 입어 겨우 현감 자리를 지키고 있습니다.

전에 덕룡德龍이 돌아갈 때에 삼가 한 통의 편지를 올리면서 죽은 꿩 한 마리로 정성을 바쳤는데 받으셨는지 모르겠습니다.

멀리서 대감의 집을 우러러보기만 하고 나아가 뵐 길이 없으니, 다만 대감의 기거가 매우 좋으시기를 빕니다.

낙재 서사원[128]께 올리다[上徐樂齋 思遠]

장맛비가 비로소 개었습니다. 삼가 생각건대 이러한 때에 도를 완미하시는 데 신의

---

126) 심희수(沈喜壽, 1548~1622) : 자는 백구(伯懼), 호는 일송(一松), 본관은 청송이다. 1572년 문과에 급제하였다. 1592년 임진왜란 때 의주로 왕을 모시고 가도승지(假都承旨)에 승진, 대사헌이 되었다. 시호는 문정(文貞)이다.

127) 장(樟) : 정장(鄭樟, 1569~1614) 자신을 말한다.

128) 서사원(徐思遠, 1550~1615) : 자는 행보(行甫), 호는 낙재(樂齋) 또는 미락재(彌樂齋), 본관은 달성이다. 정구의 문인으로, 선조 때 학행으로 감역·찰방을 지내고, 청안 현감 등을 지냈다. 저서로는『낙재집』이 있다.

도움이 있으시고, 생활이 매우 복되시겠지요. 우러러 그리는 마음은 감히 잠시라도 풀리지 않습니다. 장樟은 삼가 넉넉히 보살펴주시는 덕분에 그럭저럭 예전처럼 지내고 있습니다. 그러나 눈병이 질질 끌면서 쉽게 낫지 않고 있어서 고민이 그치지 않습니다.

지난번 사빈泗濱[129)]에 갔던 날, 애초에는 한 번 댁으로 찾아뵈려 하였으나, 갑자기 절박한 부음을 듣고 급히 달려가느라 끝내 숙원을 이루지 못하였습니다. 돌아온 뒤로는 연이어 장마를 만난데다 상주 없는 초상을 보살피느라 아직까지 다시 본가로 돌아가 부모님도 뵙지 못하였고, 이렇게 다니느라 또한 좌우께 아직 한 번 나아가지 못하여 그리워하는 마음으로 못내 애태울 뿐입니다.

고종사촌 형인 주부 노극홍[130)]에게 드리다[與表兄盧主簿 克弘]

중추仲秋의 서늘한 기운이 점차 많아지는 이때에 형님께서 지내시는 형편은 어떠하신지요? 지난번에 여러 차례 고을을 방문하셨는데 사세가 늘 묘하게도 어긋나 한번 뵐 생각도 못하여, 너무나 아쉬웠던 당시의 마음이 아직까지도 그치지 않습니다.

박朴의 옥사獄事[131)]는 흉적凶賊들이 다 풀려나서 깊은 원수를 아직 토벌하지 못하고,

---

129) 사빈(泗濱) : 사양정사(泗陽精舍)가 있었던 지금의 대구 북구 사수동을 말한다. 사양정사는 한강 정구의 마지막 강학처이다.

130) 노극홍(盧克弘, 1553~1625) : 자는 의보(毅甫), 호는 옥촌(沃村), 본관은 광주(光州)이다. 외삼촌인 정구의 문하에서 수학하였다. 주부(主簿) 벼슬을 지냈고, 임진·정유년에 기의(起義)하였다. 저서로는 「옥촌고」가 있다.

131) 박(朴)의 옥사(獄事) : 박이립(朴而立)의 옥사를 말한다. 정인홍의 제자인 박이립이 감사에게 정구가 자신을 해치려 할 뿐만 아니라 그의 전은설(全恩說)은 군주를 무시한 데까지 이르렀다는 주장을 폈다. 이것은 한강 정구를 역모와 은근히 접목시켜 군주를 자극하고 향권을 장악하려는 기도였다. 이에 정준민 등 정구의 제자들이 박이립을 비판하면서 옥사가 일어났으나 감사는 박이립의 나이가 70이 넘어 형신(刑訊)할 수 없다는 이유로 광해군에게 회계(回啓)하자, 광해군은 그를 죄로 다스리지 않았다. 그러나 박이립

실제의 이유를 밝히지 못하였습니다. 관찰사가 흉적을 보호하고 말을 왜곡하여 임금을 속이는 것을 달게 여기는 것이 이 지경에까지 이르렀으니, 절로 분하여 죽고 싶습니다. 만약 공론公論이 한 가닥만큼이라도 있다면 이미 내린 명을 혹 돌이킬 수 있겠지만, 대각臺閣에서 말하는 사람이 없으니 어쩌겠습니까?

늙으신 아버지께서는 엊그제 집으로 돌아가셨다가 어제 무흘武屹[132]에 들어가셨습니다. 이러한 연로한 연세에 조용히 머물러 쉬지 못하시니 저는 걱정입니다. 옛날 소매 속에 넣어 가지고 가셨던 『내외보략內外譜略』을 돌려주실 수 있겠습니까?

이무백[133]에게 주다[與李茂伯]

지난해에 보낸 감사 편지는 벌써 보셨는지요? 해가 바뀌는 즈음에 지내시는 형편은 어떠하십니까? 멀고먼 대관령은 너무 높아서 나는 새의 자취도 끊어지는데, 더구나 한 장의 소식이 전해지기를 바라겠습니까? 한 조각 어렴풋한 꿈으로나마 밤마다 만 겹의 구름산 속에서 찾아봅니다.

저는 설을 쇠기 전에 전적典籍에 임명되니, 출사한 뒤로 처음 받는 관직이라 사은숙배하지 않을 수 없다고 생각하고, 행장을 꾸려 길을 나섰습니다. 서울에 도착하기도 전에 관직을 받아야 하는 기한이 차서 벌써 체직되었고, 성 안에 들어갔으나 중모仲母님

은 인조반정 후 중도부처(中道付處)되었는데, 한강 정구를 모함했다는 등이 그 죄목이었다.

132) 무흘(武屹) : 무흘정사(武屹精舍)가 있는 곳을 말한다. 지금의 경북 김천 증산면 수도암 아래에 세웠는데, 그 일대를 무흘이라 하였다. 후인들은 한강 정구를 생각하며 무흘구곡(武屹九曲)을 설정하고 경영하였다.

133) 이무백 : 이윤우(李潤雨, 1569~1634)로, 무백은 그의 자이다. 본관은 광주(廣州), 호는 석담(石潭), 성주 출신이다. 처음에는 이이(李珥)로부터 수학하였으나 이이 사후에 정구의 문인이 되었다. 1606년 문과에 급제하였다. 성균관 전적을 거쳐 공조 참의에 이르렀으며, 1624년 이괄(李适)의 난 때 초유어사(招諭御史)로 특배(特拜)되었다. 저서로는 『석담집』이 있다.

의 병이 무거워 급히 돌아가지 못하여 조금 지체되었습니다. 마치 바라는 것이 있는 것만 같아 우습습니다. 요즈음 연이어 종가의 제사가 있어 또 한 달 동안 머물러야 하니, 늦봄에나 남쪽으로 돌아가려 합니다. 형은 휴가를 얻어 남쪽으로 올 계획이 없으신가요?

제가 올 때에 무보茂甫를 보았는데, 형의 집안이 평안하다는 소식을 들었습니다. 모든 일에 자신을 아껴 평소의 뜻을 저버리지 않으셔서 사우師友들의 바람을 저버리지 마십시오.

이무백에게 답하다[答李茂伯]

이즈음 서울에는 유언비어가 매우 심하여 형의 소식에 대해서 좋고 나쁜 것이 반반입니다. 매번 군현君顯과 머리를 맞대고 이야기할 때면 반신반의하면서도 오직 서로 아끼는 마음에서 우러난 근심을 내내 그칠 수 없습니다. 그런데 손수 쓴 편지를 받고 보니 앞의 말은 모두 잘못된 것이라 기쁘고 후련한 마음은 안개를 헤친 듯 할 뿐만이 아닙니다.

북쪽의 관찰사에 임명된 지 이미 오래 되었으니, 성에 들어갈 날짜도 멀지 않을 것입니다. 천하를 경영할 남아男兒가 어디인들 들어가지 못하겠습니까? 마음을 너그럽게 먹고 부임하여 먼 곳을 가까운 곳인 양 여기고, 원기에 푹 무젖어서 배운 바를 저버리지 마십시오. 이것이 바로 제가 형께 기대하는 바이며, 형께서 자임하시는 것도 이것을 벗어나지 않을 것입니다. 구구한 아녀자와 같은 슬픔을 어찌 마음 속에 담아두겠습니까?

저는 관직을 그만둔 뒤로 즉시 돌아가지 못하였지만 서울에 있는 것이 즐겁거나 관직을 구할 뜻이 있어서가 아닙니다. 저의 형편에 장애가 있어서 아직도 이렇게 지체하고 있으니 우습습니다.

이형보[134] 분에게 주다[與李馨甫 芬]

천 리 먼 곳으로 한 번 작별한 지 이제 2년이나 되었습니다. 아득한 그리움은 어찌 피차의 구분이 있겠습니까? 형께서 잠시 뜻밖의 재앙을 만났다가 곧바로 은혜를 입으셨다는 소식을 듣고 놀랐다가 위로가 되었습니다.

저는 1년을 호남지역을 다스리다보니, 쌓인 피로가 병이 되어 직분을 감당할 수 없어서 사직서를 올려 허락을 받고 돌아온 지 벌써 한 달 남짓 되었습니다. 눈병이 너무 심하여 나을 기약이 없으니, 좋은 책을 읽지 못하고 뛰어난 경치도 감상하지 못합니다. 눈을 감고 우두커니 앉아 있자니 무료함이 어떻겠습니까? 문을 닫고 교제를 끊고 약을 복용하며 병을 다스리는 것이 여생에 하고 있는 일입니다.

송군옥 광계에게 주다[與宋君沃 光啓]

가을 더위가 아직 심한데 이러한 때에 업무를 보시는 안부를 삼가 여쭙습니다. 천 리 먼 곳에서 그리워하는 마음은 하루가 한 해 같습니다. 저는 병들어 업무를 보지 못하여 사직서를 올렸는데, 청을 허락해 주셨으니 다행한 일입니다. 그런데 돌아온 뒤에 눈병이 더욱 심해져 저의 고민이 그치지 않습니다. 고을에 돌아와서는 귀와 눈을 완전히 닫고 있어서 서울의 소식은 들을 길이 없습니다. 요즈음 어떤 소식에 형이 충주[忠原]에 부임했다고 하는데 깊이 축하드립니다. 그러나 거리가 멀고 길이 달라 한 번 임명되고는 소식이 없다가 편지를 대하니, 슬픔과 그리움이 더욱 절실합니다.

---

134) 이형보(李馨甫) : 이분(李芬, 1566~1619)으로, 형보는 그의 자이다. 호는 묵헌(默軒), 본관은 덕수, 충무공 이순신의 조카이다. 1608년 별시문과에 병과로 급제, 형조 좌랑·병조 정랑 등을 역임하였다.

어떤 사람에게 주다[與或人]

오래 소식이 끊겨 너무나 그립더니 한 통의 편지가 날아서 나그네의 책상에 와 닿았습니다. 급히 펼쳐보고는 황홀하게도 그대의 모습을 대한 듯하여 여러 해 쌓인 울적한 회포가 조금이나마 내려가니, 얼마나 위로가 되던지요.

편지로 인하여 근래에 지내시는 형편을 자세히 알게 되어 더욱 기쁩니다. 저는 벼슬살이 1년 동안에 일찍 물러나지 못하였고, 맡은 직분에 민첩하지 못한데다 지금 또 연좌되어 파직되었습니다. 머물러 있는 것도 편치 못한데다가 떠나는 것도 쉽지 않아, 괴롭게도 이렇게 머물러 여름이 다하기를 기다리고 있습니다.

좋지 않은 세상에 태어나서 이렇게 임금이 치욕을 당하는 것을 보게 되니 분한 마음이 어찌 끝이 있겠습니까?

말씀하신 『청백리추록淸白吏追錄』의 일은 제가 이미 체직되고 해당 부서의 김좌랑은 방금 본 부서로 들어갔으니, 생각건대 저의 말을 기다리지 않으신다면 더욱 다행이겠습니다.

어떤 사람에게 주다[與或人]

한없이 그리워하던 중에 삼가 멀리서 보내신 편지와 정으로 보내주신 선물을 받았습니다. 보살펴주시는 마음이 있지 않다면 어떻게 이렇게 하실 수 있겠습니까?

저는 서울에서 객지 생활을 하며 일 년의 태반을 지냈는데 고생스런 온갖 상황들이 늙음을 재촉하니, 오로지 돌아가고 싶은 생각은 물이 동쪽으로 흐르듯 합니다. 그러나 나라에 커다란 변고가 있어서 감히 돌아가겠다고 고하지 못하여 묵묵히 더 머물고 있자니 하루를 보내는 것이 한 해를 보내는 것만 같습니다. 한탄스러움을 어떻게 감당하겠습니까?

절하고 이렇게 아득한 마음을 펴봅니다.

사간 최백진[135]에게 주다[與崔司諫伯進]

지난번 돌아오는 인편에 보내주신 답장을 받고는 덕과 학문에 모두 힘쓰시며 관직생활도 매우 잘하고 계신 것을 알고는 감사하고 위로되었습니다.

저는 근년에 학업을 중단하고 음관蔭官 벼슬을 하고 있으니 부끄러움과 뉘우침이 끝이 없습니다. 이에 관직을 그만두고 고향으로 돌아가 고인의 서적을 읽으려 합니다. 이렇게 한다면 누가 저를 깔보겠습니까?

아버지께서는 늘그막에 고을 수령이 되시니 온갖 근심이 번갈아 일어납니다. 윤달 사이에 병으로 사직서를 내고 물러나 고향으로 돌아가려 하시니, 저도 여기에 오래 머물기는 어렵습니다. 돌아가려 하니 교만한 듯하여 어찌 처신해야 할지 모르겠습니다.

방백에게 답하다[答方伯]

지난번에 여러 번 대감께서 보내주시는 편지를 받고는 고을을 잘 다스리고 계시며, 대감의 건강과 생활도 매우 복되시다는 것을 알고는 감사하고 위로됨을 무어라 말할 수 없었습니다.

저는 겨우 벼슬살이를 보존하고 있으니, 다른 것은 말해서 무엇하겠습니까? 책을 인쇄하는 일로 가 본 곳은 몇 군데지만 그 수가 많지 않으니 대감의 생각은 어떠하신지 모르겠습니다.

---

135) 최백진 : 최유원(崔有源, 1561~1614)으로, 백진은 그의 자이다. 호는 추봉(秋峰)·화암(花巖), 시호는 충간(忠簡)이다. 이이의 문인이며 정구와 교유하였다. 1591년 음보(蔭補)로 사포서 별제(司圃署別提)가 되고, 1594년 아산 현감을 거쳐 1602년 사복시 첨정(司僕寺僉正)에 올랐고 이 해에 문과급제를 하였다. 1612년 대사간·이조 참의를 거쳐 대사헌이 되어 해천군(海川君)에 봉해졌다.

아버지께서는 지난번 화재를 당해 집과 책이 모두 불타버렸습니다. 다른 것은 아까울 것이 없지만 만 권의 서적은 다시 얻을 수 있겠습니까? 아버지께서 지으신 예집禮集과 소차疏箚는 하나도 보존하지 못했으니 통탄스러움을 어찌하겠습니까?

종제 정보[136]에게 주다[與從弟貞甫]

요즈음 가을이 깊어 가는데 부모님 모시면서 벼슬살이 하는 정황이 어떠하신가?

그대가 비록 청반淸班을 얻었다고는 하겠지만 직무가 분주한데 어찌 고생을 견디시는가? 천리 먼 곳에 인편이 없어서 복직을 하였으나 축하하지 못하였으며, 옥에 갇혔어도 위로하지 못하였으며, 옥에서 나왔는데도 또 하례하지 못하였으니 정의情誼가 어디에 있는지 먼 곳에서 하는 처신이 한탄스럽네.

다만 바라건대 그대는 삼가 부모님을 모시고 맡은 일에 부지런하며, 여가에 독서하고 행실을 닦아 단지 음관蔭官 직책이라며 만만하게 여기지 않는다면 다행이겠네. 그대의 이 일은 바로 선대가 거치셨던 벼슬이니 더욱 삼가하고 조심하여, 선대의 명성을 잃지 말고 한층 빛낸다면 더욱 다행이겠네.

---

136) 정보(貞甫) : 정수번(鄭守藩, 1580~1621)의 자이고, 본관은 연일이다. 1598년 무과 급제 후 내금위장(內禁衛將)·감포만호(甘浦萬戶)·재포만호(齋蒲萬戶) 등을 역임하였다.

잡저雜著

고을 사람들을 위하여 방백에게 올리는 글[爲鄕人呈方伯文]

성주 청천서재晴川書齋[137] 유생인 진사 이서李簭 등은 삼가 목욕재계하고 겸 순찰사兼巡察使 합하閤下께 글을 올립니다.

삼가 아뢰니다. 우리 고을은 먼 영남에 있지만 문헌을 상고할 수 없다[138]고는 말할 수 없어, 다행히 고을 어른들이 창도倡導하는 노력에 힘입어 가수伽水[139] 가에 몇 칸의 집을 지었습니다. 생각해보니 집은 있으나 양식이 없어서 이에 약간의 무명과 비단을 마련하여 바닷고을에서 소금과 바꾸었습니다만, 한미한 선비가 힘이 부족하여 운송해 오기기 또한 어렵습니다.

엎드려 생각건대, 합하께서 영남을 다스리러 오셔서 백성들이 모두 우러러보니, 문文을 장려하는 성대한 뜻에 누군들 감복하지 않았겠습니까? 혹시라도 특별히 큰 은혜를 베풀어 배 두 척을 내려주셔서 밀양密陽 감동진甘同津[140]에서 본재本齋로 수송할 수 있도록

137) 청천서재(晴川書齋) : 성주의 봉비암(鳳飛岩) 앞에 향현(鄕賢)을 제향하기 위해 세운 서재다.

138) 문헌을 …… 없다 : 문(文)은 '전적(典籍)'을, 헌(獻)은 '인물[賢]'을 말한다. "하나라의 예를 내가 말할 수는 있으나 그 후손의 나라인 기나라에서 충분한 증거를 찾을 수 없으며 …… 문헌이 충분하다면 내 말을 증거할 수가 있을 텐데 말이다."라는 구절에 대한 주희의 주에 나오는 말이다.(『論語』「八佾」)

139) 가수(伽水) : 지금의 성주에 있는 대가천(大伽川)을 말한다.

140) 감동진(甘同津) : 『여지도』의 경상도 편을 보면 지금의 구포(龜浦)에 위치하며, 상주의 낙동진(洛東津)·합천의 율지진(栗旨津)과 함께 조선시대 수운의 요충지였다. 그러므로 '밀양의 감동진'이라는 말은

해 주신다면 제생들이 무엇을 먹을까하는 탄식141)을 면할 수 있을 것입니다. 합하께서 선비를 아끼는 덕이 있으시니 어찌 다행이 아니겠습니까? 고을에 따라 운송해 온다면142) 여러 읍에 그다지 방해되지 않을 것입니다. 저희들이 구차함을 꺼려하지 않은 것은 아니지만 특별히 합하께서 학문을 숭상하는 성대한 뜻을 입어 이렇게 아룁니다. 만약 해 줄 수 없다고 하지 않으신다면 저희들의 다행이겠습니다.

호남의 여러 읍에 통지하여 깨우치는 글[通諭湖南列邑文]

호남의 아사亞使 시절에

남명南冥 조식曹植 선생의 신도비에 쓰일 돌을 이제 막 장수현長水縣에서 파내어 채취하였으니, 무릇 선생의 덕을 사모하는 자는 마음을 다하여 돌보아서 대사를 이루지 않을 수 없습니다. 그런데 마침 도내道內에서 일을 시작하였으니, 각 읍의 수령과 여러분들이 어찌 수수방관하면서 감탄만 하는데 그칠 수 있겠습니까? 만일 혹시라도 각자 유념하여 힘 닿는 대로 도움을 주셔서 공인工人들의 음식 마련과 품삯을 치를 자금을 보태주신다면 사문斯文의 다행이겠습니다.

착오로 보인다. 참고로 당시 밀양에는 낙동강 수계와 접한 수산현(守山縣)에 수산진(守山津)과 용진(龍津)이 있었다.

141) 무엇을 …… 탄식 : 『시경』 「당풍(唐風)·보우(鴇羽)」의 "나랏일로 쉴 틈도 없어 기장도 심지 못하니, 부모님은 무얼 잡숫고 살아가나[王事靡鹽 不能蓺黍稷 父母何食]"라는 구절에서 유래하는데, 원래는 백성이 전쟁터나 부역에 끌려가 어버이 봉양을 다하지 못하는 것을 탄식하는 것이지만, 여기서는 씀씀이가 부족한 것을 걱정하는 뜻으로 쓰였다.

142) 고을에 …… 온다면 : 물건을 싣고 오는 과정에서 경과하는 고을의 형편에 따라 각각 숙박 등의 소요경비를 내도록 한다는 뜻이다.

발跋

「호행일록」 뒤에 쓰다[書湖行日錄後] 갑인년

벼슬이 겨우 5품이니 지위는 낮고, 분주히 다녀야 하니 몸은 고달프며, 맡은 일이 번다하니 일은 바쁘고, 해가 지나도록 돌아가지 못하니 시일이 오래 걸리며, 남에게 제재를 받으니 욕됨이 많다. 그러니 반드시 나이가 젊고 힘이 세며, 재주를 두루 갖추었으면서도 인내할 수 있는 사람이라야 이 임무를 감당할 수 있다. 더구나 호남의 쉰 세 개의 고을이 길은 멀고 인심은 사나워, 한 번 눈을 잘못 부라리면 원수처럼 틈이 생겨 떠들썩한 소송이 그치지 않고, 무고로 얽어매기를 일삼으며, 수령을 몰아내는데 조금도 기리낌이 없으니 풍속의 아름답지 못함이 이 도보다 심한 곳이 없다.

생각건대 부족한 나는 성격이 편협하고 재주는 모자라, 옛날 아주 젊은 시절에도 앙장鞅掌[143]의 임무를 감당하지 못하였다. 더구나 이제는 노년에 가까워 양쪽 귀밑머리가 벌써 하얗게 세었는데 이 임무와 책임을 어찌 감당할 수 있겠는가.

조정의 명命이 한 번 내려지니 의리상 감히 사양치 못하였고, 한 번 궐문을 나서자 힘들다고 고하지 못하였다. 편벽된 성품 때문에 비록 직급이 높은 수령이나 세력 있는 가문일지라도 다 용서하지 못하였고, 재주가 보잘 것 없기 때문에 장부나 문서의 바쁜

143) 앙장(鞅掌) : 일이 번거로운 것을 말한다. 『시경』 「소아(小雅)·북산(北山)」의 "누구는 제멋대로 거드럭거리고, 누구는 나랏일로 정신없이 분주하누나.[或棲遲偃仰 或王事鞅掌]"라는 구절에서 유래한다.

일과 친구의 청탁을 잘 처리하지 못하였으며, 이미 나이가 들어 말 타고 다니는 수고를 견디지 못하니, 한유가 이른바 "이러한 일은 제가 할 수 있는 것이 아닙니다."[144] 라고 한 것이 바로 오늘을 두고 한 말이다.

잘하지도 못하는 일을 억지로 하며 만 일 년이 되어 가는데, 고향으로 돌아가자니 성은을 저버리기 어렵고, 머무르자니 내 형편과 서로 어긋나서, 이러지도 저러지도 못하여 지체하면서 오래도록 돌아가지 못하였다. 마침내 하루아침에 피로가 쌓여 병이 되고 비방이 쌓여 무성하게 되니, 내가 스스로 감당할 수 있겠는가? 영영 벼슬을 사양하고 고향으로 돌아와서 어버이를 모시고 아이를 가르치며, 책을 읽고 본성을 기르면서 내 여생을 마치는 것이 또한 기쁘지 않겠는가?

144) 이러한 …… 입니다 : 『고문진보(古文眞寶)』의 「상장복야서(上張僕射書)」에 나오는 내용이다.

잠箴

소첩잠梳貼箴

내 머리는 네가 빗고	我髮汝理
내 때는 네가 씻는데	我垢汝滌
내 마음은 누가 다스리며	我心誰理
내 욕심은 누가 막을까	我欲誰窒
오직 안과 밖은	惟外與內
다스리는 것이 하나라네	其理則一
어찌 내 이를 생각하여	盍余念玆
종일 애쓰고 삼가지 않으리	朝乾夕愓

제문祭文

동강 선생을 애도하는 제문[祭東岡先生文]

선생이시여, 이러한 지경에 이르셨습니까? 하늘의 도가 아득하고 신의 이치가 막막합니다. 아! 소자는 어느 곳을 가서 따라야 합니까? 지금부터 죽을 때까지는 눈 먼 사람이 동서와 사방을 알지 못하는 것과 같을 것입니다. 나라의 복이 없음과 사림의 불행을 모두 말할 겨를이 없고 오직 소자의 사사로운 아픔은 헤아릴 길이 없습니다.

오직 선생의 재주와 덕행은 끝이 없으시니, 어질거나 어질지 못한 사람이거나 간에 당신께서 삼대三代 이후의 인물이 아니라는 것을 압니다. 타고난 천품이 아름답고 정신이 빼어나며 도량이 넓고 기상이 높은 것은 참으로 이미 어릴 때부터 그러하였습니다. 아버지께 직접 가르침을 받을 때에 힘쓰신 공부는 반드시 물 뿌리고 쓸고 응하고 대하는 예절을 먼저 하였습니다.

문장을 짓는 공부에 종사하였으나 언어와 훈고의 말단을 법도로 하지 않았습니다. -원문 빠짐- 얻은 나머지는 이른바, "덕이 있는 자는 반드시 말이 있다."145)이니, 고기는 모든 사람이 맛있다146)고 여기는 것과 같습니다. 이윽고 또 과거시험에서 학예學藝를

145) 덕이 …… 있다 : 『논어』「헌문(憲問)」에 나오는 말이다.

146) 고기는 …… 맛있다 : 누구나 좋아한다는 뜻이다. 『맹자』「고자상(告子上)」의 "사람들이 마음속으로 똑같이 옳다고 여기는 것은 무엇인가? 그것은 즉 의리이다. 성인은 사람들이 마음속으로 똑같이 옳다고 여기는 것을 먼저 알았다. 따라서 의리가 우리의 마음을 즐겁게 하는 것은 마치 고기 음식이 우리의

시험하여 사마방목에 이름을 올렸으니, 당세의 과거시험은 티끌을 줍는 것처럼 쉬울 뿐만이 아니었습니다. 그런데도 정신을 일깨우고 앞으로 나아가는 공부는 날마다 우리 선비들의 위기지학147) 이었습니다. 어찌 문장이나 짓는 단지 작은 기예나 즐겨 일삼았겠습니까? 더구나 이황과 조식 두 선생의 문하에 나아가 배워, 하학下學에서

상달上達148) 로 나아가는 실지를 잘 알게 된 경우이겠습니까. 사물의 이치에 나아가 그 이치를 끝까지 추궁하여 알아내고, 뜻을 성실하게 하며 마음을 바르게 하는 공부에 힘을 쓰며, 높고 밝고 바르고 큰 지경에 마음을 두었으니, 스스로 기약한 것은 죽지 않으면 그만두지 않으리라는 것이었습니다.

마음은 담담하여 한 점의 티끌도 없었으니, 사람들이 혹 광풍제월光風霽月149) 에 견주었습니다. 천하의 어떤 사물도 그의 마음을 동요시킬 수 없었고, 한 때의 공명과 부귀에 대해서는 일찍이 조금도 결백한 것이 아니라고 여겼습니다. 동강東岡의 언덕에 집을 짓고 즐거워하여 근심을 잊으며 평생 그렇게 사실 듯하더니150) 남은 세월이 넉넉하지 않다는 것을 알지 못하였습니다.

성스러운 주상께서 현자를 구하는 데 목말라 하시니, 부르시는 조서가 여러 차례 사립문에 이르렀습니다. 의리상 아예 멀리 떠나버리고 모른 체 할 수는 없었으니, 한 번

입을 즐겁게 하는 것과 같다고 할 것이다.[心之所同然者 何也 謂理也義也 聖人先得我心之所同然耳 故理義之悅我心 猶芻豢之悅我口]"라는 말에서 유래한다.

147) 위기지학(爲己之學) : 자신의 수양을 위한 학문으로 위인지학(爲人之學)과 대칭되는 말이다. 『논어』「헌문(憲問)」에 "옛날 학자들은 자신을 위한 학문을 하였는데, 지금의 학자들은 남에게 보이기 위한 학문을 한다.[古之學者爲己 今之學者爲人]"고 하였다.

148) 하학(下學) …… 상달(上達) : 아래로 인사를 배워서 위로 천리를 안다는 말이다. 『논어』「헌문(憲問)」에 "하늘을 원망하지 않고 남을 탓하지 않으며, 아래로 인사를 배워 위로 천리를 통달한다.[不怨天 不尤人 下學而上達]"는 말을 인용한 것이다.

149) 광풍제월(光風霽月) : 인품이 고결하고 맑은 것을 비유한 말이다. 황정견이 「염계시서(濂溪詩序)」에서 주돈이의 높은 인품과 탁 트인 흉금을 묘사하여, "흉금이 시원하기가 마치 맑은 바람에 달이 씻긴 듯하다.[胸中灑落 如光風霽月]"고 한 데서 온 말이다.

150) 즐거워하여 …… 듯하더니 : 『논어』「술이(述而)」에 나오는 말이다.

몸을 일으킨 것은 내 임금을 요순과 같이 만들고 내 백성을 요순 시대의 백성으로 만들려는 뜻151)에서였습니다.

조정에 있은 지 10년 만에 선한 도로 임금을 인도하고 보좌하여 도道와 인의仁義가 아니면 말하지 않았습니다. 춘추관과 사헌부에 출입하였고 홍문관과 사간원을 오르내렸습니다. 시정時政의 득실과 백성의 이해에 대하여 알고서는 말하지 않은 것이 없었고 말하면 중도에 맞지 않는 것이 없었으니, 깊이 납약자유152)의 의리를 체득하고 있었던 것입니다. 그래서 군주의 마음에 군주라는 윗자리에 있으면서도 묵묵히 깨달음이 있게 하였으니, 당대를 통틀어 임금 마음을 바로잡는 큰일은 오직 선생께서 바로 그 적임자라고 모든 사람들이 말하였습니다. 그 당시 임금과 신하가 마음을 합하여 정사를 논하는 즈음은 군주가 있고 신하가 있어서, 성대하게 바람과 비가 어울리듯 천 년만에 있을까 말까하는, 딱 들어맞는 임금과 신하의 만남이었다고 할 만하였습니다. 가고 멈춤과 더디고 빠름은 사람의 힘으로는 어찌할 수 없는 것이니, 물러나 재야에 있거나 나아가 벼슬자리에 있거나 근심은 한결같았습니다.

아! 자신의 의견을 우기고 고집하면서 나랏일을 꾀하는 선하지 못한 자들이 저 계미년의 조정에 분란을 일으키자 오직 선생은 의연하게 우뚝 서서 시비是非에 미혹되지 않았습니다. 이 뒤로는 조정에서나 재야에 계셔서 출처가 일정하지 않았습니다. 기축사화153)는 참혹하였습니다. 권세를 가진 간신들이 정국을 맡게 되니, 북쪽으로 유배 가는 행색은 쓸쓸하였고, 회령會寧의 길은 천 여리나 되었습니다. 눈이 함관咸關을 막고 구름이 철령鐵

151) 내 임금을 …… 뜻 : 『맹자』 「만장상(萬章上)」에 나오는 말이다.

152) 납약자유(納約自牖) : 『주역』 「감괘(坎卦)」의 육사(六四)효에 "맺음을 들이되 통한 곳으로부터 하면 끝내 허물이 없으리라.[納約自牖 終无咎]"라고 하였는데, 이는 신하가 군주를 깨우칠 때에는 극진한 충성과 옳은 방법으로 군주의 마음을 유도하되, 반드시 기미를 보아 점진적으로 군주가 잘 알 수 있는 것부터 시작해야 한다는 뜻이다.

153) 기축사화 : 1589년(선조 22) 10월에 정여립(鄭汝立)의 모반으로 일어난 동인과 서인 간의 정쟁으로, 3년여에 걸쳐 그와 관련된 1,000여 명의 동인계(東人系)가 피해를 입은 사건이다.

嶺 재를 덮어서 남들은 그 고통을 견디지 못하건만 선생은 태연자약하게 계셨습니다. 선생의 도는 지극히 커서 들어가서 자득하지 않음이 없었습니다. 임금을 그리워하였으나 보지 못하고, 서쪽을 바라보면서 길게 탄식하였습니다.

임진년의 난리를 어찌 차마 말하겠습니까? 주상의 어가御駕가 피난을 가는 급박한 때에 짚신으로 행재소行在所에 이르니 용안龍顔에 기쁜 빛이 돌았습니다.

조정으로 돌아온 뒤에 더욱 가상히 여기는 은혜를 입었습니다. 간언을 하는 벼슬자리에 들어가서는 서릿발 같은 절조를 떨쳤고, 인재를 선발하는 일을 맡았을 때는 공정하고 분명한 실제를 다하였습니다. 기미를 보고 미리 아는 현명함으로 간사한 사람의 죄가 이미 바로잡히고, 처사處士의 원통함이 또 밝혀지자 임술년 겨울에 고향으로 돌아갈 계획을 결정하였습니다. 행색은 경기도 지역에서 쓸쓸하였으니, 오래 있을 수 없었습니다. 청주 지역은 샘물이 달고 토지는 비옥하여 서울을 떠난 외로운 사람이 의탁할 만한 곳이었습니다. 선생께서 떠나가시니, 우리 도는 남쪽으로 갔습니다.[154] 그 당시 선생을 아는 자들은 나랏일을 위해 탄식하지 않는 자가 없었습니다. 비록 당시에 드러내놓을 만한 업적을 이룰 수는 없었지만 또한 노년에 참된 본성을 기르기에 충분하였으니, 당시 선생을 아끼는 자들도 선생을 위해 기뻐하지 않는 이가 없었습니다. 늙어서도 군주를 사랑하는 마음이 돈독하여 또 지난 가을에 서울에 들어갔으나 병세가 벼슬살이를 감당하지 못하여 마침내 글을 올리고 사직하고자 하였습니다. 이윽고 병을 지닌 채 물러나 쉬면서 호서湖西[155]의 옛 터를 점지하였습니다. 인자仁者는 반드시 장수한다고 하니, 뭇 사람들의 마음은 모두 이를 의심치 않았습니다. 누가 공자께서 기둥 사이에 서 있는

154) 우리 …… 갔습니다 : 민(閩) 땅의 사람인 양시(楊時)와 유조(遊酢)가 이정(二程)에게서 학문을 익혔는데, 양시가 학문을 이루고 남쪽으로 돌아갈 때 정호(程顥)가 "우리 도가 남쪽으로 간다.[吾道南矣]"는 한마디 말로 그를 전송한 고사에서 유래하는 말이다.

155) 호서(湖西) : 동강은 1599년 사직을 하고 인천에서 거처하다가 다시 청주로 옮겨 그곳에서 세상을 떠났다.

꿈[156]이 오늘 급히 돌아가시는 징조일 줄 알았겠습니까? 사문斯文은 의탁할 스승이 없어지고, 국가는 믿고 의지할 신하를 영영 잃었습니다. 군자의 불행이며, 소인의 복입니다. 누가 사문斯文을 진작시키며, 누가 군주의 덕을 회복시키며, 누가 후생後生을 깨우치며, 누가 백성에게 복을 받게 하겠습니까?

강목綱目을 찬술하시니, 선생 만년의 공부가 모두 이 속에 있었습니다. 책이 완성되지도 못하여 더는 글을 쓰지 못하게 되었으니 마음 아픕니다. 누가 그 뜻을 이을런지요.

하늘은 어찌하여 선생께 이렇듯 성한 덕을 주시면서 100세의 장수를 누리게 하지 않으셔서 성군께서 마음 아파하고 온 세상이 슬퍼하며 우리 선비들이 곡을 하게 하시는지요? 넉넉히 주고서 누리게 하는 데는 인색하니, 참으로 하늘의 뜻은 알 수가 없습니다. 선생께서 저희들을 버리시고부터 선비들 중에 누군들 길게 부르짖으며 정신을 잃지 않았겠습니까? 오직 소자의 깊은 아픔은 하늘과 땅처럼 영원하고 끝이 없습니다.

열 살 남짓의 나이에 이미 선생의 정성스런 가르침을 받았습니다. 선생께서는 소자가 못난 사람이라 여기지 않으시고, 미루어 허물이 없는 곳에 들게 하셨습니다. 조그만 허물을 보면 근심이 낯빛에 드러났으며, 조금이라도 잘 한 것이 있으면 기쁨이 모습에 나타났으니, 어찌 단지 평범한 사제와 비교할 수 있겠습니까? 실로 하늘이 부여한 인륜의 정과 같았습니다. 그 이래 수십 년간 비록 경서를 수업 받지는 않았지만 저의 공경하여 우러르고 사모하고 기뻐하는 마음은 한시도 그친 적이 없었습니다.

지난번에 소자가 고을 수령의 명을 받아 선생께서 머무르시는 곳의 옆 고을을 와서 다스리게 되었습니다. 공무가 바쁜데다 사적인 일에 가로막혀 비록 자주 가르침을 받지는 못하였지만 찾아가 뵌 것은 그래도 몇 번 있었습니다. 여러 번 불설지교不屑之敎[157]를

---

156) 공자께서……꿈: 호남의 옛 터를 점지한 것이 죽음을 미리 알고 터를 잡은 것 같다는 말이다. 공자가 '밤에 두 기둥 사이에 앉아서 전(奠)을 드린 꿈[夜夢坐奠於兩楹之間]'을 꾸고 나서는, 은(殷)나라 사람들은 두 기둥 사이에 빈소(殯所)를 안치했던 만큼 은나라의 후예인 자신 역시 얼마 안 가서 죽을 것이라고 예언을 하였는데, 과연 그 말대로 7일 만에 죽었다는 고사가 있다.(『禮記』「檀弓上」)

받았으니, 정성스럽게 양쪽의 실마리158)를 다 들어 주셨습니다.

벼슬을 그만두고 돌아오게 되니, 거리가 약간 떨어져 있는 것이 한스러웠습니다. 선생님께 한 번 나아갔더니 그때에는 이미 더 이상 옛 시절의 거동과 모습이 아니셨습니다. 마음이 슬펐으나 속으로 근심하면서, 서운하게 작별을 아뢰니 즐겁지가 않았습니다. 그 뒤로 제 아버지를 모시고 또 선생님을 만나 뵈었을 때는 예전의 병이 잠시 나아진 것을 기뻐하였습니다. 한밤까지 정다운 이야기를 나누며 피곤함을 잊었고, 고금을 이야기하고 의리를 논하는 데는 예전과 조금도 다름없으시니 마음속으로 기뻐하면서 돌아왔습니다.

몇 달 되지 않아 우연한 일로 서울에 갔는데 갑작스레 부고를 받았습니다. 정신이 아찔하고 어쩔 줄 몰라 땅에 엎어지니, 곡을 해도 소리가 나지 않고, 꿈만 같고 속이는 것 같아 이 말이 참말이 아닌 것처럼 의심되었습니다.

아! 어찌하여 돌아가신 것입니까? 제가 지닌 슬픔은 며칠이 지나도 아직 정신이 안정되지 않습니다. 산을 넘고 물을 건너 구르고 엎어지며 달려와 비로소 나아가 영좌靈座 앞에서 곡합니다. 예전에 높디높으신 스승이시더니, 어찌하여 오늘 붉은 상여 깃발이 나부끼는지요. 몇 마디 말로 아뢰려고 하니 애도의 글로는 마음을 다 말하기에 부족합니다. 오직 선생의 영령이 계시거든 아득한 지하에서 묵묵히 도우시고, 소자가 잘못에 빠지지 않게 해주십시오. 가슴속에 간직하여 게을리하지 않으며, 두려운 듯 아침저녁으

---

157) 불설지교(不屑之教) : 가르치는 것을 탐탁지 않게 여김으로써 도리어 그 사람에게 교훈을 주는 것을 말한다. 『맹자』「고자하(告子下)」에 "가르치는 방법은 여러 가지인데, 내가 가르치는 것을 탐탁지 않게 여기는 것도 가르치는 방법이다.[教亦多術矣 予不屑之教誨也者 是亦教誨之而已矣]"라고 하였으니, 여기서는 만오가 동강(東岡)에게 가르침을 받았다는 사실을 겸손히 표현한 것이다.

158) 양쪽의 실마리 : 『논어』「자한(子罕)」에 "무식한 사람이 내게 물을 경우, 그가 아무것도 모른다 하더라도 나는 그 양쪽의 실마리를 따져 빠짐없이 말해 줄 뿐이다.[有鄙夫問於我 空空如也 我叩其兩端而竭焉]"라고 하였는데, 그 주에 "양쪽의 실마리란 양쪽 머리와 같으니 종시(終始)·본말(本末)·상하(上下)·정조(精粗)가 빠짐이 없다는 말이다."라고 하였다.

로 경계하겠습니다. 영구靈柩의 앞에서 한 번 곡을 하니 천지가 좁습니다. 보잘것없는 제수를 진설하였으니 영령께서는 바라건대 마치 계신 듯 이르소서.

장인 취원당 조광익[159] 공의 묘에 애도하는 제문[祭外舅聚遠堂曹公 光益墓文]

저는	樟
외람되이 임금의 은혜 입어	猥蒙天恩
문과에 급제하였습니다	叨擢文科
와서 무덤에 절하니	來拜丘隴
계실 적 모습을 뵙는 듯합니다	如陪杖屨
평소의 감회와 그리움으로	感想平生
슬픔과 그리움 끝이 없습니다	悲慕無已

정평보를 애도하는 제문[祭鄭平甫文]

아! 사람 중에 제사를 삼가고 형제와 화목하며, 뜻을 독실히 하고 힘써 행하며, 선을 좋아하고 의리를 사모하는 자가 있다면 비록 천 년 전의 옛날 사람이나 만 리 밖의 먼 곳에 있는 사람이라고 하더라도 모두 벗으로 삼고 정신적인 교유를 하려고 합니다.

---

159) 조광익(曺光益, 1537~1580) : 자는 가회(可晦), 호는 취원당(聚遠堂) 또는 죽와(竹窩), 본관은 창녕이다. 1564년 별시문과에 급제하였다. 나라에서 우애와 효행을 기려 정려를 내렸다. 밀양의 오봉서원(五峰書院)과 청효사(淸孝祠)에 봉안되었으며, 저서로 『취원당문집』이 있다.

더구나 다행히 한 세상에 함께 나고, 한 고을에서 태어난 데다가 서로 한 집안에서 만나 형제로 맺어졌다면 이 어찌 덧없는 세상에서 드물게 있는 성대한 일이 아니겠습니까?

제가 평보와는 실로 앞에서 말한 바와 같은 행운이 있어서, 늘 선한 자에게 복을 주는 것은 하늘의 떳떳한 이치라고 여겼습니다. 평보는 기자箕子가 말한 홍범구주洪範九疇의 오복[160]을 누리기에 마땅하여 첫 번째 말한 '장수'에 대해서는 장수하지 못하리라는 근심을 할 것이 없었습니다. 그래서 우리 두 사람이 서로 따르는 즐거움은 길이 백 년을 갈 만 하였습니다. 어찌 그리도 하늘의 뜻은 믿을 수 없는 것인지, 평보가 갑자기 세상을 떠나 저에게 영원히 끝없는 슬픔을 지니게 하는 것인가요.

아! 안연顔淵은 서른두 살에 죽었는데 지금 공의 나이는 안연보다 아홉 살이 많으니 단명이라고는 할 수 없습니다. 백도伯道[161]는 제삿술을 따를 아이가 없었지만 공의 후사로는 네 떨기 난초 같은 자식이 있으니, 등백도登伯道의 불행을 볼 때 또 어찌 같이 두고 비교할 수 있겠습니까?

아! 저는 지금부터 누구와 수석水石 간에 오고가며 즐기고, 누구와 술 마시고 담소를 나누며, 누구와 선을 권하고 허물을 타일러주며, 누구와 정을 나누고 회포를 이야기할까요? 외롭게 벗이 없고 홀로 짝을 잃었으니 벗을 구하는 새소리를 차마 들을 수 있겠으며, 줄 끊어진 거문고 소리를 차마 들을 수 있겠습니까? 문을 나서보지만 어디로 가며, 궁금한 것이 있으면 누구에게 물어보겠습니까? 이러하다면 제가 아무리 스스로를 달래려고 해도 달랠 수 있겠으며, 제가 아무리 슬퍼하지 않으려고 해도 슬프지 않을 수 있겠습니까?

마음은 막역하고 취향이 같아서 형제처럼 서로 어울리고 관중管仲과 포숙아鮑叔牙처럼 서로 절친하였을 뿐만 아니라 마침내 평생 마음이 맞는 벗으로 여겼습니다. 불행히 관동關東의 이별이 있었고, 이어서 임진년(1592, 선조 25)의 변고를 당하여 전쟁 속에 피차가

---

160) 오복[五福] : 수(壽), 부(富), 강녕(康寧), 유호덕(攸好德), 고종명(考終命)을 가리킨다.(『書經』「洪範」)

161) 백도(伯道) : 진(晉)나라 등유(登攸)의 자(字)로, 난적(亂賊)을 만났을 때 자기 아들을 버리고 동생의 아들을 살렸는데, 뒤에 아들을 얻지 못해 제사가 끊겼던 고사가 있다.(『晉書』「鄧攸傳」)

생사를 확인할 수 없었습니다. 산과 바다에서 구름에 막힌 채, 동북으로 헤어진 한을 품었으니, 그 또한 불행이었습니다. 제가 갑진년(1604, 선조 37) 가을에 비로소 고향으로 돌아가려는 소원을 이루어 수많은 죽을 고비를 넘기고 구차히 살아남아 십 년만에 만나게 되니, 옛 우정을 다시 나누게 되었지요. 한바탕 웃으며 서로 만났으니, 그 즐거움이 어떠하였겠습니까? 술이 있으면 서로 부르고, 일이 있으면 서로 만났으니, 닷새·엿새·이레만에 보지 않은 적이 없었습니다.

아! 기유년(1609, 광해 1) 가을 저는 하늘이 돕지 않아 어머니께서 돌아가시니, 쓸쓸한 여막에서 엎드려 지내다 곧 죽을 지경이었지만 평보가 정성스레 돌보아준 의리를 어찌 죽을 때까지 잊을 수 있겠습니까? 공은 저의 아버지를 친아버지처럼 여겨, 친아버지처럼 모셨습니다. 그래서 제 어머니의 초상과 장례에 수고하였고, 부지런히 일을 처리해 주셨습니다. 이는 남이 미칠 수 있는 바가 아니었으니, 생사로 인하여 바뀔 수가 있겠습니까?

올해 여름(1612) 서울에 과거를 보러갔다가 다섯 달이 지나 돌아왔습니다. 집에 도착하기도 전에 먼저 공에 대하여 물어보았더니 사람들이 말하기를, "평보가 자네를 몹시 기다렸다네."라고 하였습니다. 저는 평보가 저를 그리워한 것이 응당 제가 평보를 그리워한 것과 같으리라 여겼습니다. 반가운 얼굴로 만날 날을 고대하며 뜸하게 만나지 못했던 회포를 펼쳐보리라 하였지만, 병 때문에 그러지 못하고 여러 날 지났더니, 공의 병이 심하다는 말을 듣게 되었습니다. 저는 화락한 군자는 신명이 도우시니 약을 쓰지 않고도 병이 나았다는 소식이 금방 이르리라 생각하였습니다. 선한 자에게 복을 준다는 하늘은 끝내 믿을 수 없어서, 갑자기 천만 뜻밖에 죽었다는 소식이 이를 줄 누가 알았겠습니까?

평보의 참된 덕과 고아한 행실은 온 집안에서 알아주었고 온 고을이 칭송하였으며 벗들이 믿었으니, 진실로 병든 벗인 저의 말을 기다릴 것도 없습니다. 그래서 제가 평소에 끝없이 우러러 사모하고 숭상하는 마음은 끝내 오늘까지도 사라지지 않았으니, 제가 또 한 마디 말을 하지 않을 수 있겠습니까?

그 마음은 확고하였고, 그 말은 어눌하였습니다. 형제간에는 화락하였고 생애를 담담하게 여겼으며, 고을에 있을 때는 공손하였습니다. 선을 좋아하는 것은 독실하였고 악을 미워하는 것은 엄하였으며, 스승 섬기기에 정성을 다하였고 벗과 사귈 때는 믿음을 다하였습니다. 이는 모두 우리 평보께서 지니고 있는 것이면서도 일찍이 자랑한 적이 없는 것입니다.

성하고 아름다운 모습 보일 듯 보이지 않고 藹藹丰容如見而不見
낭랑한 맑은 소리 들릴 듯 들리지 않네 琅琅淸韻若聆而未聆
쓸쓸한 빈 집에 부질없이 붉은 명정만 있어 凄凉虛室丹帛空存
와서 한 잔 드리자니 눈물이 샘솟듯 하네 一觴來奠有淚泉傾

외팔대조 판서 탁공[162]의 묘에 애도하는 제문[祭外八代祖判書卓公墓文]

모년 모월 모일에 외팔대손인 통훈대부通訓大夫 행 전라도 도사行全羅道都事 정장鄭樟은 외팔대조이신 봉익대부奉翊大夫 예의 판서禮儀判書 진현관제학進賢館提學 탁공卓公의 묘에 삼가 고합니다.

아름다운 자질 하늘로부터 받아 美質夙稟
과거에 급제하여 일찍이 발탁되었습니다 高第早擢
화려한 명성 크게 떨치니 聲華大振
나라의 으뜸이 되었습니다 爲國巨擘

162) 탁공(卓公) : 탁광무(卓光茂)로, 고려 후기의 문신이다. 자는 겸부(謙夫), 호는 경렴정(景濂亭), 본관은 광산이다. 1331년 국자감시에 급제하였다. 내서사인(內書舍人)·좌사의대부(左司議大夫)·우사의대부·예의 판서(禮儀判書) 등을 역임하였다. 시호는 문정(文正)이며, 성주의 오계사(梧溪祠)에 제향되었다. 저서로는 『경렴정집』이 있다.

어진 자는 필시 훌륭한 후손 있으니	仁必有後
복된 자손 하늘이 내려주셨습니다	祚胤天錫
고금의 광영이라	輝暎今古
들은 자는 감탄하였습니다	聞者歎息
저는 못난 자손으로	繄我孱孫
외람되이 외손이 됩니다	猥忝外籙
공손히 임금의 명을 받들어	恭承宸命
와서 호남[163]을 다스렸습니다	來佐湖幕
우러러 생각건대 묘소는	仰惟松楸
영혼이 깃든 곳이라	體魄所托
지금 와서 성묘를 하니	今來展省
온갖 감회 교차합니다	百感交臆
보잘 것 없는 제수를 올리고	菲薄是薦
우러러 정성을 바칩니다	仰伸悃愊
엎드려 바라건대 영령께서는	伏冀尊靈
여기에 이르소서	是焉來格

외칠대조 참찬 탁공의 묘에 애도하는 제문[祭外七代祖參贊卓公墓文]

모년 모월 모일에 외칠대손인 통훈대부通訓大夫 행 전라도도사行全羅道都事 정장은 외칠대조이신 자헌대부資憲大夫 의정부참찬議政府參贊 문정공文貞公 탁공卓公의 묘에 삼가 아뢰니다.

---

163) 호남[湖幕] : 정장이 호남 지역에 있었던 경우는 두 번으로, 신녕 현감으로 있었을 때와 전라도 도사로 있었을 때이다. 호막이라고 한 말로 보아 전라도 도사로 있었을 때로 추측된다.

아! 저의 외칠대조께서는	於惟我祖
훌륭한 가문에서 태어나셨습니다	挺生高門
어려서부터 남달랐고	幼而異衆
자라서는 비범하였습니다	長而超羣
성리학에 잠심하여	潛心理學
세상일 즐겨 않으시고	不樂世氛
효성을 옮겨 충성을 다하여	移孝於忠
나가서 군주를 섬기셨습니다	出而事君
일대에 명성이 파다했고	一代播聲
천년을 드리울 공로 세우셨습니다	千載垂勳
생각건대 외손인 저는	念我外裔
묘소와 멀리 떨어져 있어	遠隔塋墳
참배할 길이 없었으나	無路展拜
실은 쓸데없는 일에 바빠서였습니다	實牽冗紛
지금에 와서 우러러 성묘하오니	今來瞻省
감격스럽고 기쁩니다	載感載欣
한 잔 술로 정성을 아뢰오니	一酌告誠
바라건대 흠향하소서	庶歆苾芬

야로 이순[164]을 애도하는 제문[祭李野老 淳 文]

우리나라의 큰 성씨로는	吾東大姓

164) 이순(李淳, 1530~1606) : 자는 자진(子眞), 호는 야로(野老)이다. 일찍이 퇴계 이황의 문하에서 수학하였으며, 동강 김우옹·한강 정구와 도의로 사귀었다. 문집으로는 『야로당문집(野老堂文集)』이 있다.

철성 이씨가 있으니	鐵城之李
대대로 위인이 있고	世有偉人
아름다운 명성 길이 이었습니다	令名永嗣
문장과 도덕은	文章道德
누군들 공경하고 받들지 않겠습니까	孰不欽戴
대대로 빛나는 벼슬을 하니	冠冕赫世
감히 비길 자가 없었습니다	莫之敢擬
사인부군께서는	舍人府君
진실로 집안을 이으셨습니다	誕承宗器
조정에 큰 절개 세우셔서	立朝大節
실록에 기록을 남기셨습니다	國乘有記
이에 능히 자손을 두니	乃克有孫
바로 저의 숙부이십니다	寔我叔氏
순수하고 참된 바탕 지니시고	質膺純良
맑고 아름다운 자질 뛰어났습니다	資挺淑美
어려서부터	式自齠齔
평범한 사람과 달리	不常人似
물物을 받아들이는 도량과	容物之量
소를 먹을 기운[165] 지녔습니다	食牛之氣
장성하고 나서는	逮至長成
풍도가 엄하고 굳세었습니다	風度峻毅
스승을 따르고 벗과 사귀어	從師取友
아름다운 명성 끝이 없었습니다	令聞不匱
문장은 사람들을 놀라게 하고	文可驚人

165) 소를 …… 기운 : 「정평보 추를 애도하는 만시[輓鄭平甫錘]」의 주석 참조.

학문은 자기완성을 기약하였습니다	學期成己
행실은 집안에서 원만하고	行滿家庭
명성은 고을에 넘쳤습니다	名溢州里
여러 숙부와 고모들을	諸叔諸姑
부모 섬기듯 대하였고	旣云均事
자제들과 며느리들을	衆子衆婦
모두 차별 없이 대하였습니다	莫不一視
사람을 대할 때 너그럽고	待人多恕
일을 대하여 지혜로웠습니다	應務有智
세상에 은택 끼칠 재주를 지녀	澤世抱才
임금 바로잡을 뜻[166]을 지니셨습니다	畜君有志
사람들은 아무도 다른 말을 않았고	人無異辭
원대한 뜻은 이룰 만했습니다	遠大可致
조물주가 조롱을 하니	造物揶揄
벼슬길[167]이 이롭지 못하였습니다	墻屋失利
여러 번 응시했으나 급제하지 못하여	累擧不中
처음의 계획 이루지 못하니	初計莫遂
사람들이 원통하다 말하였지만	物議稱寃
마음에는 원망함이 없었습니다	公心無恚
공께서 말을 할 때에는	公於發言

166) 임금을 …… 뜻 : 『맹자』「양혜왕하(梁惠王下)」에서 제 경공(齊景公)의 「치소(徵招)」와 「각소(角招)」라는 시에 나오는 “임금의 욕심을 저지함이 무슨 잘못이랴?[畜君何尤]”라는 시구를 풀이하여 “군주의 욕심을 제지하는 것은 군주를 사랑하기 때문이다.”라고 하였다.

167) 벼슬길[墻屋] : ‘장옥’은 관소(館所)의 담장이나 지붕을 지칭하는데, 벼슬길이란 뜻으로 풀이하였다. 『춘추좌씨전』「소공(昭公) 23년」에 “숙손은 관소에 머무는 시간이 단 하루만 되더라도 그 담장이나 지붕을 손질하여, 그가 떠날 때에는 처음 들어갔을 때와 똑같게 하였다.[叔孫所館者 雖一日必葺其牆屋 去之如始至]”라고 한 말에서 유래한다.

삼가는 마음을 놓지 않고	戒謹不置
걱정할 때에도	公於慮患
빠짐없이 생각을 갖추었습니다	備罔不至
세상살이에	公於世味
특별히 좋아하는 바가 없었고	無所偏嗜
앞 시대 현자를	公於前哲
백방으로 본받으려 하였습니다	百爾追跂
의리를 대하면 용맹하게 나아갔고	當義勇徙
어려움을 만나서 두려움이 없었습니다	遇難無怕
진실과 정성스러움은 타고났고	誠懇出天
논의하는 것은 지극하였습니다	論議極地
현인들이 인정하였고	賢人所許
아첨하는 자들이 눈치를 살폈습니다	佞夫所伺
만년에 일을 만들지 않았고	晩年無爲
그칠 곳을 알아서 그쳤습니다	知止而止
자연 속에서 고상히 지내니	林泉高蹈
세상 인연이 어찌 누를 끼치겠습니까	世緣何累
시골의 한 지역	土村一區
도시와는 발길을 끊고	跡絶城市
지극한 즐거움을 간직하여	至樂斯存
속세를 피하였습니다	塵寰是避
생애를 농사에 부치고	付生耕鑿
마음을 서적에 깃들였습니다	寓心書史
일명[168]의 벼슬 비록 내려졌으나	一命雖降

168) 일명(一命) : 『주례』 「대종백(大宗伯)」을 보면 일명(一命)에서 구명(九命)까지의 관등이 있는데, 임명

애당초 마음에 어찌 사모하였겠습니까	初心豈慕
나아가기를 어렵게 한다[169]는 뜻 숭상하여	難進是尙
은거의 뜻 영원히 간직하였습니다[170]	不告永矢
마음 가는 대로 한가히 지내며	逍遙自適
천지에 부끄럼 없었습니다	俯仰無愧
난리를 만나서도	及遭亂離
평소의 행실 무너뜨리지 않았고	素履不墜
고장 사람들을 모아들여	收召州旅
나라의 치욕을 씻기로 맹세하였습니다	誓雪國恥
공로를 이루지는 못하였지만	功雖未售
의리에는 그릇됨이 없었습니다	義則不否
도적이 물러가자	寇旣退焉
편안히 지내기를 바랐습니다	身庶安爾
산의 남쪽에	于山之南
새로운 터를 잡고	乃卜新址
초가를 엮어 산수를 거닐며	結茅徜徉
여생을 보낼 만하였습니다	可保餘紀
족보가 처음 만들어지고	族譜初成
고을의 기록 완성되려 하였습니다	州志將就

받는 관등(官等) 중 최하 등급의 정식 관원을 말한다.

169) 나아가기를 …… 한다[難進] : 『예기』「표기(表記)」의 "임금을 섬길 때, 나아가기는 어렵게 하고 물러나기는 쉽게 한다면 자리에 질서가 잡힐 것이요, 반면에 나아가기는 쉽게 하고 물러나기는 어렵게 한다면 문란해질 것이다.[事君難進而易退 則位有序 易進而難退 則亂也]"라는 말에서 유래한다.

170) 은거의 …… 간직하였습니다 : 은거하는 즐거움을 혼자서 온전히 간직하겠다는 뜻이다. "은거하는 곳이 시냇가에 있으니, 큰 사람의 마음이 넉넉하도다. 홀로 자고 깨어 말하나, 길이 잊지 않기로 맹세하도다.[考槃在澗 碩人之寬 獨寐寤言 永矢不諼]"는 말에서 유래한다.(『詩經』「衛風·考槃」)

한 번 병이 갑자기 이르자	一疾遽臻
반년이 위태로웠습니다	半載危只
목숨이 벌써 다하니	大命已迫
만사가 끝났습니다	萬事已矣
살아서는 순하고 죽어서 편안하니171)	生順歿寧
공이 바로 이러한 사람입니다	公則有是
태어나면 죽는 것은	有生有死
또한 사람의 필연적인 이치이라	亦人常理
덕이 있고 장수하며	有德有壽
손자 있고 자식 있으십니다	有孫有子
양지쪽 바람 자는 곳에	向陽藏風
묘소를 마련했습니다	幽宅克賁
하늘은 공에게 인색하지 않아	天不嗇公
시종에 서운함이 없었습니다	無憾終始
저는 공에게	伊我於公
숙부의 은혜와 스승의 의리 있으니	叔恩師義
저의 성품 모자라고 서툴러도	我性庸拙
공은 저버리지 않으셨습니다	公則不棄
공은 부지런하고 정성스레 깨우쳐 주셔서	公誨勤款
저는 마음속으로 따랐습니다	我服心裏
옛적 제가 처음 관례를 치를 때는	昔我初冠
계미년(1583)이었습니다	歲在癸未
스승으로 모시고172) 가르침 받드니	摳衣承教

171) 살아서는 …… 편하니 : 장재(張載)의 「서명(西銘)」에 "살아서는 내 하늘에 순응하고 죽어서는 내 편안하다.[存吾順事 沒吾寧也]"고 한 말에서 유래한다.

172) 스승으로 모시고[摳衣] : 동자(童子)가 어른 앞에서 몸가짐을 공손히 하는 태도로서, 여기서는 스승에게

충과 효 두 글자였습니다	忠孝二字
제가 영민하지 못하니	余之不敏
비록 따라 실천하지는 못해도	雖未踐履
힘쓰기를 싫어하지 않고	服之無斁
잠시도 잊지 않으려 하였습니다	寧忘步跬
지금 추억해보니	追思至今
하신 말씀 아직 귀에 있습니다	言尚在耳
사람의 일이 고르지 않아	人事不齊
만나기는 어려워도 이별하기는 쉬워	會難別易
임진년에 헤어지니	壬辰相離
만 리 머나먼 관령[173]으로 갔습니다	關嶺萬里
전쟁이 여기저기 일어나니	干戈彼此
소식을 전할 길 없었습니다	消息無自
오로지 그리는 마음	一心馳慕
어찌 끝이 있겠습니까	顧言何已
어느덧 십년 세월을	荏苒十年
한 장 편지도 통하지 못하였습니다	未通一紙
아득히 북쪽 고을에서	邈矣燕城
저는 마침 벼슬하게 되었습니다	我適奉璽
우연히 소식[174]을 받아	偶逢一鴈
공경히 편지[175] 받들고는	敬奉雙鯉

나아가 가르침을 받는 태도를 말한다. “옷자락을 추어올리고 구석을 향해 종종걸음으로 가서 앉고, 반드시 응대를 삼가서 해야 한다.[摳衣趨隅 必愼唯諾]”고 한 데서 온 말이다.(『禮記』「曲禮」)

173) 관령(關嶺) : 강원도 강릉과 평창의 경계에 있는 고개인 대관령을 말한다.

174) 소식[一鴈] : 기러기[鴈]는 편지라는 뜻으로 쓰였다. 이백의 「소무(蘇武)」 시에 “흰 기러기 상림원에 날아들어, 부질없이 편지 한 장 전하네.[白雁上林飛 空傳一書札]”라고 한 구절에서 유래한다.

마치 얼굴을 뵙는 듯하여	如承顔采
기쁜 마음 견줄 데 없었지요	欣感無比
갑진년(1604, 선조37) 가을에	甲辰之秋
저는 고향으로 돌아왔습니다	我還桑梓
즉시 나아가 뵙고 절하며	卽趍展拜
반나절 머물러 모셨습니다	半日留侍
공의 총명함은 줄어들지 않고	公神不減
공의 모습도 윤기 있었습니다	公貌猶膩
이십 년 만에 만난 숙질이	卄載叔姪
한 집에서 정다운 마음 나누었습니다	一堂情意
삶과 죽음에 대하여 말을 마치자	說罷存亡
슬픔과 기쁨이 모두 지극하였습니다	兩極悲喜
떨어지는 해 외로운 처마에 걸릴 때	落日孤簷
소나무 막걸리를 한 잔 나누니	松醪一觶
여러 해 막혀있던 회포를	積年阻抱
열에 한 둘도 펴지 못하였습니다	未攄一二
바삐 인사하고 물러나니	匆匆辭退
깨우쳐 주시는 말씀 끊이지 않았습니다	誨言亹亹
마땅히 자주 나아가 뵙고	意當累進
우러러 안부를 여쭈리라 생각하였습니다	仰候動止
실마리를 찾고 경전을 외다가	尋縻誦經
얼마 있지 않아 또 관리가 되었습니다	旋又作吏
손꼽아보니 몇 년이나 흘러	屈指數載

175) 편지[雙鯉] : ‘쌍리’는 편지를 뜻한다 진(晉)나라 육기(陸機)의 「음마장성굴행(飮馬長城窟行)」이라는 악부시에 “멀리서 온 손님, 잉어 두 마리 전해 주네. 아이 불러 요리하라 부탁했더니, 그 속에서 나온 한 자 비단 글.[客從遠方來 遺我雙鯉魚 呼兒烹鯉魚 中有尺素書]”이라는 구절에서 유래한다.

세월은 달리는 말과 같았습니다	光陰疾駟
서울에서 분주히 지내며	奔馳京洛
내내 공무를 처리하며 보냈습니다	長執馬轡
공이 편찮으시다는 소식 듣고도	聞公之病
약을 들고 찾아뵙지 못하고	未嘗藥餌
공이 돌아가셨다는 소식 듣고도	承公之訃
영전에서 곡하지 못하였습니다	未哭筵几
벼슬을 그만두고 돌아와서도	罷官歸來
벌써 여러 해가 지났습니다	亦旣累祺
저의 병과 어머니의 병환으로	身病母患
몸은 마르고 정신은 쇠약해졌습니다	形枯神瘁
약을 달여 먹노라니	湯藥煎熬
죽음에 거의 가까웠습니다	只欠一死
마음과는 달리 예를 빠트리니	虧情闕禮
돌보아주신 은혜 저버렸습니다	大負恩庇
시리고 아픈 마음을 안으니	抱痛含酸
이 한이 어찌 끝이 있겠습니까	此恨曷旣
세월이 머무르지 않아	日月不居
벌써 두 번째 제삿날이라	再期已屆
직접 나아가	謂將躬詣
변변찮은 제수를 올리려 했으나	親奠薄菲
어버이 병이 문득 심해져	親癠旋劇
잠시도 떠나지 못합니다	未離造次
이 계획이 또 어그러지니	此計又乖
아픈 마음은 실로 골수에 맺힙니다	痛實在髓
보잘것없는 제수[176]를 바치고	潢汙一奠
사람을 시켜 잔을 올리게 하니	倩人酌彼
정성이 얕은 것이 아니라	非誠之淺

형편이 그렇게 한 것입니다　惟勢之使
제 마음은 타는 듯하고　我腸如焦
제 눈물은 물처럼 흐릅니다　我淚如水
글로 슬픔을 고하여　文以告哀
그 까닭을 말씀드립니다　聊道所以
공의 영령은 멀리 노니시니　公靈遠遊
무슨 멀고 가까움이 있겠습니까　何間遐邇
저의 슬픔과 저의 한을　我悲我恨
공께서는 응당 돌아보시며　公應顧諟
저의 마음 헤아리시고　公諒我情
저를 달리 생각지 않으시겠지요　公無我異
안주는 아름답지 않고　肴非曰嘉
술도 맛있다 못하겠습니다　酒非曰旨
한결같은 제 마음은 환히 밝으니　一丹如炳
공께서는 바라건대 흠향하소서　公饗庶幾

종이모 철성 이씨를 애도하는 글[祭從姨母鐵城李氏文]

공손히 생각건대 이모님 가문은　恭惟令門
대대로 높은 벼슬[177] 이어왔습니다　世襲貂蟬

176) 보잘것없는 제수[潢汙] : '황오(潢汙)'는 웅덩이의 물인데, 하찮은 물건을 비유한다. 『춘추좌전』「은공(隱公) 3년」의 "물구덩이에 잠겨 있는 물이나 길에 고인 빗물이라도, 선조의 제사상에 올릴 수가 있고 임금과 공경에게도 바칠 수가 있다.[潢汙行潦之水 可薦於鬼神 可羞於王公]"라는 말에서 나왔다.

177) 높은 벼슬[貂蟬] : 초선(貂蟬)은 매미 무늬[蟬文]와 담비 꼬리[貂尾]로 장식한 관이라는 뜻으로, 높은

훌륭한 공경과 재상이 있어	宏卿巨相
전대와 후대가 찬란하였습니다	輝暎後前
넉넉한 경사[178]가 모여서	餘慶所鍾
부인이 여기에 태어나셨으니	有婦人焉
부덕婦德의 아름다움은	坤德之美
하늘로부터 받으셨습니다	盖稟諸天
재예才藝는 하지 못하는 것이 없었으니	才無不用
행실이 어찌 온전하지 않았겠습니까	行何不全
선비 집안에서 돈독하게 자라[179]	篤生儒家
아녀자의 일에 허물이 없었습니다	女事無愆
군자의 배필이 되어	作配君子
거의 삼십 년이 되도록	殆三十年
거안제미[180]의 예를 다하고	齊眉盡禮
집안 제사[181] 더욱 공경하였습니다	采蘋益虔
일에 따라 정성 다하니	隨事殫誠
천성에서 나온 듯 하였습니다	如出自然
친족은 그 정의情誼를 흠모하고	親族慕誼

벼슬을 뜻한다.

178) 넉넉한 경사[餘慶] : 자손이 받을 경사, 곧 선조의 선행 덕분에 자손들이 받는 길한 복 등을 말한다. 『주역』「곤괘(坤卦)·문언(文言)」의 "선을 쌓은 집에 반드시 넉넉한 경사스러움이 있다.[積善之家 必有餘慶]"라는 말에서 유래한다.

179) 돈독하게 자라[篤生] : 나면서 하늘로부터 받은 천성이 유독 두터운 것을 말한다. "후하게도 무왕을 낳으시고, 보우하고 명하여[篤生武王 保右命爾]"라는 구절에서 유래한다.(『詩經』「大雅·大明」)

180) 거안제미[齊眉] : 후한의 현사(賢士)인 양홍(梁鴻)의 처 맹광(孟光)이 밥상을 들고 올 때에도 양홍을 감히 마주 보지 못하고, '밥상을 이마 위에까지 들어 올렸다.[擧案齊眉]'는 고사를 말한다.(『後漢書』「逸民列傳·梁鴻」)

181) 집안 제사[采蘋] : 채빈(采蘋)은 『시경』의 편명으로, 문왕의 덕화를 입어 대부의 아내가 제사를 잘 받드는 것을 찬미한 시이다.

원근에서는 어질다 칭송하였지요	遠近稱賢
자식을 많이 낳아서[182]	螽斯多子
대대로의 가업을 전하였고	世業克傳
자손들이 집에 가득하니	兒孫滿室
하나같이 훈도[183] 시켰습니다	一視陶甄
복록[184] 이 성대하니	福履之盛
고을에서 견줄 이 드물었습니다	鄕里罕肩
경술년에	歲在庚戌
집안이 어려움[185] 을 겪게 되니	家步迍邅
맏아들이 터무니없는 일 만나	冢男罹捏
지극히 욕된 누명 벗기 어려웠습니다	至辱難湔
종이모님의 마음에 병이 들어	慈懷是疚
묵은 병이 낫지 않았습니다	宿痾沉綿
하늘의 뜻을 따질 수 없어	天意莫詰
죽음이 빨리 닥쳐왔습니다	大命斯遄
이 일을 어찌 차마 말하겠습니까	事何忍言
듣는 이들이 눈물을 떨구었습니다	聞者淚泫

---

182) 자식을 많이 낳아서[螽斯多子] : 종사는 메뚜기인데, 자녀가 많은 것을 일컫는 말로 쓰인다. 『시경』 「주남(周南)·종사(螽斯)」의 "메뚜기가 많이 모였으니, 마땅히 네 자손이 많으리라.[螽斯羽 詵詵兮 宜爾子孫振振兮]"라는 말에서 유래한다.

183) 훈도[陶甄] : 도공(陶工)이 녹로(轆轤)를 돌려서 각종 질그릇을 만들어 내듯이 인격을 가다듬게 하는 것을 말한다.(『文選』「女史箴」)

184) 복록[福履] : 복리와 같은 말이다. 『시경』「주남(周南)·교목(樛木)」에 "즐겁구나! 군자여. 복록이 편안하시도다.[樂只君子 福履綏之]"라고 하였는데, 모전(毛傳)에 "이(履)는 복록[祿]이고, 수(綏)는 편안하다[安]는 뜻이다."라고 하였다.

185) 어려움[迍邅] : 처지가 이롭지 못하고 곤란한 것을 말한다. 진(晉)나라 좌사(左思)의 「영사(詠史)」 시 중 제 7수에 "영웅은 곤란함이 있으니, 옛날부터 그러했다네.[英雄有迍邅 由來自古昔]"라는 구절이 있다.

아, 소자는	粤我小子
젊어서부터 뜻만 크고 변통치 못했는데[186]	自少狂狷
종이모님께서는 아들처럼 여기시며	姑惟子視
오직 어루만져 편안하게 해 주셨습니다	撫綏實專
은혜에 이미 흠뻑 젖었으니	恩旣浹肌
어찌 잠시라도 잊을 수 있겠습니까	曷忘沛顚
삼사년 전에	三四年前
풍수지탄[187]의 슬픔에 싸여	風樹悲纏
이모의 종상終祥[188]에	姑氏三霜
달려가 곡할 길이 없었습니다	趍哭無緣
세월이 얼마나 흘렀던가요	日月幾何
두 번째 기일이 벌써 돌아왔습니다	再期已旋
한 잔 술 받들어 영결하자니	一酌奉訣
눈물이 샘솟는 듯합니다	眼水傾泉
영령께서 생전의 모습으로	魂其彷彿
마치 저의 곁에 계신 듯합니다	如在我邊
제물은 조촐하지만 뜻은 정성스러우니	物薄意誠
바라건대 이를 흠향하소서	庶幾歆旃

186) 뜻만 …… 못했는데[狂狷] : '광(狂)'은 기개가 높은 반면 행동이 따르지 못하는 자이고, '견(狷)'은 의지가 굳어 나쁜 일을 하지 않는 반면 변통하지 못하는 자를 이른다. 『논어』「자로(子路)」에 "중도(中道)를 행하는 사람과 함께 할 수 없다면 반드시 광자나 견자와 함께 하겠다."라는 공자의 말이 실려 있다.

187) 풍수지탄[風樹] : 어버이의 죽음을 말한다. 공자가 길을 가는데 고어(皐魚)란 사람이 슬피 울고 있기에 까닭을 물었더니 "나무는 고요하고자 해도 바람이 그치지 않고, 자식이 봉양하고 싶어도 어버이는 기다려 주지 않는다.[夫樹欲靜而風不止 子欲養而親不待]"는 말에서 유래한다.(『韓詩外傳』) 여기서는 만오의 어머니가 1609년에 돌아가신 것을 두고 하는 말이다.

188) 종상(終祥) : 원문의 삼상(三霜)은 세 번의 서리가 내린 세월이니 3년을 말한다. 즉 이모가 죽은 지 3년 되었음을 이르는 말이다.

이종형 삼익당 이천배를 애도하는 제문[祭姨兄李三益堂 天培 文]

형의 자질 빼어나고 아름다우며	兄資粹美
학문은 독실하였습니다	兄學篤實
행실은 효성스럽고 우애 있고	兄行孝友
도량은 크고 넓었습니다	兄量閎博
선비들은 형의 지조를 믿고 따르며	士服兄操
고장에서는 형의 덕을 칭송했지요	鄕稱兄德
하늘이 선한 자에게 복을 주신다면	使天福善
형은 후사가 있어야 하고	兄宜有嗣
하늘이 어진 이를 돕는다면	使天佑賢
형은 오래 살아야만 합니다	兄宜久視
자식도 없고 장수하지도 못하니	無兒無壽
이 이치를 따지기 어렵습니다	此理難詰
형께서 돌아가셨으니	兄其已矣
하늘의 이치도 꼭 그렇지는 않습니다	天亦難必
생각건대 저는	念我小弟
형의 은혜를 가장 많이 입었습니다	最蒙兄渥
어려서는 돌봄을 받았고	幼而見育
자라서는 공부를 가르쳐 주셨습니다	長而執經
정을 논하고 의리를 따져보면	論情較義
친형제보다 오히려 무겁습니다	同腹猶輕
10년간의 난리로 떨어져서	亂離十年
천 리 간에 한번 이별하게 되니	一別千里
그리워하면서도 만나지 못하고	相思不見
먼 곳[189]으로 서로 나뉘어 있었습니다	江渭兩地
이번 봄에 천곡[190]에서	今春川谷
한밤 내내 조용하게	一夜從容

도란도란 이야기를 나누니	亹亹話言
동이 트도록 어찌 끝이 있었겠습니까	達曙何窮
형의 모습 비록 초췌했으나	兄容雖憊
형의 총명함은 줄어들지 않았지요	兄神不減
가는 길이 바빠서	行色忽忽
떠나는 정 아득하기만 했습니다	離情黯黯
가을에 돌아오면	謂秋而還
예전의 즐거움을 잇자고 말하였지요	可續舊歡
남은 생애 서로 교유하며	百年契闊
청빈함을 함께하리라 생각하였습니다	擬共清寒
세월이 얼마 지났다고	日月幾何
흉한 소식 멀리서 전해오니	凶音遠傳
부고를 받고 놀라고 마음이 꺾여	承訃驚摧
저의 마음 타는 듯 하였습니다	我心如煎
병이 났을 때 약으로 모시지 못하였고	病未侍藥
돌아가셨을 때 뵙지도[191] 못하였지요	歿未啓足
염할 때 관 곁에 있지도 못하였고	斂不憑棺
장사에는 묘혈에 가지도 못하였습니다	葬不臨穴

189) 먼 곳[江渭] : 위수(渭水)는 중국 북쪽의 장안에 있고 강(江)은 남쪽의 양자강에 있으니 멀리 떨어져 있음을 뜻한다. 두보의 시 「춘일억이백(春日憶李白)」의 "위수 북쪽엔 봄 하늘에 우뚝 선 나무, 강 동쪽엔 날 저문 구름.[渭北春天樹 江東日暮雲]"이라는 말에서 유래하였다.

190) 천곡(川谷) : 경상북도 성주군 벽진면 해평리에 있었던 서원이다. 1558년 성주목사로 있던 노경린(盧慶麟)을 중심으로 한 지방유림의 공의로 정자·주자·김굉필의 위패를 모셨다. 창건 당시에는 영봉서원(迎鳳書院)이라 하였으며, 뒤에 정구 등이 천곡서원으로 개칭하였다. 1623년 정구, 1642년 장현광(張顯光)을 추가 배향하였다.

191) 뵙지도[啓足] : 임종을 지켜보는 것을 말한다. 증자가 임종 때 제자들을 불러 "이불을 걷고 나의 발을 보고 나의 손을 보아라.[啓予足 啓予手]"고 한 말에서 유래한다.(『論語』「泰伯」)

평소의 은혜와 의리를　平生恩義
저버린 것이 이미 지극한데　辜負已極
한 번 곡하는 것이 더디고 더디어　遲遲一哭
반년이나 뒤에 하게 되었습니다　半載之後
사세가 비록 그렇게 만든 것이지만　勢雖使然
그 죄를 어찌 말로 다 하겠습니까　罪何容口
재주가 있어도 펴지 못하였고　有才未展
학식이 있어도 시험하지 못하였습니다　有學未試
뒷일을 맡길 곳이 없으니　後事無托
두 청상을 누가 돌볼 건가요　兩孀孰視
형이면서도 스승인 분을　旣兄又師
저는 지금 영원히 잃게 되었습니다　我今永失
눈물은 말을 따라 떨어지고　淚隨言零
아픔은 속에서 흘러나옵니다　痛由中徹
저 푸른 하늘이　彼蒼者天
어찌 차마 이렇게 하시는지　其忍是乎
어진이가 장수한다는　仁者必壽
성인의 말씀도 거짓입니다　聖言亦誣
죽음과 삶은 떳떳한 이치라　死生常理
형은 편안하시겠지만　兄雖自安
형을 이러한 지경에 이르게 하였으니　使兄至此
선을 권하기는 참으로 어렵습니다　勸善誠難
덕스런 모습 접하기 어렵고　德容難接
법도 있는 말씀을 누구에게 들을까요　法言誰聆
저의 어리석음은 누가 충고해 주며　我愚誰砭
저의 어두움은 누가 밝혀줄까요　我昏誰明
홀로된 그림자는 짝이 없어　隻影無伴
외로이 머뭇거립니다　踽踽躕躇

고향 언덕에서 함께 늙자던	同老邱園
예전 계획은 허사로 돌아가 버렸습니다	夙計歸虛
보잘것없는 제수를 드리는 오늘	薄奠今日
만사가 그만입니다	萬事罔言
구구한 저의 아픔은	區區私痛
이보다 더욱 심합니다	又有甚焉
형은 제 어머니를	兄視我母
낳아주신 분처럼 여겼습니다	如己所出
어머니께서 호서에 계셔서	母在湖西
이별한 지 여러 해 되었지요	相離歲積
형은 어머니께서 돌아오기를 바라시더니	兄望母還
병이 도중에 더욱 심해졌습니다	病中尤劇
어머니께서는 지금 벌써 돌아오셨는데	母今已還
형은 어찌 모르시는지요	兄何不識
구원[192]의 아래에서도	九原之下
생각건대 눈을 감지 못하시리라	想未瞑目
여러 친척들이 모였건만	諸親幷會
형만은 오지 않으십니다	兄獨不來
말이나 생각이 형에 미치면	言念及之
아픔을 더욱 다스리기 어렵습니다	痛益難裁
제 슬픔을 쓰고자 하여도	欲寫我悲
글로 어찌 다할 수 있겠습니까	文豈可旣
한 잔의 술을 바치며	一觴之奠
슬픔을 고할 뿐입니다	告哀而已

192) 구원(九原) : 원래는 춘추 시대 진(晋)나라 경대부(卿大夫)의 무덤이 있던 곳인데, 뒤에 묘지로 일컬어진다.

종형 맹산공 부를 애도하는 제문[祭從兄孟山公 䘵文]

누가 하늘이 어질다고 했던가요? 하늘이 진실로 어질다면 어찌 덕 있는 우리 형이 요절하여 덕 있는 우리 중부仲父께서 자식 잃은 지극한 아픔을 가지게 하는 걸까요? 누가 우리 형이 효성스럽다고 말했습니까? 형이 진실로 효성스럽다면 머리카락 허옇게 센 양친을 버려둔 채 까마득히 생각 없이 영영 가버리고 돌아보지 않는 것입니까? 중부께서는 부여잡고 소리치며 길게 통곡하며 기절했다가 요행히도 살아났으나 정신이 가물가물합니다. 제가 눈이 있지만 어찌 차마 이를 볼 수 있으며, 제가 마음이 있지만 어찌 차마 생각할 수 있겠습니까?

아! 형은 어찌하여 이런 것을 생각지 않고 어버이 생각이 없는 듯이 한 것입니까? 우리 형은 평소 스스로 어떠하다고 여겼습니까? 증자曾子와 민자건閔子騫[193]처럼 효성스럽기로 스스로 기약하지 않았습니까? 어찌하여 스스로 평소 기약한 것이 이렇듯 두터우면서 오늘에 근심 없는 것이 이렇듯 각박하십니까? 청상靑孀이 집에 있어 금슬 좋게 함께 생을 마치지 못하고, 자녀가 집에 가득하지만 장가들고 시집가는 것을 보지 못하였습니다. 벼슬은 겨우 6품에 그치고, 나이는 반백에도 미치지 못하였으니, 어찌하여 하늘이 우리 형을 대하는 것이 이렇듯 심히 인색합니까?

아, 슬픕니다! 순수하고 질박한 바탕에 온순한 덕은 실로 타고난 성품의 자연스러움에서 말미암습니다. 어린 아이 시절부터 이미 영특한 아름다운 자질이 있다며 사람들이 모두 남다른 아이라고 지목하였습니다. 태어난 지 겨우 일곱 달에 어머니께서 돌아가시는 아픔을 만났는데, 가만히 서러워하고 남몰래 마음 아파한 것은 이미 남이 알지 못하는 가운데에서 있었습니다.

아! 한 살도 되지 않은 나이에 어머니를 잃은 슬픔을 알 수 있었던 것은 아주 기이한

193) 증자(曾子)와 민자건(閔子騫) : 둘 다 공자의 제자로서 효행으로 이름이 났다.(『三綱行實圖』「孝行」)

일이 아닙니까? 이때 이후로 등에 업고 배에 안으며 돌보아 기르고 어루만져 보살핀 은혜는 모두 중부를 힘입었습니다. 이윽고 장성하여 관례를 치르기에 이르고, 관례를 치르고 장가들기에 이르렀으니, 중부께서는 형에게 엄한 아버지와 자애로운 어머니를 겸하셨습니다. 지금 형이 죽으니 중부의 아픈 마음이 어떻겠습니까? 그러나 형께서는 그것을 모르십니다.

아, 슬픕니다! 형은 부모님께 효를 다하려 하였고, 형은 형제에게 우애 있으려 하였고, 형은 친족에게 화목하려 하였고, 형은 관직생활에서 충성을 다하려 하였고, 형은 벼슬자리에 있으면서 청렴하고 검소하려 하였습니다. 마음의 온화함과 덕의 아름다움과 지조의 견고함과 행실의 고상함은 진실로 제가 떠벌려 말하지 않더라도 모르는 사람이 없고 공경하지 않는 사람이 없었습니다. 그 중에 겉으로 드러나는 것을 말하자면, 맹주孟州[194]에 계실 때에 온 고을의 인심을 깊이 얻었습니다. 비록 당시에 강경하다고 불리는 자가 본도에 어사가 되었지만 청렴하고 검소하다고 상주上奏하여 아뢰기에 이르렀으니, 형의 행적이 그 당시에 이론異論이 없었다는 것이 분명합니다. 이러한 심덕心德과 이러한 몸가짐을 밝은 시대에 크게 베풀어보지 못하였으니 어찌 그 사람만의 불행이겠습니까? 또한 오늘날 백성들이 복이 없는 까닭입니다.

아! 우리 형이 평소 영달을 누리려고 기약하지는 않았지만, 또 입신양명하여 부모님을 드러내는 것을 평생의 소원으로 여기지 않은 적도 없었습니다. 오늘날의 내력은 단지 한 고을을 다스리는 데에 그쳤으니, 저는 형이 당연히 지하에서 눈을 감지 못하리란 것을 압니다. 형의 병은 실로 공무로 바빠 피로가 너무 쌓였던 때문이니, 이는 서쪽에서 수령을 지내는 것은 풍토가 서울과는 다를 뿐만 아니라 그 당시에 마침 명나라의 장수와 관리들에게 빈번히 출참出站[195] 하고 지대支待[196] 하는 일을 만나, 분주히 말을 타고 다니

194) 맹주(孟州) : 지금의 평안남도 맹산(孟山)을 말한다.

195) 출참(出站) : 사신·감사·빈객을 맞이하고 접대하기 위해 그들이 숙박하는 가까운 역에서 사람을 내보내어 전곡(錢穀)·역마(驛馬)를 제공하던 일이다.

는 수고로움이 하루도 없었던 적이 없기 때문입니다. 바람과 이슬에 시달리고 더위와 비를 무릅쓰니, 형이 당시에 깨닫지는 못했다 하더라도 심기心氣가 병들고, 장부臟腑가 손상을 입은 것이 그 얼마나 많았을는지 알 수 없습니다. 그러므로 맹주孟州 고을의 백성들이 형을 사랑하고 떠받든 것이 비록 저렇듯 지극하였다 하더라도 형의 죽음은 실로 맹주 때문이었던 것입니다.

아, 슬픕니다! 저의 아버지 삼형제 중에 백부伯父께서는 일찍 돌아가시고 저의 아버지와 중부仲父께서 살아 계십니다. 제 아버지는 단지 불초한 자식인 저 하나만 있고, 중부仲父께서는 어진 아드님 셋을 두셨습니다. 제 아버지는 일찍이 중부님을 부러워하지 않은 적이 없었는데 지금은 형께서 중부보다 앞서서 요절하시고, 직稷은 백부님께 출계出系[197] 하시니, 중부 슬하에는 중형仲兄 한 분만 있습니다.

아! 경자년(1600, 선조 33) 겨울에 저의 누이가 죽었고, 신축년(1601, 선조 34) 겨울에 형이 죽으니, 겨우 한 해가 지났는데 골육의 죽음이 거듭 일어났습니다. 덕을 심고 선을 쌓은 제 아버지와 중부의 집안에 불행의 변고가 해마다 있을 줄 어찌 생각이나 했겠습니까? 형의 관을 중부께서 만드시고 형의 장사를 중부께서 치르시니, 인간세상의 하늘 아래 어찌 이런 일이 있습니까?

아! 처음 돌아가시고 장사를 치르려고 하니, 중부께서 온갖 일을 맡아 하시느라 애태우고 고심하십니다. 비록 길가는 사람이 보더라도 반드시 눈물 흘리지 않을 수 없을 것입니다. 형의 효성으로도 형 스스로 알지 못하였다면 이것이 어찌 형의 불효 때문에 그렇게 된 것이겠습니까? 아마 필시 죽어가면서 죽는 줄도 모르고 돌아가신 것이 분명합니다. 길게 부르짖으며 지극히 아픈 저의 마음이 어떻겠습니까? 형은 비록 돌아가셨지만 어찌 효의 도리를 잊으시겠습니까? 어두운 저승에서 묵묵히 도우셔서 우리 중부께서 길이

---

196) 지대(支待) : 공적인 일로 지방에 나간 고관의 먹을 것과 쓸 물품을 그 지방 관아에서 바라지하던 일이다.

197) 출계(出系) : 양자로 들어가서 그 집의 대를 잇는 것을 말한다.

장수하고 질병이 없게 하신다면, 형의 효성은 이승이나 저승에서나 다름이 없다고 할 수 있을 것입니다.

아, 슬픕니다! 세월은 머무르지 않고 발인은 정해진 날이 있으니 영구靈柩를 옮기고 명정銘旌이 떠나, 형과 이로부터 영결하려 합니다. 하늘에 부르짖고 통곡하는 것이 끝이 있겠습니까? 이 하찮은 벼슬에 매여서 놓아두고 가지 못하고, 또 땅으로 들어가시는 날 상여줄을 잡고 절하면서 영결하지도 못하니, 아! 형은 저의 아픔을 아시는지요? 피눈물 쏟으며 회포를 쓰니 글자는 문장을 이루지 못합니다. 아! 형께서는 저의 아픔을 아시는지요?

만오선생문집
晩悟先生文集

제2권

만오선생문집 제2권

부록附錄

광기壙記

명나라 조선국 통훈대부通訓大夫 행 전라도 도사行全羅道都事 겸 춘추관 기주관兼春秋館記注官 정장鄭樟은 자가 직부直夫이다. 그 선조는 청주인으로 조선의 개국공신인 정당문학政堂文學 문민공文愍公 복재 선생復齋先生 휘 총摠[1]이다. 7세손인 증조할아버지 휘 응상應祥[2]은 사헌부 감찰을 지냈고, 승정원 좌승지에 추증되었다. 할아버지 휘 사중思中[3]은 세상에 나기지 않고 음덕을 쌓았으며 이조 판서에 추증되었다. 아버지 구逑[4]는 품계는 가선嘉善이고 직책은 서함西銜[5]을 받들었다. 어머니 광주光州 이씨는 권지훈련봉사權知訓練奉事 휘

---

1) 정총(鄭摠, 1358~1397) : 자는 만석(曼碩), 호는 복재(復齋), 본관은 청주, 이색(李穡)의 문인이다. 1376년(고려 우왕 2)에 생원으로 과거에 입격하였다. 조선조에 들어와 1등 개국공신으로 서원부원군(西原府院君)에 책봉되었으며, 벼슬이 정당문학(政堂文學)에 이르렀다.

2) 정응상(鄭應祥, 1476~1520) : 자는 공서(公瑞)이다. 한훤당 김굉필의 문인으로, 그의 사위가 되었다. 판관·주부·감찰·개령 현감 등을 역임했다.

3) 정사중(鄭思中, 1505~1551) : 자는 백시(伯時), 호는 명신재(明愼齋)이다. 음직(蔭職)으로 사맹(司猛)을 지냈다.

4) 정구(鄭逑, 1543~1620) : 자는 도가(道可), 호는 한강(寒岡), 시호는 문목(文穆)이다. 오건(吳健)·이황(李滉)·조식(曺植)에게 두루 배웠다. 1580년 창녕 현감으로 관직생활을 시작하였다. 1623년 이조 판서에 추증되었으며, 성주 회연서원(檜淵書院)·천곡서원(川谷書院) 등에 봉향되었다.

수樹의 딸이고, 할머니 성주星州 이씨는 처사 휘 환煥[6]의 따님이며, 증조할머니 서흥瑞興 김씨는 한훤당寒暄堂 선생 문경공文敬公 휘 굉필宏弼의 따님이다.

정장은 융경隆慶 기사년(1569, 선조 2) 6월 임오일에 태어났다.

만력萬曆 무술년(1596년, 선조 31) 가을에 그 중부仲父인 서천부원군西川府院君 휘 곤수崑壽[7]가 명나라에 사신으로 가서 나라의 억울한 사정을 풀고 돌아온 공[8]으로 임금이 특명으로 그의 자제에게 벼슬을 내리겠다고 하자, 서천부원군은 그 자식을 놔두고 조카에게 관직을 주도록 청하여 빙고 별제氷庫別提에 임명되었다.

사섬시 직장司贍寺直長·통례원 인의通禮院引儀·사헌부 감찰司憲府監察·연기 현감燕岐縣監·신녕 현감新寧縣監 등을 역임하였다.

임자년(1612, 광해 4) 가을에 문과에 급제하여 성균관 전적에 임명되었다. 충청도 도사로 전보되었다가 부임하기 전에 예조 좌랑에 임명되었다. 얼마 있지 않아 일 때문에 파직되었다가 다시 전라도 도사에 임명되었다. 임기를 다 채우지도 못하고 병으로 사직하고 고향으로 돌아온 지 겨우 반년만인 갑인년(1614, 광해 6) 10월 무신일에 죽었다. 이듬해 3월 12일 정유일에 성주 치소治所 남쪽 20리 대리大里 창평산의 판서 부군 묘소 서남쪽 감산坎山 오향午向의 터에 부장祔葬하였다.

- 뒤에 판서공의 무덤 동남쪽 건좌乾坐의 터로 이장移葬하였다. 14대 손인 기락基洛[9]이 광기壙記를

---

5) 서함(西銜) : 중추부의 관함, 정1품 아문이다. 관장하는 직무가 없고 소임이 없는 문무당상관을 소속시켜 우대하기 위한 기관이다.

6) 이환(李煥, 1482~1549) : 자는 문숙(文叔)이다. 그의 장녀가 한강 정구의 아버지인 정사중(鄭思中)에게 시집왔다. 한강이 지은 묘지(墓志)가 전한다.

7) 정곤수(鄭崑壽, 1538~1602) : 초명은 규(逵)이다. 자는 여인(汝仁), 호는 백곡(栢谷)·경음(慶陰)·조은(朝隱)이다. 곤수는 선조가 하사한 이름이다. 1576년 중시 문과에 급제하였다. 일찍이 수령을 지낼 때는 학문 진흥과 사풍(士風) 진작에 힘썼으며, 임진왜란 당시의 대명 외교에 큰 역할을 하였다.

8) 나라의 …… 공 : 명나라의 『대명회전(大明會典)』에, 태조를 이인임(李仁任)의 아들이라 한 것과 왕씨(王氏)의 네 왕을 시해했다는 등의 말은 모두 억울한 무고이므로, 새로 편찬하는 『대명회전(大明會典)』에 바로잡아 넣을 것을 청한 사실을 말한다.

고치고 후지後識를 붙였다. -

대개 서울에서 성주로 와서 거주한 지가 정장鄭樟에 이르러 이제 3대가 되었다.

창녕 조씨 평안도 도사 광익光益[10]의 딸에게 장가들어 아들 넷을 낳았다. 진남眞男은 일찍 죽고 유희惟熙·유숙惟熟·유도惟燾가 있으며, 딸은 둘인데 한 명은 일찍 죽고 한 명은 아직 시집가지 않았다.

아비가 묘지를 쓰니 아! 마음 아프구나.

---

9) 정기락(鄭基洛, 1881~1946) : 자는 처중(處中), 정구의 15대 종손이다.

10) 조광익(曺光益) : 자는 가회(可晦), 호는 취원당(聚遠堂), 본관은 창녕이다. 1564년 문과에 급제하였다. 문집에 『취원당집』이 있다.

행장行狀

부군은 휘가 장樟이고, 자가 직부直夫이며, 자호는 만오晩悟로 본관은 청주이다. 윗대에 대장군 휘 의顗[11]가 서경西京에서 죽음으로 절개를 지켜 상장군에 증직되었다. 2대가 지나 장경공章敬公 휘 해瑎[12]가 있고, 또 2대가 지나 설곡 선생雪谷先生 휘 포誧[13]가 문간공文簡公 휘 추樞[14]를 낳았다. 문간공은 문민공文愍公 휘 총摠을 낳았는데 개국공신에 책봉되었으며, 부군에게는 7대조가 된다. 대대로 학문으로 이름난 분[15]들이 있어 역사책에 그 이름이 빛난다. 목은 이색이 '서원西原의 큰 가문'이라고 칭한 것은 바로 이를 두고 한 말이다. 증조할아버지 휘 응상應祥은 승정원 좌승지에 추증되었다. 할아버지는 휘가 사중思中이고 호가 명신재明愼齋로, 세상에 나가지 않고 음덕을 쌓았으며 이조 판서에 추증되었다. 아버지 휘 구逑는 문목공文穆公으로 호는 한강寒岡이다. 한강 선생의 도덕과 문장은 백세의 사표師表가 된다. 어머니는 광주光州 이씨 권지훈련봉사 휘 수樹의 따님이시다.

부군은 융경隆慶 기사년(1569, 선조 2) 6월 임오일에 태어났다. 타고난 자질이 명민하고,

---

11) 정의(鄭顗, ?~1233) : 초명은 준유(俊儒)이며, 본관은 청주이다. 고려 중기의 무신으로 1217년(고종 4) 거란이 침입했을 때 졸병 최광수(崔光秀)가 서경에서 난을 일으키자 이를 진압하였다. 이에 섭중낭장(攝中郎將)에 특임되어 내시에 소속되었으며, 이후 장군시랑(將軍侍郎)을 거쳐 대장군에 올랐다.

12) 정해(鄭瑎, 1254~1305) : 초명은 현계(玄繼)이고, 자는 회지(晦之)이다. 문과에 급제하여 비서교감(秘書校勘), 1292년 우승지·사의대부를 거쳐 전주를 맡아 다스리면서 법을 공정히 처리하였다. 지신사·남경유수·광릉 부윤·밀직사지사를 거쳐 우상시(右常侍)가 되었다. 시호는 장경(章敬)이다.

13) 정포(鄭誧, 1309~1345) : 자는 중부(仲孚), 호는 설곡(雪谷)이다. 최해(崔瀣)의 문인으로, 이곡(李穀) 등과 사귀며 시문과 글씨에 뛰어난 재질을 보였다. 1326년(충숙왕 13) 과거에 급제하였다. 문집인 『설곡시고(雪谷詩藁)』가 있었으나 전하지 않고 이제현이 쓴 「설곡시서」와 「설곡시고서」를 통해 그의 인물됨과 재식(才識) 및 시의 품격을 짐작할 수 있다.

14) 정추(鄭樞, 1333~1382) : 자는 공권(公權), 호는 원재(圓齋)이다. 1366년 신돈(辛旽)의 죄를 탄핵하다가 동래 현령으로 좌천되었다. 1371년 신돈이 제거된 후 다시 좌간의대부·성균관 대사성을 거쳐 정당문학(政堂文學)에 임명되었다가 37세의 나이로 요절하였다.

15) 학문으로 이름난 분[文獻] : '문'은 전적(典籍)을 '헌'은 현인(賢人)을 말하는데, 여기서는 학문으로 이름난 사람이란 뜻으로 풀이하였다.

문장이 숙성夙成하였다.

만력 무술년(1538, 중종 33) 가을에 중부 서천부원군 휘 곤수가 명나라에 사신으로 가서 나라의 억울한 사정을 풀고 돌아온 공으로 인해 임금이 특명으로 그 자제에게 벼슬을 내리겠다고 하자, 서천부원군은 자기 자식을 놔두고 조카에게 벼슬을 주도록 청하니, 빙고별제에 임명되었다.

사섬시 직장·통례원 인의·사헌부 감찰과 연기 현감·신녕 현감 등을 역임하였다.

임자년(1612, 광해 4) 가을에 문과에 급제하여 성균관 전적에 임명되었다. 곧이어 충청도 도사로 전보되었으나 부임하기도 전에 예조 좌랑에 임명되었다. 얼마 있지 않아 전라도 도사에 임명되었다. 임기가 다 차기 전에 병으로 사직하고 고향으로 돌아왔다가 갑인년(1614, 광해 6) 10월 무신일에 돌아가시니, 향년이 겨우 46세였다. 원종훈原從勳으로 승정원 도승지承政院都承旨에 증직되었다. 대리 창평산 자좌子坐의 터에 장사지냈다. 당시에 문목공께서 주자朱子의 고사에 의거하여 광기壙記를 지어 간략한 세계世系와 이력을 서술하여 무덤 안에 묻었다. 그 뒤 예전 묘의 동쪽 건좌乾坐의 터로 이장을 하였다.

부군은 가학을 이어받고 동강東岡 선생의 문하에서 배우니, 문장과 품행과 도의는 동년배보다 뛰어났고, 그 당시에 재주와 명망 있는 사람 중에 친애하지 않는 이가 없었다. 낙재樂齋·석담石潭·졸재拙齋[16] 등의 여러 사람들과 가장 뜻이 맞아, 하루도 서로 떨어지지 않았다. 늘 청천서재晴川書齋에 모여 강학을 하였으니, 청천은 문목공이 도를 강론하던 곳이다. 지금 그 강록講錄을 살펴보니 문목공이 실로 부군을 허여하였다. 학문에 오로지 독실하여 아버지가 인정한 것이 대개 이와 같았다.

전라도 도사로 있을 때에 맏아들인 승의공承議公은 당시 나이 10살 남짓으로, 인쇄된

16) 낙재(樂齋)·석담(石潭)·졸재(拙齋) : 낙재는 서사원(徐思遠, 1550~1615)이니, 권1의 「낙재 서사원께 올리다[上徐樂齋思遠]」를 참조하고, 석담은 이윤우(李潤雨, 1569~1634)이니, 권1의 「이무백 윤우가 임소인 수성으로 가는 것을 전송하며[送李茂伯潤雨之任輸城]」를 참조하며, 졸재는 정추(鄭錘, 1573~1612)이니, 권1의 「정평보 추를 애도하는 만시. 4수[輓鄭平甫錘 四首]」의 주를 각각 참조할 수 있다.

책을 관아에 부탁하자 부군은 답장에서 이렇게 꾸짖었다. "내가 평생 아는 것은 '관직에 있을 때 청렴하고 삼간다[居官淸愼]'는 네 글자뿐이다. 지금 관의 힘으로 인쇄한 책을 너에게 주는 것은 결코 자손에게 모범을 끼치는 도가 아니다. 더구나 네가 책을 읽으려면 집안에 소장되어 있는 것이면 충분한데 하필 관아의 재력을 허비하겠느냐?" 그 몸가짐의 청렴하고 간결함과 자식을 가르치는 의로운 방법이 또한 이와 같았다.

평소 충효의 뜻을 간직하여, 비록 일상의 한가한 때라도 임금과 어버이께 정성스럽지 않은 적이 없었음을 지금 남긴 시를 보면 알 수 있다. 석담石潭이 수성輸城[17]으로 갈 때 부군은 "말을 충성스럽고 믿음직하게 하고 행실을 도탑고 공경하게 한다면 비록 오랑캐 땅에 가더라도 제대로 행할 수 있다.[忠信篤敬 蠻貊可行]"[18]는 글로 권면했으니 이는 벗과 사귀었던 의리이다. 「원유가遠遊歌」에서 다음과 같이 읊었다.

공명은 내 바라는 바가 아니요	功名之非所望兮
소원은 허물이 적은 것이네	乃所願則寡尤
평소 지닌 뜻 이룰 수 없어 슬프니	悲夙志之不可遂兮
뜻을 거두어들여 스스로 수양하리라	擬斂志而自修

또 다음과 같이 읊었다.

대그릇 밥과 표주박 물도 즐겁노니	簞食瓢飮之可樂兮
요순의 태평세월 노래 부르네	世唐虞之歌謳
욕심 없이 만족하여 늙는 줄도 모르겠거늘	不知老之將至兮
다시 이 밖에 무엇을 구하랴	顧外此而何求

---

17) 수성(輸城) : 함경북도 청진시 수성동 지역에 있었던 조선시대의 역참(驛站)이다.

18) 말을 …… 있다 : 『논어』 「위령공(衛靈公)」에 나오는 말이다. 원래의 문장은 "言忠信 行篤敬 雖蠻貊之邦行矣"이다.

학문하는데 마음을 두고 떠들썩하고 화려한 것을 즐거워하지 않았음을 백 년이 지났어도 생각해 볼 수 있게 한다. 덕업을 이루지 못하고 중도에 돌아가셨으니, 아! 마음 아프구나.

배위 창녕 조씨는 평안 도사 휘 광익의 따님이시다. 신미년(1571, 선조 4)에 태어나서 을미년(1655, 효종 6)에 돌아가셨으니, 향년 85세이다. 부군 묘의 오른쪽 임좌壬坐의 터에 장사지냈다. 아들은 셋인데, 맏이 유희惟熙는 단정하고 민첩하며 학문에 뜻을 두어 사람들이 모두 원대한 성취가 있으리라고 기대하였으나, 문목공의 승중상承重喪[19]을 당하여 지나치게 슬퍼하다가 요절하였다. 자식이 없어 막내아우의 아들인 창지昌址를 후사로 하였다. 둘째는 유숙惟熟으로, 선원전 참봉璿源殿參奉[20]을 지냈다. 그도 자식이 없어서 막내아우의 아들 창서昌緖를 후사로 삼았다. 막내는 유도惟燾로, 현릉 참봉顯陵參奉을 지냈다. 아들로는 창재昌載가 있고, 딸 넷은 진사인 노호盧灝와 최진웅崔震雄·김정구金鼎九·배영휘裵永徽에게 시집을 갔다. 창지昌址는 음보蔭補로 청엄도 찰방靑嚴道察訪을 지냈고, 아들은 계흠啓欽과 영릉 참봉寧陵參奉인 치흠致欽이 있다. 창서昌緖는 아들이 없어 맏형의 막내아들 이흠履欽을 후사로 삼았다. 창재昌載의 아들은 복흠復欽과 익흠益欽이 있고, 딸 둘은 류성주柳聖疇·손운발孫雲發에게 시집갔다. 현손 이하는 세대가 점차 멀어지고 자손도 많아서 다 기록하지 못한다.

7대손 위煒[21]가 삼가 기록한다.

---

19) 승중상(承重喪) : 아버지를 여읜 맏아들이 할아버지나 할머니가 돌아가셔서 당한 초상을 말한다.

20) 선원전(璿源殿)의 '璿'자가 원문에는 '濬'으로 되어 있다.

21) 정위(鄭煒, 1740~1811) : 자는 휘조(輝祖), 호는 지애(芝厓), 본관은 청주이다. 이상정(李象靖)과 최흥원(崔興遠)에게 배웠다. 1797년 온릉 참봉에 임명되었으나 얼마 안 되어 사직하고 고향으로 돌아갔다. 저서로는 『지애문집』, 편서로는 『가례휘통(家禮彙通)』이 있다.

묘갈명墓碣銘 서문 병기

이만운李萬運[22]

공의 휘는 장檣이고 자는 직부直夫이며 자호는 만오晩悟이다. 청주 정씨는 고려 상장군 휘 의顗의 후예로, 대대로 이름난 사람들이 있었다. 증조할아버지 휘 응상應祥은 사헌부 감찰을 지냈고 승정원 좌승지에 추증되었다. 할아버지 휘 사중思中은 이조 판서에 추증되었다. 아버지 휘 구逑는 문목공 한강 선생이다. 어머니는 광주光州 이씨로 권지훈련봉사權知訓練奉事를 지낸 휘 수樹의 따님이다.

공은 융경 기사년(1569, 선조 2)에 태어났다. 중부仲父 서천부원군 휘 곤수崑壽가 만력 무술년(1598, 선조 31)에 사신의 임무를 받들고 나라의 억울한 사정을 풀고 돌아온 공으로 인해, 임금이 특명으로 그의 자제에게 벼슬을 내리겠다고 하자, 서천부원군은 그 자식을 두고 공에게 음직을 주도록 청하니, 공을 빙고별제氷庫別提에 임명되었다. 사섬시 직장·통례원 인의·사헌부 감찰·연기 현감을 역임했다. 임자년(1612, 광해 4) 가을에 문과에 급제하여 성균관 전적에 임명되었다. 충청도 도사에 임명되었으나 부임하기도 전에 예조 좌랑에 임명되었다. 전라도 도사에 임명되었으나 임기가 끝나기 전에 사직하고 고향으로 돌아갔다. 갑인년(1614, 광해 6) 10월에 돌아가시니 향년 46세이다. 원종훈原從勳으로서 승정원 도승지에 추증되었다. 처음에는 대리大里 창평산蒼坪山 자좌子坐의 터에 장사지냈으며, 문목공이 광기壙記를 지었다. 뒤에 예전의 묘 동쪽 건좌乾坐의 터로 이장하였다.

공은 어려서 집안의 가르침을 이어받았고 또 동강東岡 김선생의 문하에서 배웠다. 문목공이 문하의 여러 사람들과 청천서재晴川書齋에서 강학을 하여, 청천강록晴川講錄이 있으니, 공이 실로 여기에 참여하였다. 전라도의 관아에 있을 때에 맏아들의 나이가 아직

---

22) 이만운(李萬運, 1723~1797) : 자는 중심(仲心), 본관은 함평이다. 1782년 음서(蔭敍)로 돈녕부 참봉이 되었다. 전고에 밝은 인물로 선발되어 『동국문헌비고』를 보정(補正)하라는 왕명을 받고, 새로이 칠고(七考)를 보완하여 편찬을 완료, 『증보동국문헌비고』를 완성하였다.

10살 남짓이었는데, 인쇄한 책을 부탁하자 공이 꾸짖기를, "네가 책을 읽는 데는 집에 소장되어 있는 것으로도 충분하다. 어찌하여 관을 어지럽힐 수 있느냐!"라고 하였다. 평생 충과 효에 돈독하여, 일상에서 시를 읊조릴 때에도 일찍이 임금과 어버이에게 정성을 다하지 않은 적이 없었다. 일찍이 「원유가遠遊歌」를 다음과 같이 지었다.

공명은 내 바라는 바가 아니요	功名之非所望兮
소원은 허물이 적은 것이네	乃所願則寡尤
……	……
대그릇 밥과 표주박 물도 즐겁노니	簞食瓢飮之可樂兮
요순의 태평세월 노래 부르네	世唐虞之歌謳

이 시에서 공이 마음에 간직한 바를 상상해 볼 수 있다. 배위는 창녕 조씨 평안 도사 광익光益의 따님으로, 신미년(1571, 선조 4)에 태어나서 을미년(1655, 효종 6)에 돌아가셨으니, 향년 85세였다. 부군 묘의 오른쪽 임좌壬坐의 터에 장사지냈다. 아들 유희惟熙는 승의랑을 지냈고, 유숙惟熟은 선원전 참봉을 지냈으며, 유도惟燾는 현릉 참봉을 지냈다. 딸은 노증盧增에게 시집갔다. 유희惟熙는 문목공의 승중상承重喪에 지나치게 슬퍼하다가 요절하였다. 양자 창지昌址는 청엄도 찰방을 지냈다. 유숙惟熟의 양자는 창서昌緖이다. 유도惟燾의 아들로는 창지昌址·창서昌緖·창재昌載가 있는데 창지昌址와 창서昌緖는 양자로 나갔다. 딸은 노호盧灝·진사 최진웅崔震雄·김정구金鼎九·배영휘裵永徽에게 시집갔다. 창지昌址의 아들은 계흠啓欽과 영릉 참봉寧陵參奉인 치흠致欽, 그리고 이흠履欽이 있다. 창서昌緖는 아들이 없어서 이흠履欽을 후사로 삼았다. 창재昌載의 아들로는 복흠復欽과 익흠益欽이 있고, 딸은 류성주柳聖疇·손운발孫雲發에게 시집갔다. 현손 이하는 다 기록하지 않는다. 명銘에 이렇게 말한다.

어려서는 아버지께 가르침 받고23)	鯉過庭
자라서는 스승께 나아가 배웠네24)	塾遊婺
불멸의 행적을 새겨두니	刻不磨
뒷날 사람들 사모하는 마음 일으키리라	後起慕

제문祭文

학유學諭 송원기宋遠器[25]

아! 우리 공께서는	嗚呼我公
어찌하여 돌아가셨습니까	如何不淑
누군들 한 번 죽지 않으랴만	誰無一死
저는 공을 위해 안타까워합니다	我爲公惜
장석의 집에서 태어나	生匠石門
백락의 마굿간에서 자랐습니다[26]	長伯樂廐
문학이 일찍 성취되어	文學夙成
선비[27]들이 으뜸이라 일컬었지요	衿佩稱首
월궁이 멀지 않으니	月宮匪遐
계수나무 가지를 꺾을 만했습니다[28]	丹桂可折

---

23) 어려서는 …… 받고[鯉過庭] : ‘이(鯉)’는 공자의 아들 이름이다. 이가 뜰을 가로질러 갈 때[過庭], 공자가 그를 불러 세우고 시와 예를 공부하라고 가르침을 내렸던 고사에서 나온 것이다.(『論語』「季氏」)

24) 자라서는 …… 배웠네[塾遊婺] : ‘숙(塾)’은 주자의 맏아들 이름이다. 그는 일찍이 무주(婺州) 금화(金華)에 있는 여조겸(呂祖謙)에게 나아가 공부를 배웠다.

25) 송원기(宋遠器, 1548~1615) : 자는 학무(學楙), 호는 아헌(啞軒), 본관은 야로(冶爐)이다. 1610년 문과에 급제하였다.

26) 장석의 …… 자랐습니다 : 장석(匠石)은 영(郢) 땅에 사는 도끼를 잘 다루는 사람인데, 솜씨가 뛰어난 기술자나 글 솜씨가 훌륭한 사람을 비유하며, 여기서는 한강의 자제임을 말하고 있다. 또한 백락(伯樂)은 말의 상(相)을 잘 보는 사람으로, 널리 인재를 알아보는 감식안이 있는 사람을 뜻하는 말로 쓰이는데, 여기서는 동강에게 배운 사실을 말하고 있다.

27) 선비[衿佩] : 『시경』「자금(子衿)」에 “푸르디 푸른 그대 옷깃이여, 나의 그리운 마음 그지없도다. …… 푸르디 푸른 그대의 패옥이여, 내 마음에 늘 그립구나.[靑靑子衿 悠悠我心 …… 靑靑子佩 悠悠我思]”라고 하였는데, 모전(毛傳)에 “청금은 푸른 깃이니, 학자가 입는 것이다.[靑衿 靑領也 學子之所服]”라고 하였다.

28) 월궁(月宮) …… 했습니다 : 과거에 급제하는 것을 가리킨다. 현량 대책에서 장원을 한 극선(郤詵)에게 진 무제(晉武帝)가 소감을 묻자, 극선이 “계수나무 숲의 가지 하나를 꺾고, 곤륜산의 옥돌 한 조각을 쥔 것과 같다.”고 답변하였는데, 당나라 이후로 섬궁 즉 월궁에 계수나무가 있다는 전설을 여기에 덧붙여

운수와 시대가 어긋나	數與時違
상제[29]가 잠시 삐끗하였지요	霜蹄暫蹟
이방에서 벼슬을 하였으나[30]	离方冠冕
어찌 공에게 영광이겠습니까	豈爲公榮
두 번이나 지방의 수령이 되니	兩佩銅魚
연기와 신녕이었습니다[31]	于岐于寧
한 조각 향을 강물에 던졌고	片香投江
사방 벽은 옛 그대로였습니다[32]	四壁依昔
외직으로 충청도 도사가 되어	外補湖幕
힘써 지방을 다스렸습니다	劬勞原隰
나랏일에 힘쓰다 병이 드니	馳驅成疾
급히 벼슬자리 사양하였습니다	遽謝簪笏
웃으며 맞이한 것이 얼마 되지 않았는데	笑迎無幾
돌아가신 것은 어찌 그리도 빠른 건가요	哭臨何亟
평소에 그리워하였으니	遡想平素

서, 과거 급제를 '섬궁절계(蟾宮折桂)'로 비유한다.(『晉書』「郤詵傳」)

29) 상제(霜蹄) : 상제는 천리마의 발굽이니, 준마가 날 듯 달리면 발굽이 서리처럼 희게 보이는 것을 형용한 말로, 뛰어난 인물을 뜻한다.

30) 이방(离方) …… 하니 : 이방은 남방이다. 남쪽에서 벼슬했다는 것은 전라도 도사를 역임한 것을 말하는 듯하다.

31) 두 번이나 …… 신녕이었습니다. : 동어(銅魚)는 동어부(銅魚符)의 준말로, 수령이 차는 물고기 모양의 구리 부신(符信)이니, 지방 관원을 뜻한다. '우기우녕(于岐于寧)'은 충청도 연기(燕岐)와 경상도 신녕에서 현감을 지낸 것을 말한다.

32) 한 조각 …… 그대로였습니다 : 청렴하게 살다 보니 사방의 벽에 아무것도 없었다는 말이다. 동진(東晉) 복양(濮陽) 사람인 오은지(吳隱之)는 청렴한 관리로 이름이 있었다. 광주(廣州)에서 벼슬할 때 사석(謝石)이 오은지의 아내인 유씨(劉氏)에게 침향(沈香) 한 근을 준 적이 있었는데, 광주를 떠날 무렵 아내가 침향을 지니고 있는 것을 보고는 호정(湖亭)의 물속으로 던져 버렸던 고사에서 유래한다.(『晉書』「吳隱之列傳」)

칼로 가슴을 베는 듯 합니다	刀割脑膈
공이 어렸을 때부터	自公之丱
아끼고 허물없이 지내어	是愛是狎
둘 다 나이를 잊고 사귄지가	齒筭兩忘
벌써 삼십여 년[33]이 지났습니다	已踰三紀
봄꽃이 핀 시냇가에서	春花溪上
거문고를 함께 타고	風絲共理
가을달 비치는 당 앞에서	秋月堂前
글 읽는 소리 같이 들었지요	絃歌同聽
정의는 골육과 같아	情均骨肉
누가 아우이고 누가 형이었던가요	孰弟孰兄
중간에 벼슬살이 하러 나가서는	中間宦遊
편지로 소식을 전하였습니다	片牘傳聲
귀거래[34]의 마음을	歸來語懷
겨우 서너 번 언급하였는데	纔及三四
한창의 나이에 먼저 떠나시니	壯年先逝
쇠약하고 늙은 나는 그만입니다	衰暮已矣
잔을 들자니 눈물이 떨어져	擧巵淚滴
이 술은 아마 맛이 실 것입니다	此酒應酸
바라건대 강림하셔서	庶幾降臨
저의 마음 헤아려주소서	鑑我心肝

33) 삼십여 년[三紀] : 1기(紀)는 12년이므로 36년을 말한다.

34) 귀거래[歸來語] : 진(晉)나라 처사 도연명이 지은 「귀거래사」를 말한다. 전원으로 돌아가리라는 내용으로 되어 있다.

또[又]

채몽연蔡夢硯

생각건대 공께서는	惟公
일찍부터 문장에 통달하여	早達文章
일찌감치 훌륭한 인재 되었네	夙成器宇
스승의 어진 아드님이요	師門賢胤
우리들의 경외하는 벗이라	吾黨畏友
장차 창성하여	將期將昌
그 가업 이으리라 기약하였네	以業厥家
먼 길을 막 달리기 시작하였는데	長途方騁
죽음이 어찌 왔단 말인가	大限焉加
나는 분에 넘치게도 문하에서	余叨門下
봉마[35]에 의탁하였네	蓬麻是託
은혜는 형제간과 같았고	恩猶弟兄
의리는 이택[36]이 깊었더니	義深麗澤
이제는 그만이구나	今其已矣
푸른 하늘이여 슬픔을 어찌 다할까	彼蒼曷極

---

35) 봉마(蓬麻) : '봉생마중(蓬生麻中)'의 준말로 삼대 속에 있으면 저절로 곧아지듯, 그와 사귀게 되면 자연히 바르게 되는 친구, 즉 훌륭한 벗을 말한다. 『순자(荀子)』「권학(勸學)」의 "쑥이 삼대 속에서 자라면 붙잡아 주지 않아도 곧다.[蓬生麻中 不扶而直]"라는 말에서 유래한다.

36) 이택(麗澤) : 붕우 간에 서로 도움을 주며 학문을 토론하고 덕을 닦아 나가는 것을 말한다. '이택(麗澤)'은 서로 붙어 있는 두 개의 연못이라는 뜻으로, 『주역』「태괘(兌卦)」의 "붙어 있는 못[澤]이 태(兌)이니, 군자가 보고서 붕우들과 강습한다.[麗澤兌 君子以 朋友講習]"라는 말에서 유래한다.

또[又]

이후경李厚慶[37)]

아!	嗚呼
슬프구나 내가 입설[38)]하여	惜我立雪
서른여섯 해를	三十六霜
그대와 함께 지내면서	與子相從
몇 번이나 책상을 나란히 하였나	幾多連床
정과 의리는 깊었고	情與義深
망형지교의 절시[39)] 있어	偲切形忘
그대는 나에게 어리석고 게으름 타일러 주고	戒我昏隋
나는 그대에게 단정하고 엄숙함 면려하였네	勉君整莊
안일하고 방자하면 날로 구차해지고	安肆日偸
엄숙하고 공경하면 날로 강해진다[40)]며	莊敬日彊
함께 이 말에 힘써서	共敦此語
방황에서 벗어나기를 바랐네	冀免倀倀
어찌하여 한 번 병들자	云胡一疾
갑자기 죽음에 이르렀나	奄至有喪

---

37) 이후경(李厚慶, 1558~1630) : 자는 여무(汝楙), 호는 외재(畏齋), 본관은 벽진이다. 정구의 문인으로, 1627년 정묘호란에 강화로 왕을 호종하였으며, 음성 현감을 지냈다. 병조 참의에 추증되었다.

38) 입설(立雪) : 스승의 문하에 들어간 것을 뜻한다. 송나라 유조(游酢)와 양시(楊時)가 처음 정이(程頤)를 찾아갔을 때, 마침 정이가 눈을 감고 앉아 있으므로 두 사람은 인기척을 내지 않고 서서 기다렸는데, 정이가 눈을 떴을 때는 문밖에 내린 눈이 한 자 가량이나 쌓여 있었다고 하는 고사에서 유래한다.(『宋史』「楊時列傳」)

39) 절시[偲切] : 우정을 뜻한다. "붕우간에는 간절하고 자상하게 권면하며, 형제간에는 화락하여야 한다. [朋友 切切偲偲 兄弟 怡怡]"는 말에서 유래한다.(『論語』「子路」)

40) 안일하고 …… 강해진다 : 『예기』「표기(表記)」에 나오는 말이다.

백어가 일찍 가서	伯魚早逝
먼저 죽는 아픔을 받으시더니[41]	受之先亡
옛날의 불행한 일을	古之不幸
스승께서 또 이렇게 당하였네	師門又當
어머니는 그지없는 슬픔으로	慈天罔極
아침저녁으로 슬퍼하고 애태우시네	晨夕摧傷
부딪히는 것마다 슬픔이 생겨나	觸物生悲
슬픈 눈물 눈에 가득하니	哀淚盈眶
아! 문도들은	嗟爾門徒
모두 어찌할 바를 모르네	所共遑遑
다행히 청전[42]이 있어	幸兹青氊
세 난초[43] 나란히 향기 지녔네	三蘭幷芳
맏이는 열 여섯으로	長纔二八
의로운 도리를 알아	克知義方
슬픈 얼굴로 곡을 하며	顔戚哭哀
마실 것도 먹지 않았네	絶飮水漿
집안의 가르침을 받들고 이으니	奉承庭訓
그 또한 착하지 않은가	不亦其臧
세월은 빨리도 흘러가서	日月迅速

41) 백어(伯魚)가 …… 받으시더니 : 백어는 공자의 아들 이(鯉)의 자(字)인데, 공자보다 앞서 죽었다. 여기서는 만오가 아버지인 한강 정구보다 일찍 죽었음을 말한다.

42) 청전(靑氈) : 집안 대대로 전해져오는 물건을 의미하는데, 여기서는 집안의 전통이란 뜻으로 쓰였다. 『진서(晉書)』「왕헌지열전(王獻之列傳)」에 좀도둑이 탑상(榻牀) 위에 있는 물건에 손을 대려 하자, 왕헌지가 "도둑아, 청전(靑氈)은 우리 집안에 오래도록 전해오는 물건이니, 그것만은 놓아두는 것이 좋겠다.[偸兒 靑氈我家舊物 可特置之]"라고 한 말에서 유래한다.

43) 세 난초 : 난(蘭)은 일반적으로 남의 자식을 높여 부르는 말로, 만오는 유희(惟熙)·유숙(惟熟)·유도(惟燾)의 세 아들을 두었다.

벌써 무덤을 마련하니 玄宮已裝
벗들이 모두 모여 友朋咸集
묘소에서 작별을 고하네 窀穸告襄
글을 아뢰며 영결하니 陳詞永訣
눈물이 뚝뚝 흐르네 有淚滂滂

또[又]

최항경崔恒慶

아! 영령이시여 嗚呼惟靈
어려서 가학을 배우고 早學詩禮
늦어서야 과거공부 하였네 晩事科業
십년간 힘든 관직생활 이었으나 蹭蹬十載
여러 고을에 은혜를 끼쳤네 字惠數邑
대붕이 홀연히 날개 치고 오르 듯 鵬忽摶翮
천리마가 내쳐 달릴 듯 하였네 驥將展足
얼마 되지 않아 슬픈 일 생기니 尋不悅豫
부모님께 근심 끼칠까봐 貽憂北堂
채신[44]이라고 말하더니 猶謂采薪
끝내는 고황[45]에 병 들어 竟成膏肓

---

44) 채신(采薪) : 가벼운 병을 말한다. 『맹자』「공손추하(公孫丑下)」의 "어제 왕명이 있었는데 채신의 근심이 있어서 뵈러 가지 못하였습니다.[昔者有王命 有采薪之憂 不能造朝]"라는 말에 대하여, 주자가 『집주(集注)』에서 "땔나무를 하는 근심이란 아파서 땔나무를 할 수 없다는 말이다.[采薪之憂 言病不能采薪]"라고 하였다.

45) 고황(膏肓) : 불치병을 뜻한다. 심장의 밑 부분을 이루는 왼쪽 심실에서 앞쪽으로 내민 뾰족한 끝

삶과 죽음이 갑자기 갈라지니	幽明遽隔
나의 마음 거듭 아프네	重我傷神
사람이 이 세상에 살면서	人生斯世
누군들 죽지 않으랴만	孰不隕身
죽어서도 지각이 있다면	沒而有知
응당 눈을 감지 못하리라	應不瞑目
백발의 아버지께서	鶴髮嚴親
무덤 앞에서 관을 어루만지고	撫櫬臨穴
집안의 자녀들은	家室子女
몹시 슬프게 부르짖고 통곡하네	擗踊呼哭
그대 때문에 아파하지 않는다면	非子而慟
누구를 위해 아파하랴	伊誰爲慟
오십년의 세월이	五十年光
홀연히 짧은 꿈만 같구나	焂如短夢
나는 영민하지 못한데도	惟我不敏
평소에 벗으로 지냈었지	托契平日
서로의 우정을 생각건대	顧念相好
지금을 생각하며 지난날 슬퍼하네	感今悲昔
천고에 이별하게 되니	別成千古
한 잔으로 영결하노라	一杯永訣

부분이 고(膏)이고, 심장과 격막사이가 황(肓)인데 "병이 고황(膏肓)의 사이에 들어가면 치료할 수 없다. [在肓之上 膏之下 …… 不可爲也]"는 말에서 유래한다.(『春秋左傳』「成公 10年」)

또[又]

내종형 이서李𥛚

아! 공이 이 세상에 태어난 지 46년이 되었습니다. 공의 사람됨은 하늘에 저버린 것이 없다고 할 만한데 하늘이 우리 공에게 재앙을 내리는 것이 어찌 그리도 가혹합니까? 더구나 우리 선생의 성대한 덕은 넉넉한 복이 응하여야 하건만 지금 공이 겨우 장년의 나이로 참담하게 갑자기 돌아가서 선생께서 끝없는 아픔을 지니게 하시니, 하늘은 사문斯文을 다시는 좋게 해주지 않으려는 것입니까? 아니면 보답이란 것은 시일이 오래되고 일이 결정된 뒤에 나타나는 것입니까? 만물에 목숨을 부여하는 도리를 훼손시켜 서로 어긋나게 하려는 것입니까? 아니면 천명과 운수를 부여하고도 마음대로 할 수 없게 하는 것입니까? 천도는 아득하고 이치는 실로 믿기 어렵습니다.

아! 공은 효성과 우애 있는 성품을 하늘로부터 받았고, 도탑고 화목한 진실함은 가풍을 무너뜨리지 않았습니다. 책에 대해서는 통달하지 않은 것이 없었지만 역학易學에 더욱 정밀하였습니다. 문장에도 솜씨가 있었는데 사륙변려문에 더욱 재주가 있었습니다. 일찍부터 문단에 나아가 많은 사람들 중에 으뜸이었으나 늦게 급제하게 되니, 비로소 뜻하던 바를 이루게 되었습니다. 중년에 음직으로 벼슬살이 하게 된 것은 어찌 공이 기쁘게 여겼던 것이겠습니까? 실로 어버이를 봉양하고 가난을 해결하려는 뜻에서 나온 것이었습니다. 그러나 당시와 어긋나서 역시 오래 벼슬하지 못하였으니, 명수命數가 기구한 것을 여기에서 또한 알 수 있습니다. 평소 공명을 이루리라는 뜻을 겨우 호남[46]에서 시험해 보았으나, 반년도 되지 않아 고향생각이 더욱 간절하여 사직서를 올리고는 고향으로 돌아와 집에서 어버이를 모셨습니다. 병이 한 번 나자 갑자기 이러한 지경에 이를 줄 어찌 생각이나 했겠습니까?

---

46) 호남[湖幕] : 만오의 마지막 관직은 전라도 도사였으니, 호막은 전라도 도사를 지칭하는 듯하다.

아! 공은 저와는 3살 차이가 나지만 서로 망형지교忘形之交를 맺어 네 것 내 것을 가리지 않고 지냈습니다. 종형제 간이지만, 정과 사랑을 다하여 친형제와 다름없었습니다. 사월沙月의 시냇가와 회연檜淵의 연못가에서 서로 따르고 좇으며 함께 노닐고 배웠습니다. 만년에 이르기까지 헤어져 있었던 날은 적고 만나서 지내던 때는 많았습니다. 얻고 잃음은 비록 달랐지만 과거시험 보러 갈 때에는 반드시 함께하여, 그대가 먼저 급제하고 나는 급제하지 못한 것을 모두 잊었습니다. 온 집안의 바람이 모두 공에게 쏠려 있었는데 공이 지금 멀리 가버리니, 옛사람이 이른바 "공을 위해 곡하고 나를 위해 마음 아파한다."는 것은 공을 두고 하는 말이 아니겠습니까? 아! 슬픕니다.

또[又]

생원生員 박명윤朴明胤[47]

공께서는	惟公
인대[48]의 융성한 집안	獜臺茂族
봉각[49]의 뛰어난 자손으로	鳳閣華冑
나면서 자질이 아름다웠고	生而質美
학문도 당시에 뛰어났다네	學又時懋
갓 짜낸 우유처럼 윤택하고	潤若新酥

47) 박명윤(朴明胤, 1566~?) : 자는 효숙(孝叔), 호는 사옹(槎翁), 본관은 밀양이다. 1610년 생원시에 입격하였다. 성주에 거주하였다.

48) 인대(獜臺) : '인대(獜臺)'는 기린각(麒麟閣)을 말하는 것으로, 한 선제(漢宣帝)가 기린각을 짓고 그 벽에 공신 곽광(霍光)·장안세(張安世) 등 14명의 화상을 그려 그들의 공적을 기린 데서 유래하여, 공신의 집안을 뜻한다.

49) 봉각(鳳閣) : 화려한 누각 혹은 중앙 관저의 뜻으로, 벼슬을 한 훌륭한 사람의 집을 뜻한다.

좋은 옥처럼 온화하였네	溫如良玉
들어가서는 효도하고 나와서는 공손하며	入孝出悌
행실은 반듯하고 마음은 곧았다네	行方心直
정성으로 사람을 대하고	待人以誠
믿음으로 벗과 사귀었네	交友以信
예조 좌랑의 벼슬을 하면서	筮仕郎署
일에 민첩하고 말을 삼갔네	事敏言愼
두 고을을 다스릴 때는	分憂二邑
시루에는 먼지 솥 안에 물고기 살아50)	魚釜塵甑
창고에는 사사로운 재물 없었고	庫無私貨
마구간에는 좋은 말을 두지 않았네	廐乏良乘
벼슬살이가 무엇이 영화로우랴	曲仕何榮
궁한 처지에도 슬퍼하지 않았네	阨窮不戚
임천에 돌아와 어버이 봉양하며	歸養林泉
한가로이 스스로 만족하였네	蕭然自適
이윽고 어머니 상을 당하여	俄丁內艱
효성을 극진히 하였다네	克盡孝誠
지극한 슬픔 속에서도	痛毒之暇
옛 경서를 공부하였네	披閱古經
이정에서 대책을 지어	對策螭庭
높이 섬궁을 거닐었네51)	高步蟾宮

50) 시루에는 …… 살아 : 후한(後漢) 때 은사(隱士) 범염(范冉)이 벼슬길에도 나가지 않고 워낙 청빈하게 지냈으므로, 마을 사람들이 그를 두고 노래하기를 “시루 속에 먼지가 쌓인 범사운이요, 솥 안에 물고기가 사는 범내무로다.[甑中生塵范史雲 釜中生魚范萊蕪]”라고 하였던 고사에서 유래한다.(『後漢書』「獨行列傳·范冉」)

51) 이정(螭庭)에서 …… 거닐었네 : 이궁은 용의 뜰이니 왕궁을 말하고, 섬궁(蟾宮)은 과거에 급제한 것을

서울과 지방에서 능력을 펼쳐	翺翔省府
성대하게 이름난 분이 되었네	蔚爲名公
뛰어난 자질은 제재를 받아	文獜鎖掣
멀리 남쪽 고을로 좌천되었네	萬里南州
붉은 연꽃 핀 푸른 물에서	紅蓮綠水
마음껏 넉넉히 노닐었더니	任爾優游
천명이구나 이 사람에게	命矣斯人
이러한 병이 있게 되다니[52]	而有斯疾
영혼은 어디에 있는가	英魂何處
저승[53]은 아득하기만 하네	玉京綿邈
아! 슬프구나	嗚呼哀哉
백발이 된 아버지께서	鶴髮堂上
원통한 눈물을 흘리시고	怨淚汍汍
남편 잃은 외로운 아내는	孤鸞鏡裡
쓸쓸히 홀로 남았네[54]	隻影欒欒
딸은 슬피 울부짖고	有女悲啼
아들은 피눈물을 흘리네	有子泣血
그들을 팽개쳐 돌아보지 않으니	捨之不顧

뜻한다.

52) 천명이구나 …… 되다니 : 공자의 제자인 염백우(冉伯牛)가 몹쓸 병에 걸리자, 공자가 문병을 가서 창틈으로 그의 손을 잡고는 “이런 병에 걸릴 리가 없는데, 운명인가보다. 이런 사람이 이런 병에 걸리다니.[亡之 命矣夫 斯人也而有斯疾也]”라고 하였다.(『論語』「雍也」)

53) 저승[玉京] : 도가(道家)에서 말하는 천제(天帝)가 거처하는 곳으로, 일반적으로 신선이 사는 곳을 말하는데, 여기서는 저승을 미화하였다.

54) 쓸쓸히 …… 남았네 : 짝을 잃은 슬픔에 비유한다. 범태(范泰)의 「난조시서(鸞鳥詩序)」에 의하면, 옛날 계빈국왕(罽賓國王)이 난새 한 마리를 얻고는 매우 사랑하였으나 3년 동안이나 울지 않았다. 어느 날 그에게 거울을 보여주자, 제 형체를 보고는 매우 슬피 울다가 끝내 죽고 말았다는 고사가 있다.

조물주는 왜 이렇게 하는 걸까	如何造物
이 세상에 사는 것은	人生斯世
잠시 피어오르는 물거품 같아서	焂如浮漚
목숨을 연장할 수 없고	壽不可延
운명을 맘대로 할 수 없네	命不可謀
안회가 일찍 죽고	顔回蚤死
백어가 먼저 갔다네	伯魚先逝
어지러이 나는 날파리 같은 목숨	紛紛蠛蠓
어찌 다 헤아릴 수 있으랴	何可勝計
지금 그대는 세상에서	今子於世
아주 우뚝하여	表表有儗
삼품의 벼슬에 가자加資되니	資爲三品
나이는 마흔 여덟이라네	年至四紀
살아서는 아버지께 가학을 배우고	生聞詩禮
죽어서 아버지가 관을 꾸려 주셨네	死有棺槨
세 명의 뛰어난 아들55) 있어	三珠靜秀
조상의 업을 이을 만하네	可繼可述
고금을 헤아려보아도	揆之今古
많이 볼 수 없으니	亦不多覯
살아있는 사람은 비록 슬프겠지만	在生雖慽
죽은 사람이 무슨 유감 있으랴	在死何憾
아! 슬프구나	嗚呼哀哉
나는 어린 시절에	我在幼年

55) 세 …… 아들 : 뛰어난 자식이란 뜻으로, 여기서는 유희(惟熙)·유숙(惟熟)·유도(惟燾)를 가리킨다. 한유(韓愈)의 「전중소감마군묘명(殿中少監馬君墓銘)」에 "어린 아들은 아름답고 예쁘며 조용하고 빼어나서 옥가락지나 옥귀고리와 같다.[幼子娟好靜秀 瑤環瑜珥]"라고 한 말에서 유래한다.

한강 선생님께 나아가 배웠네 摳衣庭下
그대와 서로 사이좋게 지내어 與子相好
정의가 정말 좋았지 情誼非假
살갗을 부비며 마음을 터놓아 磨肌吐肝
망형지교를 맺었었지 爾我忘形
비록 벗이긴 하였지만 名雖友朋
실은 형제와 같았다네 實同弟兄
마침 그 당시에 난리를 만나 時逢亂離
남북으로 헤어졌네 南北分飛
위수 북쪽과 장강 동쪽으로 떨어져서[56] 渭北江東
흐릿하게 꿈속에서 보았다네 夢魂依依
갑오년에 於世甲午
내가 향시에 입격하고 我忝鄉擧
서울의 과거에 가게 될 때에는 間關赴洛
외롭게도 함께 가지 못하였네 踽踽無與
듣자니 그대가 와서 머무는 곳은 聞君來住
호현방[57]에 있다고 했네 好賢坊裡
달려가서 만나게 되어 馳往省之
손을 맞잡고 기뻐하였지 握手歡喜
그래서 이웃집에 지내며 因僑隣宇

---

56) 위수 …… 떨어져서[渭北江東] : 위수(渭水)는 중국 북쪽에 위치하는 황하 최대의 지류이고, 양자강[江]은 중국 남쪽에 위치하고 있으니, 서로 멀리 떨어져 있음을 뜻한다. 두보의 시 「춘일억이백(春日憶李白)」의 "위수 북쪽엔 봄 하늘에 우뚝 선 나무, 강 동쪽엔 날 저문 구름.[渭北春天樹 江東日暮雲]"이라는 말에서 유래하였다.

57) 호현방(好賢坊) : 조선시대 초기부터 있던 한성부 남부 11방 중의 하나로, 고종 때 회현방(會賢坊)으로 명칭이 바뀌었다. 어진 사람들이 많이 모여 살았다는 데서 유래한다.

아침저녁으로 서로 만났네 朝夕相隨
우와 슬을 좋아함이 다르니[58] 竽瑟殊好
옥덩이를 안은들 무엇하리요 抱璞何爲
백우[59]의 해에 白牛之年
내가 또 서울로 갔을 때[60] 我又西笑
그대는 경사에 있으면서 君在京師
높은 벼슬자리에 있었다네 歷職顯要
나를 함께 머물게 하여 要我同舍
봄부터 여름까지 함께하였네 自春徂夏
학문을 익히는 여가에 講磨之餘
이따금 꾸짖기도 하고 時或嫚罵
농담도 건네면서 謔浪相宜
말하고 웃으며 막역하게 지냈네 言笑莫逆
가난과 영달 성공과 실패는 榮枯得失
부질없는 꿈[61]이라 여겼네 付之蕉鹿

---

58) 우와 …… 다르니 : 지닌 재주가 군왕 혹은 시대와 맞지 않음을 뜻한다. 제나라 왕이 우(竽)를 듣기를 좋아했는데, 제나라에 와서 벼슬을 구하는 사람이 슬(瑟)을 가지고 왕성(王城)의 문 앞에서 3년을 연주했으나 결국 들어갈 수 없었다. 이에 객이 꾸짖기를 "왕은 우를 좋아하는데 그대는 슬을 타니, 슬은 비록 잘 타지만 왕이 좋아하지 않음을 어떻게 하리요?[王好竽而子鼓瑟 瑟雖工 其如王不好何]"라고 하였던 고사에서 유래한다.(『古文眞寶』「答陳商書」)

59) 백우(白牛) : 정장이 1612년(광해군 4) 증광시에 급제하여 성균관 전적을 거쳐 예조 좌랑이 되었으니, 소띠 해인 백우년은 계축년(癸丑, 1613)을 의미한다. 당시 정장은 45세였다.

60) 서울로 갔을 때[西笑] : 원래는 중원(中原)의 사람이 서쪽의 장안을 향해 웃음 짓는다는 뜻인데, 여기서는 서쪽지역, 즉 서울에 있게 된 것을 말한다. 환담(桓譚)의 『신론(新論)』「거폐(祛蔽)」에 "사람들이 장안의 음악을 들으면 문을 나서면서 서쪽을 향해 웃음 짓는다.[人聞長安樂 則出門西向而笑]"라고 한 말에서 유래한다.

61) 부질없는 꿈[蕉鹿] : 정(鄭)나라 사람이 땔나무를 하러 갔다가 사슴[鹿]을 잡았는데, 남이 볼까봐 깊은 구덩이에 감춰 두고 파초 잎으로 덮어 놓고는 좋아서 어쩔 줄을 모르다가, 이윽고 그 사슴 감춰 둔 곳을 잊어버리고는 마침내 꿈이라 여겼다는 고사에서 유래한다.(『列子』「周穆王」)

뜻이 있는 자는 성취를 하니	有志者成
그대 마침내 과거에 급제하였네	子竟挐科
홍포에 상아홀을 쥐고	紅袍象笏
나에게 자주 찾아왔었지	於我頻過
잔을 잡고 서로 권하며	把盞相屬
나는 분에 넘치게 그대를 불렀지	我叨君呼
술이 있으면 걸러 마시고	有酒則醑
술이 없으면 사서 마셨네	無酒則沽
언제나 이렇게 즐기면서	長思此樂
길이 한평생 지내리라 여겼더니	永保百年
어찌 알았으랴 오늘 저녁에	那知今夕
그대 갑자기 나보다 먼저 갈 줄을	子忽我先
지는 달빛 방안에 가득한데	落月滿屋
외로운 꿈에 몹시 놀라네	孤夢偏驚
피리소리 끊어져 부질없이 목메고	斷笛空咽
슬픈 눈물은 하염없이 흐르네	哀淚如傾
이에 조촐한 제수를 갖추어	茲具菲薄
삼가 한 잔 올리면서	敬奠一酌
글로 정성스레 고하니	詞以告誠
바라건대 와서 이르소서	庶幾來格

또[又]

척종戚從 이천봉李天封

아! 영령이시여	嗚呼惟靈
명문가에서 나고 자라	生長名門
대대로 아름다운 덕을 지녔네	世德其懿

아름다운 천품을 받았고	稟受之美
빼어난 기운이 모였네	鍾氣之粹
옥 같은 재주 지니고	瓊琚之才
산호처럼 훌륭한 그릇[62] 이었네	瑚璉之器
느긋하고 너그러우니	休休裕寬
어른의 풍도가 있었네	長者風致
일찍이 아버지의 가르침을 받아	夙承庭訓
학업을 일찌감치 이루었네	學業早遂
문장은 남달리 뛰어나서	文旣拔萃
명성과 칭송이 날로 자자하였네	聲譽日肆
여러 번 초시에 입격하더니	屢捷文苑
마침내 붕새가 되었네	竟化鵬翅
청운에 오를 길이 있었고	靑雲有路
뜻과 공업功業을 시험할 만하였지	志業可試
세상살이에 험난한 산 많으니	世路多巇
지키던 것이 빌미가 되었네	所守爲祟
학이 뭇 닭에게 맡겨지니	鶴寄群鷄
누가 그 상서로움을 알리	孰知其瑞
백 리 외로운 성에서	百里孤城
두 고을을 다스렸네[63]	牛刀再施

62) 산호처럼 훌륭한 그릇 : 호련(瑚璉)은 주나라의 종묘 제사 때 곡식을 담던 그릇인데, 재능이 있는 훌륭한 사람을 비유한다. 공자의 제자 자공(子貢)이 "저는 어떠한 그릇입니까?[何器也]"라고 묻자, 공자가 "자네는 호련이다.[瑚璉也]"라고 한 말에서 유래한다.(『論語』「公冶長」)

63) 백 리 …… 다스렸네 : '백 리'는 지방을 뜻하며, '우도(牛刀)'는 지니고 있는 재주에 비해 작은 고을을 다스리게 되었다는 뜻이다. 공자의 제자 자유(子游)가 무성(武城)의 수령으로 있을 때, 조그마한 고을에서 예악의 정사를 펼치는 것을 보고는, 공자가 웃으면서 "닭을 잡는 데 어찌 소 잡는 칼을 쓰랴?[割雞焉用牛刀]"라고 했던 고사에서 가져온 것이다.(『論語』「陽貨」)

봉황이 가시에 둥지 트니[64]	鳳栖于棘
어찌 평소 뜻을 베풀 수 있으랴	詎展素志
한 번 -원문 빠짐- 막사에서[65]	一□□幕
외로운 자취 붙어사는 꼴이 되었네	孤蹤如寄
품은 재주 접고서 돌아오니	卷懷而歸
이처럼 버려졌는데	恁地所棄
하늘이 또 어찌하여	天又何爲
그대를 남겨두지 않았나	而不憖遺
세월은 머물지 않아	日月不居
벌써 좋은 묘 자리 점지하였네	已卜佳隧
겨울바람에 붉은 명정 날리고	朔風丹旐
떠오르는 해에 흰 만장 펄럭이네	旭日素幟
보는 곳마다 슬픔이 이니	觸目生悲
멀고 가까운 데 없이 모두 그러하네	遠近同異
그대 모습 자세히 생각해 보니	細想儀刑
오장이 무너져 내리는 듯하네	五內如墜
그저 부족한 제수로	聊將不腆
삼가 한 잔 올리노니	敬薦一觶
영령께서 계시거든	不亡者存
바라건대 이르시기를	庶幾格思

64) 봉황이 …… 트니 : 능력이 뛰어난 사람이 하찮은 자리에 있다는 뜻이다. 후한 때 고성 영(考城令) 왕환(王渙)은 구람(仇覽)이 덕으로 사람을 교화한다는 말을 듣고 그를 발탁하였다. 그를 보내며 말하기를 "가시나무는 난봉이 깃들 곳이 아니니, 100리의 작은 고을이 어찌 대현이 갈 길이겠는가?[枳棘非鸞鳳所棲 百里豈大賢之路]"라고 한 데서 온 말이다.(『後漢書』「循吏列傳·仇覽」)

65) 글자가 빠져서 뜻을 알 수 없으나, 내용으로 보아 호막(湖幕), 즉 전라도 도사로서의 역할을 가리키는 것이 아닌가 한다.

또[又]

평사評事[66] 이탁李濯[67]

아! 공의 성품은 순수하고 참된 데다 아버지의 가르침을 받아 몸가짐은 공손하고 사람을 대하는 것은 너그러웠습니다. 관직에 있으면서 청렴하고 집에 있을 때는 청빈하였습니다. 문장과 글 솜씨는 여가의 일로 여길 뿐이었으나 입신양명에 뜻이 있어서 과장科場을 드나들었습니다. 그 넉넉한 글재주와 굳센 필력은 한 번 싸우면 반드시 승리할 만 하였으나 늘 향시에 입격하지를 못하고 정시庭試에 합격하지 못하여, 실패 끝에 비로소 과거에 입격하였습니다. 그런데 3년이 되지 않아 아침 이슬처럼 갑자기 돌아가셔서 그 재주를 크게 펼쳐보지 못하게 되었으니, 이 어찌 조물주가 그 사이에 장난을 친 것이 아니겠습니까?

아! 예전에 이별하여 지금 벌써 3년이 되었습니다. 그대는 새로 총애를 받아 영화롭게 고향으로 돌아가는 길이고, 저는 부모님 뵙고 싶은 마음이 간절하여 관서關西로 가면서 도성문에서 악수를 하였습니다. 빨리 만나자고 약속을 했는데 계획을 짜 보기도 전에 저는 종군從軍하는 일이 있게 되고, 공은 또 호남에서 전라도 도사로 있게 되었습니다. 산해관[68]의 봄 나무와 나주羅州의 저녁구름 속에 목소리와 얼굴은 아득하여 그저 꿈에서 만나는 것에 의지할 뿐이었습니다. 지난겨울 제가 남쪽으로 돌아왔을 때 공도 부모님을 뵈러 왔기에 한 번 만나려고 했는데, 우연히 공교롭게도 어그러져 버렸습니다. 저는

66) 평사(評事) : 병마평사(兵馬評事)의 약칭이다. 평안도·함경도에만 두는 병사(兵使)의 막료이다. 군기(軍機) 및 개시(開市)에 관한 일을 맡아보는 무관의 정6품 벼슬이다.

67) 이탁(李濯, 1577~?) : 초명(初名)은 이협(李浹)이고, 자는 신지(新之), 본관은 경주이다. 1610년 문과에 급제하였다. 벼슬은 예빈시 정(禮賓侍正), 북평사(北評事) 등을 지냈다. 아헌 송원기(宋遠器)의 사위로서 사양(泗陽)에서 한강 선생을 따랐는데, 이로 인해 경상북도 칠곡군 지천면 신리 사양에서 같이 살게 되었다.

68) 산해관[榆關] : '유관'은 요동에 있었던 역참으로, 산해관의 다른 이름이다.

지금 국경으로 돌아가고 공은 또 세상을 떠났으니, 예전 서울에서의 이별이 오늘의 영원한 이별이 될 줄 어찌 알았겠습니까?

아! 슬픕니다. 아름다운 모습[69]과 준걸한 자태를 볼 수 없고, 어질고 의로운 말과 바로잡아주는 이야기를 들을 수 없게 되었습니다. 시를 짓고서 누구와 화답하며, 술이 익으면 누구와 마시겠습니까? 이러한 좋은 벗을 잃고서 외로이 혼자 남아서 하얗게 센 머리로 통곡을 하게 되니, 천지가 아득합니다. 슬픔을 머금고 한 잔을 바치오니 바라건대 조촐한 제수를 흠향하소서.

또[又][70]

배상룡裵尙龍[71]

생각건대 공은	惟公
청주의 큰 성씨이며	西原大姓
영남의 이름난 집안이네	嶺表名家
세상에 드문 품격 지니시니	曠世風調
무리 중에 재주 뛰어났네	冠群才華
선대의 자취 이어 천거[72] 받으니	踐歷明敭

69) 아름다운 모습[淸揚] : 『시경』「정풍(鄭風)·야유만초(野有蔓草)」의 “아름다운 한 사람이여, 눈과 눈썹이 예쁘기도 하도다.[有義一人 淸揚婉兮]”라는 구절에서 유래한다.

70) 이 작품은 배상룡(裵尙龍)의 『등암선생문집(藤庵先生文集)』 3권에 「제정만오장문(祭鄭晩悟樟文)」이란 제목으로 나온다.

71) 배상룡(裵尙龍, 1574~1655) : 자는 자장(子章), 호는 등암(藤庵), 본관은 성주이다. 정구와 장현광의 문인이다. 여러 차례 그의 공거문(公車文)이 뽑혔으나 아버지가 비명으로 죽자 과거에 응하지 않았으며, 임종 때 벼슬을 쓰지 말고 ‘숭정처사(崇禎處士)’라고만 쓰라 하였다고 한다.

72) 천거[明敭] : 어진 이를 등용한다는 뜻으로, 중부(仲父)인 정곤수(鄭崑壽)의 천거를 받았던 것을 말한다.

가업을 이으리라[73] 기약하였네	堂構可期
몸가짐은 청렴하고 검소하여	操履淸儉
집안의 가르침 떨어뜨리지 않았네	詩禮不墜
학문 하는데 흥을 붙였고	寓興圖籍
훌륭한 자손을 잘 길렀다네[74]	毓慶蘭舍
천도는 어찌하여 일정하지 않아서	天胡未定
어진이가 장수한다는 이치 어두워졌나	壽仁理昧
염우[75]처럼 병에 걸려	冉牛斯疾
백어[76]처럼 일찍 돌아가셨네	伯魚早死
생각건대 외로운 나는	顧茲孤苦
불쌍히 여겨주심을 입었다네	猥蒙矜閔
늘 좋은 얼굴로 대하시며	每賜顔色
거리를 두지 않으셨네	不示畦畛
꽃이 지는 회연서당과	落花淵舍
저물녘 비오는 사월 모래톱에서[77]	暮雨沙汀
술 한 잔을 서로 권하며	一杯相屬
만사를 잊었지	萬事忘情
귀의할 인연이 없어	歸依無分
끝까지 모시지 못하였네	獲侍不卒

"밝게 드러난 자를 밝히며, 미천한 사람도 천거하라.[明明揚側陋]"는 말에서 유래한다.(『書經』「堯典」)

73) 가업을 이으리라[堂構] : 아버지가 건축의 설계를 하고 아들이 터를 닦아 집을 짓는다는 것으로, 곧 가업을 계승함을 말한다. "그 아들이 즐겨 터도 닦지 않는데, 더구나 집을 짓겠는가?[厥子乃弗肯堂矧肯構]"라는 말에서 유래한다.(『書經』「大誥」)

74) 훌륭한 …… 길렀다네 : 한강이 학문으로 세상을 가르친 덕으로 자손이 잘 길러졌다는 뜻이다.

75) 염우(冉牛) : 권2 각주 52) 참조.

76) 백어(伯魚)처럼 일찍 돌아가셨네 : 백어는 공자의 아들인데 공자보다 먼저 죽었다.

77) 사월 모래톱 : 정장의 고향인 성주 사월리를 의미하며, 그의 다른 호가 사곡(沙谷)이기도 하다.

망망한 이 세상은 茫茫斯世
앞뒤가 너무도 다르니 面背殊色
어린아이 같은 순수한 마음 赤子純心
어디에서 다시 대하며 於何更接
태고적 순박한 기풍을 太古淳風
어디에서 다시 이을까 於何更襲
놀라서 하늘에 부르짖으니 驚呼溟漠
회포를 견딜 수 없네 有懷難任
한 잔으로 영결하노니 一奠永辭
공께서는 기꺼이 흠향하소서 公其屑歆

또[又]

김두金枓[78]

아! 嗚呼
우리 공께서 이런 지경에 이르다니 我公而至於斯也
공은 고장에서 公之於鄉
온화하고 즐겁게 어울렸고 與偕由由
공은 조정에서 公之於朝
너그러운 모습이셨네 有容休休
도탑고 정성스러움에서 천진함을 보았고 醇慤見天眞也

78) 김두(金枓, 1590~?) : 자는 이간(而幹), 호는 묵재(默齋), 본관은 의성이다. 1624년 생원시에 입격하고, 성주에 거주하였다.

청빈한 삶에서 안빈낙도 하심을 알았네	淸寒知安貧也
나이가 쉰도 못되었고	行年未五十矣
벼슬을 그만둔 지 몇 달 되지 않아	舍紱纔過數月矣
어찌 갑자기 이러한 지경에 이르렀나	夫何遽至於此也
백어가 일찍 죽자	伯魚蚤逝
공자께서 마음 아파 하였고	尼父悲傷
안연이 단명을 하자	子淵短命
안로가 장사를 지냈지[79]	顔路經襄
더욱 마음 아프구나	尤可慟也
더욱 마음 아프구나	尤可慟也
상여가 출발하려고 하니	柳車將發
나도 몰래 넋이 끊어지려 하네	不覺魂斷

또[又]

군수郡守 조정趙靖[80]

아! 영령이시여	嗚呼惟靈
충효는 집안에서 전해 내려오고	家傳忠孝

---

79) 안연이 …… 지냈지 : 안연(顔淵)은 공자의 제자이며, 그 아버지 안로(顔路) 또한 공자의 제자였다. 안연이 아버지인 안로보다 앞서 죽자, 안로가 장사에 관하여 공자와 주고받는 이야기가 『논어』 「선진(先進)」에 나온다.

80) 조정(趙靖, 1555~1636) : 자는 안중(安中), 호는 검간(黔澗), 본관은 풍양이다. 정구와 김성일의 제자이다. 1605년 문과에 급제한 뒤, 청도 군수·김제 군수 등을 지냈다. 이조 판서에 추증되었으며, 저서로는 『검간집』이 있다.

시서의 학문을 대대로 익혔네	世業詩書
아버지의 가르침을 받들어	奉承庭訓
일찍부터 아름다운 칭송 있었네	夙有令譽
성은을 입어 관직에 들어가	覃恩入官
일찌감치 벼슬을 이어받았네	早綴纓簪
작은 관직[81]으로 굽혀 지냈지만	棘棲雖屈
은혜를 남긴 것은 깊었다네	留惠則深
민지에서 날개깃 떨치니[82]	澠池奮翼
대붕의 길 더욱 탄탄하였네	鵬路益坦
장차 높이 날아올라	將翺將翔
평소 능력을 펼칠 줄 알았더니	謂展素蘊
어찌하여 한 번 병들자	何言一疾
갑자기 죽음에 이르렀는가	遽至不淑
푸른 노을은 밤에 들고	青霞入夜
대낮의 해 어둑해지네	白日晦色
백발이 되신 어버이께	鶴髮臨年
침식을 누가 돌볼거나	寢饍誰視
아이들은 아직 어린데	諸孩在蒙
가르치고 돌볼 사람이 없어졌네	訓掖靡倚

---

81) 작은 관직[棘棲] : 현자가 작은 관직에 몸담고 있는 것을 비유한 말이다. 후한(後漢)의 고성 영(考城令) 왕환(王渙)이 구람(仇覽)을 주부(主簿)로 임명하려다가, 그의 그릇이 워낙 큰 것을 보고서 "가시나무는 봉황이 깃들 곳이 못 된다. 100리의 조그만 지역이나 다스리는 것이 어떻게 대현이 가야 할 길이겠는가? [枳棘非鸞鳳所棲 百里豈大賢之路]"라고 탄식하고는, 한 달 치 월급을 구람의 태학(太學) 학자금으로 내준 고사에서 유래한다.(『後漢書』「循吏列傳·仇覽」)

82) 민지(澠池)에서 …… 떨치니 : '민지(澠池)'는 '민지(黽池)'로도 쓴다. 한 번 실패했다가 뒤에 다시 분발하여 성공을 거둔 것을 비유한다. "처음에는 비록 회계에서 날개를 드리웠으나, 끝내는 민지에서 날개를 떨쳤다.[垂翅回谿 奮翼黽池]"에서 온 말이다.(『東觀漢記』「馮異列傳」)

살아서는 그리도 하늘에 순응터니	存何順事
죽어서 편안하지 못하네[83]	歿吾不寧
모든 백성들이 슬퍼하는데	凡民是慽
더구나 망형지교를 맺은 나이랴	矧余忘形
나란히 도성[84]으로 갔으니	聯鑣紫陌
지난 일이 어제와 같네	往事如昨
손잡고 서당 다니며	握手黌堂
날 저물도록 토론을 하였네	敍款至昃
중도에 벼슬살이 하느라	中因遊宦
일 년이 넘도록 소식이 막히니	曠歲貽阻
경사스럽거나 슬픈 일이 있어도	弔慶憂喜
길가는 사람 보듯 하였다네	視同行路
비록 사세가 그렇게 만든 것이라 하지만	雖云勢致
마음으로는 저버린 것이 부끄러웠다네	心實慚負
오직 인편에 의지하여	惟憑便風
안부는 끊이지 않았네	問訊不廢
나는 공을 권면하여 더욱 전진하게 하고	勖公加進
공은 나를 면려하여 변함없게 하였네	勉我無替
공의 병이 위독하다는 것을 듣고	聞公疾革
처음에 안부도 여쭙지 못했는데	始未問候
속추[85]하여 달려가 곡하는 것도	束芻奔哭

---

83) 살아있을 …… 못하네 : 장재(張載)의 「서명(西銘)」에 "살아서는 내 하늘에 순응하고, 죽어서는 내 편안하리라.[存吾順事 沒吾寧也]"고 하였으니, 살아서는 하늘에 순응하였는데 죽어서 편치 못하게 된 현실을 안타까워한 것이다.

84) 도성[紫陌] : 서울 교외의 길을 말한다. 한(漢)나라 왕찬(王粲)의 「우렵부(羽獵賦)」에 "제·장·포수에 가로지른 진에서, 장안 교외따라 나란히 사냥가네.[濟漳浦而橫陣 倚紫陌而並征]"라고 하였다.

남들보다 뒤에 하였네	亦在人後
평소의 분수와 의리로	平生分義
이런 지경에 이르니 더욱 부끄럽네	到此增恧
오직 공께서 나를 아시니	惟公知我
속마음을 펼쳐보노라	敢布心腹
바라건대 저승에서 돌아오셔서	冀回冥夢
제가 바치는 글을 보소서	監我投文
한 잔 올리고 물러나니	一酌而退
이승과 저승의 분수 때문이네	幽明之分

또[又]

종형從兄 저櫧86)

아! 생각건대 그대는	嗚乎惟君
천지의 기운이 신령함을 잉태하여	二氣孕靈
우뚝하게 청주 정씨 집안에 태어났네	挺生西原
사람들은 세상에 귀양 온 용이라 여겼고	人疑謫龍
스스로는 보배로운 옥에 견주었다네	自比璵璠
일찍이 아버지의 가르침 받들었고	早承鯉庭
늦게야 벼슬에 올랐다네	晩躡天根
자유의 기량을 시험하는데	試子游器

---

85) 속추(束芻) : 현사인 상대방의 죽음을 뜻한다. 후한 때 고사(高士) 곽태(郭太)가 모친상을 당했을 때 평소 그를 존경해왔던 서치(徐穉)가 그곳에 조문을 가서는 곽태를 현사로 대접하는 뜻에서 꼴 한 묶음만 여막 앞에 두고 상주는 만나지도 않은 채 그냥 돌아갔던 데서 유래한다.

86) 정저(鄭櫧) : 백부인 정곤수의 둘째 아들이다. 와서 별좌(瓦署別坐)를 지냈다.

소 잡는 칼을 어찌 논하리[87]　牛刀寧論
사원 같은 재주를 굽히게 되니[88]　屈士元才
준마 같은 기량으로 원통함 지녔네　驥足含寃
자네가 문장을 지을 때는　君之爲文
놀란 원숭이 같이 재빨랐지　焂若驚猿
과거에 급제하였으나[89]　題名鴈塔
잊지 않겠다고 길이 맹세하였네[90]　永矢不諼
좌석에서 보배로 인정받아[91]　座席售珍
묵지에서 곤이 붕새가 되었네[92]　墨池化鯤
군왕과 나의 생각이 잘 맞아　協我宵寐
내 진언을 잘 받아들이셨네　符我卜陳

---

87) 자유의 …… 논하리 : 재주가 뛰어난 사람이 작은 고을을 다스리는 벼슬에 있음을 비유한 것으로, 공자의 제자 자유(子游)가 무성(武城)의 수령으로 있을 때, 조그마한 고을에서 예악의 정사를 펼치는 것을 보고는 "닭 잡는데 어찌 소 잡는 칼을 쓰겠는가?[割雞焉用牛刀]"라고 한 말에서 유래한다.(『論語』「陽貨」)

88) 사원(士元) …… 되니 : 사원은 삼국시대 방통(龐統)의 자로서, 훌륭한 재목이 적절한 지위에 있지 못함을 말한다. 『삼국지』「방통전(龐統傳)」에 "방사원(龐士元)은 한 고을을 다스릴 인재가 아니다. 그에게는 치중(治中)·별가(別駕)의 소임을 맡겨야만 천리마처럼 치달릴 수 있게 될 것이다.[龐士元非百里才也 使處治中別駕之任 始當展其驥足耳]"라는 말이 있다.

89) 과거에 급제하였으나 : 원문의 '안탑(雁塔)'은 '대안탑(大雁塔)'으로, 대과에 급제한 것을 말한다. 대안탑은 중국 자은사(慈恩寺) 안에 있는 7층 탑인데, 당나라 때 과거 급제자들이 여기에 이름을 써 넣었다고 한다.

90) 잊지 …… 맹세하였네 : 현자가 곤궁하게 사는 것을 뜻한다. 『시경』「위풍(衛風)·고반(考槃)」에 "은거하는 곳이 시냇가에 있으니, 큰 사람의 마음이 넉넉하도다. 홀로 자고 깨어 말하나, 길이 잊지 않기로 맹세하도다.[考槃在澗 碩人之寬 獨寐寤言 永矢不諼]"라고 하였다. 모시(毛詩) 서(序)에서 이 시를 들어 '현자로 하여금 물러나 곤궁하게 살도록 하는 장공(莊公)을 풍자한 시'라고 하였다.

91) 좌석에서 …… 인정받아 : 『예기』「유행(儒行)」에 "유자는 자신의 자리 위에 진귀한 보배를 준비해 놓고서 초빙해 주기를 기다린다.[儒有席上之珍以待聘]"라는 구절에서 유래한다.

92) 묵시에서 …… 되었네 : 묵지(墨池)는 먹물을 한데 모으도록 된 벼루 속의 오목한 곳으로, 연지(硯池)라고도 하는데, 여기서는 문단(文壇)을 뜻한다. '곤'은 『장자』「소요유(逍遙遊)」에 나오는 북명(北溟)에 사는 물고기의 이름이다. 크기는 몇 천리나 되며 변화하여 붕(鵬)이라는 새가 된다. 문장을 떨침을 말한다.

벼슬로 조상을 영화롭게 하였고	西向榮壠
고향으로 돌아와 어버이를 기쁘게 했네	南歸悅親
혹은 예조 좌랑이 되었고	或佐宗伯
혹은 성균관 전적이 되었네	或典成均
호남에서 으뜸가는 막료되니[93]	湖路元寮
모두 정밀한 간택이라 칭찬했네	咸讓精掄
벼슬자리 훌쩍 벗어던지고	青衫蟬蛻
고향에 돌아와 신음하더니	首丘沉呻
어찌 알았으랴 한 번 병들자	豈料一疾
갑자기 고인이 되어버릴 줄	遽作古人
와서 책상 위 거문고를 타니	來理牀琴
상자는 벌써 먼지가 가득하네	匣已盈塵
말술을 다시 기울이기 어려우니	斗酒難又
누구와 마실 수 있을까	誰與濡唇
아버지를 돌아보건대	椿堂回眸
누가 혼정신성[94]을 하랴	孰任昏晨
청상 셋은 슬피 부르짖고	孀三叫哀
고아 넷[95]은 마음 쓰라려 하네	孤四悲辛
사립문 있는 옛 집으로	柴門故里
초라한 수레타고 왔네	樵車轔轔

93) 혹은 …… 막료되니 : '종백(宗伯)'은 예조 판서의 딴 이름이므로 예조 판서를 보좌하는 자리는 예조 좌랑이다. 만오는 1612년 가을 문과에 급제하여 성균관 전적에 제수되었고, 충청도 도사에 제수되었으나 부임하기도 전에 예조 좌랑에 제수되었다. 또한 전라도 도사에 제수되었으나 임기가 끝나기 전에 사직하고 고향으로 돌아갔다.

94) 혼정신성[昏晨] : 혼신은 혼정신성(昏定晨省)의 줄임말로서, 날이 저물면 잠자리를 보살피고 아침이면 안부를 살피는 효성의 도리를 말한다.

95) 고아 넷 : 정장이 죽을 당시 남겨둔 아들 유희(惟熙)·유숙(惟熟)·유도(惟燾)와 어린 딸 하나를 말한다.

나는 그대와	無似於君
같은 할아버지 밑에 난 형제라네	同祖共塤
그대는 훌륭한 벗과 노니니	君追玉友
나는 훌륭한 자네에게 부끄러웠네	我愧金昆
나는 그대의 통달함을 좋아하고	我嘉君亨
그대는 내 어려움을 불쌍히 여겼네	君矜我屯
원대한 뜻[96]을 막 펴려고 할 때	鵬程載始
죽을 조짐[97]이 먼저 있었네	鷄夢早先
홀로 영원한 복을 바랐더니	獨蘄遐福
어찌하여 이렇게 되어버렸나	奚自而然
선한 이에게 복 주는 이치 어긋난들	福善理爽
어찌 하늘을 탓할까	何辜于天
그대 옥에 흠이 생긴 것을 탄식하고	嗟君玉缺
나의 기와가 온전한 것이 부끄럽네	愧我瓦全
지난해에 헤어졌으니	上歲分手
생민골[98]에서였네	谷曰生民
어찌 알았으랴 이 이별이	那期此別

96) 원대한 뜻[鵬程] : '붕정(鵬程)'은 '붕정구만리(鵬程九萬里)'의 준말로, 원대한 뜻을 품었다는 말이다. 『장자』「소요유(逍遙遊)」에 "붕새가 남쪽 바다로 날아갈 때는 물을 3천 리나 박차고, 회오리바람을 타고 9만 리나 날아오른 뒤에야 6월의 대풍을 타고 남쪽으로 날아간다.[鵬之徙於南冥也 水擊三千里 搏扶搖而上者九萬里 去以六月息者也]"라고 한 말에서 유래한다.

97) 죽을 조짐[鷄夢] : 사안이 병이 위독해지자 구슬프게 부모에게 말하기를 "예전에 환온(桓溫)이 있었을 때 제가 항상 온전하지 못할까 두려워하였는데, 홀연히 꿈에 환온의 가마를 타고 16리를 가다가 흰 닭 한 마리를 보고는 꿈을 깨었습니다. 환온의 가마를 탄 것은 그의 자리를 대신한 것이고, 16리를 간 것은 지금이 그의 자리를 대신한 지 16년째 되는 해입니다. 그리고 흰 닭은 유(酉)를 주관하는데, 지금의 태세(太歲)가 유(酉)입니다. 그러니 저의 병은 아마도 낫지 않을 듯합니다."라고 한 말에서 유래한다.(『晉書』「謝安傳」)

98) 생민골 : 현재 서울 중구 충무로 4가에 있던 마을로서, 생민동(生民洞)이라고도 하였다.

갑인년의 영원한 이별일 줄을　　永訣來寅
지난날 내가 갈 때는　　昔我往矣
북풍이 차디차더니　　北風其凉
오늘 내가 여기에 오니　　今我來斯
옛 생각이 나는구나[99]　　隣笛山陽
구름은 시름에 잠겨 처량하고　　雲愁有凄
골짜기는 슬퍼서 빛을 잃었네　　壑哀無光
이렇게 마음을 펼치노니　　抒情用申
영령께서 없지 않으실 터인데　　靈應不亡
서성거려도 만날 수 없으니　　徘徊未覯
어찌 마음만 아플 뿐이랴　　豈徒神傷
시골 안주가 비록 조촐하지만　　村肴雖薄
바라건대 한 잔 술 흠향하시게　　庶歆一觴

또[又]

척종戚從 이노당李鐇簹

공은 어린 나이에 배우기 시작하여 날로 고명高明해졌습니다. 학문이 성숙해지자 늙으신 어버이를 위하여 여러 해 동안 벼슬을 하게 되었습니다. 수령이 되어 영예롭게 양친을 봉양하니, 어버이의 즐거움이 끝이 없었습니다. 하늘의 재앙이 끝이 없어서 곧이어 모친상을 당하여 삼년상을 지내면서 몸에 한 가지 병도 없었으니 이 어찌 신명이 도운 것이

99) 옛 …… 나는구나 : 과거를 회상하는 뜻이다. 진(晉)나라 상수(向秀)가 혜강(嵇康)·여안(呂安)과 가까이 지냈는데, 뒤에 산양(山陽)을 지나다가 피리 소리를 듣고서 옛날 놀던 일을 생각하여 「사구부(思舊賦)」를 지었다는 고사에서 유래한다.(『晉書』「向秀傳」)

아니겠습니까? 임자년(1612, 광해 4) 가을에 과거에 응시하여 을과에 합격하였으니, 이는 공의 문장이 훌륭해서였고, 분수에 합당한 일이었습니다.

아! 공의 재덕才德과 문장文章과 효우孝友와 충신忠信을 다시는 나라에 베풀어 볼 수 없게 되었군요. 위에 선생이 계시는데도 돌아가실 때까지 모시지 못하였으니, 어찌 그리도 하늘은 이토록 빨리 목숨을 앗아가 버린 것입니까? 다행스럽게도 집안에 훌륭한 세 아드님이 있어 우열을 가리기 어려울 만큼 모두 뛰어나 조상의 업을 잘 이어갈 것이니, 이것으로 지하에 있는 우리 공을 위로하려 합니다. 생각건대 우리 형제가 지금 빈소에 와서 한 잔 올리며 통곡하는 것이 여러 사람보다 앞서지 못하였습니다. 비록 사세 때문이라고는 하지만 정과 예를 생각건대 형제의 의리가 또한 어디에 있겠습니까.

또[又]

현감 곽영희郭永禧100)

공께서는	惟公
집안의 효성과 우애를 물려받고	孝友家傳
나면서부터 화평하고 단아하였네	愷悌天錫
평소에 수양이 있어	持養有素
병이 없기를 바랐다네	庶幾無疾
백어가 일찍 죽으니	伯魚早卒
어진이가 장수한다는 이치 어긋났네	仁壽理爽
예전에 나는 책 상자 지고	昔我負笈

100) 곽영희(郭永禧, 1560~1619) : 자는 덕수(德修), 호는 만취당(晩翠堂), 본관은 현풍이다. 한강 정구의 문인으로, 1606년 식년시 문과에 급제한 뒤, 흥덕 현감을 지냈다.

스승께 자취를 의탁하였네[101]	托跡函丈
재종 친척이지만[102]	親則再從
형제 같은 정 나누었네	情則骨肉
난리를 만난 몇 년 동안	遘亂多年
남북으로 떨어져 있게 되니	分離南北
덕스런 그대 꿈속에서 그리면	夢想德宇
황홀하게도 얼굴을 본 듯하였네	怳若相從
앞뒤로 과거시험을 보아	先後科第
연이어 급제하게 되었네	桂影連穠
벼슬살이 이리저리 옮겨다니니	萍逢宦海
아득한 저 호남땅이었네	邈彼湖南
함께 어머니께 축수를 올리니	共壽萱堂
화락하고도 즐거웠다네	和樂且湛
그대가 고향으로 돌아오니	公歸故園
보고픈 마음 간절하였네	鬱陶思切
멀리서 온 부고를 처음 듣고는	遠訃初聞
애통함을 견딜 수 없었다네	慟不自抑
나랏일은 쉴 틈이 없었고[103]	王事靡盬
생사에는 친함이 없었네	死生莫親

101) 책 상자 …… 의탁하였네 : '부급(負笈)'이란 학문을 익히기 위해 책 상자를 지고 스승에게 나아간다는 뜻이다. 한강 정구의 제자가 된 것을 이렇게 표현하였다.

102) 재종 친척이지만 : 곽영희(郭永禧)는 아버지 곽창(郭[illegible])과 한강 정구의 숙부인 정사성(鄭思誠)의 딸 사이에서 태어났으니 정장과는 재종간이 된다. 곽영희가 1619년에 죽자 정구는 「제곽덕수영희문(祭郭德修永禧文)」을 지어 명복을 빌기도 한다.

103) 쉴 틈도 없어 : 미고(靡盬)는 나랏일을 완전무결하게 수행하는 것이니, 여기서는 공무에 바쁘다는 뜻으로 쓰였다. "어찌 돌아가고 싶은 생각이 없으랴만, 나랏일을 완전하게 처리하지 않을 수 없어, 내 마음 서글프기만 하네.[豈不懷歸 王事靡盬 我心傷悲]"라는 말에서 유래한다.(『詩經』「小雅·四牡」)

지금에야 이곳에 오니	今始來斯
두 번째 기일이 열흘 남았네	再期隔旬
부끄럽고 애도하는 마음 지극하여	慚悼兩極
슬픈 감회에 휩싸이네	悲感交纏
한 잔을 곡하며 올리니	一杯哭奠
눈물이 샘솟듯 하는구나	有淚如泉
마음이 있는 곳에는	情義所在
삶과 죽음의 간격이 없으니	無間幽明
공께서 아신다면	公其有知
저의 정성을 흠향하소서	尙歆卑誠

만장輓章

학유學諭[104] 송원기宋遠器[105]

소년 시절 재능은 선비 중 으뜸이더니	少年才氣冠群儒
만년의 고상한 풍모는 변함없기를 맹세하였네	晩節高風矢不渝
훌륭한 문장은 왕봉각[106]과 견줄 만하고	詞富可方王鳳閣
청빈함은 육용도[107]와 비교할 만하였지	淸貧堪擬陸龍圖

104) 학유(學諭) : 조선조 때 성균관의 종9품 벼슬로, 정원은 3명이다.

105) 송원기(宋遠器, 1548~1615) : 자는 학무(學懋), 호는 아헌(啞軒), 본관은 야로(冶爐)이다. 1610년 문과에 급제하였다.

106) 왕봉각(王鳳閣) : 봉각사인(鳳閣舍人)을 지낸 적 있는 왕거(王勮)를 말한다. 그는 왕발(王勃)의 형으로 강주(絳州) 용문(龍門) 출신이다. 수춘왕(壽春王) 등 다섯 왕이 봉각에 나왔는데, 유사(有司)가 책문을 싣는 것을 잊어버렸다. 모든 관료들이 벌써 와 있었는데 그제야 빠뜨린 줄 알고 재상이 실색하자, 왕거가 즉시 서리 다섯 명을 불러 각자 붓을 잡게 하고, 입으로 불러주며 나누어 쓰게 하여 한꺼번에 모두 마쳤다. 그런데 그 말의 조리가 전아하고 풍부하여 사람들이 모두 탄복했다고 한다.(『新唐書』 「王勮列傳」)

세상에 나간다고 집안 가르침 저버리랴　趨時肯負家庭訓
길을 물어 먼저 은거할 장소 찾았네　問路先尋漁釣區
아침이슬처럼 사라져 한바탕 꿈이 되니　朝露溘然成一夢
차마 소나무에 걸린 지는 달을 보랴　忍看殘月掛松樞

일찍부터 망년지교를 맺어　早托忘年契
서로 따른 지 수십 년이 되었네　相從數十霜
산비 온 후 거문고와 책 즐기고　琴書山雨後
들꽃 곁에서 시와 술 나누었네　詩酒野花傍
정의는 맑은 물처럼 깊고　情同澄水洞
마음은 저문 구름처럼 유장하네　心與暮雲長
이제 삶과 죽음으로 이별을 하니　今作幽明別
울부짖으며 눈물이 하염없이 흐르네　驚號淚萬行

또[又]

목사 민호閔頀[108]

지천명의 나이에 대략 4년이 모자라는데　四缺知天已草草
벼슬은 좌랑에서 끝나 더욱 가련하구나　位終郎署更堪憐
짧은 이불로 발 덮으려니 귀봉[109]이 필요하고　短衾掩足須歸賵

107) 육용도(陸龍圖) : 송나라 때 용도각 대제(龍圖閣待制)를 지낸 육전(陸佃, 1042~1102)을 말한다. 자는 농사(農師)이며 호는 도산(陶山)으로 월주(越州) 산음 출신이다. 그는 매우 가난했는데, 밤에 등불이 없어 달빛에 책을 읽었다.(『宋史』「陸佃列傳」)

108) 민호(閔頀, 1568~1633) : 자는 극화(克和), 본관은 여흥이다. 1605년 문과에 급제하였다. 인목대비가 서궁(西宮)에 유폐되자 서궁분승지(西宮分承旨)가 되어 홀로 대비를 시종하였다. 좌찬성에 증직되었다.

109) 귀봉(歸賵) : 상례에 쓰일 물품이란 뜻이다. 『좌전』 은공(隱公) 원년의 “천왕이 재상 훤으로 하여금

조졸한 장사 지내려니 돈 모이길 기다려야 하네	薄窆安身待集錢
과부 효성스러우니 아버지 봉양 맡겠고	誰任滫瀡孀婦孝
두 아들 훌륭하니 다행히 가업 전할 수 있겠네	幸傳肯構二兒賢
아! 내 벗이여 죽어 어찌 편안할까	沒何寧也嗟吾友
상 앞에 한 잔 술 올리니 부디 흠향하시게	倘饗床前奠漬綿

또[又]

군수 조정趙靖

예부터 알고 지낸 남창위가	舊識南昌尉
이제는 학 위에 탄 손님 되었네[110]	今爲鶴上賓
풍모는 옥구반[111]을 기울게 하였으나	風流傾玉筍
훈업은 기린각[112]에 오르지 못하였네	勳業阻麒麟
어버이께 배우던 날 즐거움 지극했는데	樂極過庭日
관에 들어가게 되니 원통함이 깊구나	寃深就木辰
하늘이 오히려 이러한 짓을 차마 하니	老天還忍此
길 가는 사람도 눈물로 수건 적시네	行路亦沾巾

혜공과 중자의 상례에 쓰일 물품을 보내오게 하였다.[天王使宰咺 來歸惠公仲子之賵]"라는 말에서 유래한다.

110) 남창위(南昌尉)가 …… 되었네 : 신선이 되었다는 말인데, 죽음을 은유한 말로, 한(漢)나라 매복(梅福)의 고사에서 유래한다. 그는 매생(梅生) 혹은 매선(梅仙)이라고도 불리며, 일찍이 남창위의 벼슬을 하였다. 왕망(王莽)이 정사를 전횡하자 처자를 버리고 떠나 구강(九江)으로 갔는데, 신선이 되었다고도 하고 오시(吳市)의 문졸(門卒)이 되었다고도 한다.(『漢書』「梅云傳」)

111) 옥구반(玉筍班) : 당나라 이종민(李宗閔)의 문생 중에는 청수(淸秀)한 자들이 많아 '옥구반'이라 불렸다고 한다.(『韻府羣玉』)

112) 기린각(麒麟閣) : 한 선제(漢宣帝)가 공신 11명의 초상화를 그려서 걸어 놓게 한 공신각의 이름이다.

또[又]

이후경李厚慶[113]

스승을 모신 자리에서 그대 만나니	函席逢吾子
문장을 짓는 이들 중 가장 나이 어렸지	綴文最小年
봄 구름 뭉게뭉게 피어나고	春雲生靄靄
새매가 너울너울 날갯짓하듯 했네	鷙鳥擧翩翩
일찌감치 천리를 달리려 하였으나[114]	早計驊騮血
늦어서야 과거에 급제하였네[115]	晩尋玉桂鮮
먼 길 막 내달리려 하였건만	長程方擬騁
중도에 홀연히 신선이 되었구나	中道忽成仙
향기로운 지초에 서리가 내리고	霜打香芝歇
빼어난 혜초는 바람에 시들었네	風凋秀蕙顚
어버이 마음은 자하[116]와 같고	慈懷同子夏
효성스런 생각 쌍련[117]을 사모하였지	孝思慕雙連
친척들은 양담처럼 곡을 하고[118]	親戚羊曇哭

113) 이후경(李厚慶, 1558~1630) : 자는 여무(汝懋), 호는 외재(畏齋), 본관은 벽진이다. 정구의 문인이며, 광해군 때 학행(學行)으로 천거 받아 세자익위사세마(世子翊衛司洗馬)에 임명되었으나 사퇴했다. 음성현감을 지냈다.

114) 일찌감치 …… 하였으나 : 화류(驊騮)는 주(周)나라 목왕(穆王)의 팔준마[八駿] 이름이며, 혈(血)은 피땀을 흘린다는 뜻인데, 고대에 서역에서 나는 준마는 땀 흘리는 것이 피 같다는데서, 준마(駿馬)를 뜻하게 되었다.

115) 과거에 …… 급제하였네 : 계수나무는 과거급제를 상징하는 말로 쓰이니, 신선한 옥계수나무를 찾는다는 것은 과거에 급제하였음을 뜻한다.

116) 자하(子夏) : 자하는 자식이 죽자 너무 마음 아파한 나머지 눈물을 너무 흘려 실명하였던 사실이 있다.

117) 쌍련(雙連) : 동이(東夷) 사람으로, 부모상을 잘 치렀다고 하는 소련(小連)과 대련(大連)을 말한다.(『論語』「微子」)

118) 친척들은 …… 하고 : 친척들이 슬퍼하였다는 말이다. 양담(羊曇)은 진(晉)나라 때 사안(謝安)의 생질로

벗들은 원헌[119]을 가련히 여겼네	心朋原憲憐
영고성쇠는 물처럼 흘러가고	榮枯逝似水
희노애락은 화살처럼 빨리 지나가네	哀樂悤如箭
선을 쌓아 넉넉한 복이 흐르고	積善流餘慶
어진 마음 드리워 먼 세대까지 전하네	垂仁遠世傳
난초는 싹이 트려 하고	蘭芽會茁茁
오이는 막 줄기가 올라가네	瓜瓞政綿綿
어느덧 석 달이 되니	冉冉居三月
까마득히 저승과 멀어졌네	冥冥隔九泉
안타깝게도 다시는 서로 볼 수 없으니	相觀嗟不復
옛날이 그리워 방울방울 눈물 흐르네	感舊涕漣漣

또[又]

장현도張顯道[120]

스승의 문하에서 학문을 익힌 지	從遊門下
지금 세월이 얼마나 되었나	今幾歲月
형처럼 아우처럼	如兄如弟

사안의 총애를 많이 받다가 그가 죽자 서주(西州)의 길을 차마 지나가지 못하였다. 어느 날 매우 취하여 부지불식간에 서주의 문에 이르자 "살아서는 화려한 집에 거처하더니, 영락하여 언덕으로 돌아갔네. [生存華屋處 零落歸山丘]"라는 시를 읊고, 통곡하며 떠나갔다고 한다.(『晉書』「謝安列傳」)

119) 원헌(原憲) : 자는 자사(子思)로 공자의 제자인데 매우 가난하였다. 여기에서는 정장이 원헌처럼 가난하여 벗들이 안타까워했다는 말이다.

120) 장현도(張顯道) : 자는 덕우(德優), 호는 월포(月浦), 본관은 인동이다. 여헌 장현광의 종제(從弟)이며, 한강 정구의 문인이다. 문학과 올바른 행실로 인망(人望)이 높았다. 이조 참판에 추증되었다.

정과 의리 모두 돈독하여	情義俱篤
만날 때마다 정겨운 얘기 나누고	每逢晤語
마음을 토로하며 가까이 지냈네[121]	吐心戞骨
영원히 좋게 지내며	永以爲好
병이 없기를 바랐더니	庶幾無疾
어찌하여 하루 저녁에	云胡一夕
하늘이 이렇듯 빨리 앗아가셨나	天奪斯速
벗들은 놀라고 마음 아파하며	親朋驚慟
길가는 이도 탄식하고 안타까워하네	道路嗟惜
공자께서 당 앞에서	宣尼堂前
백어의 죽음에 곡을 하셨지[122]	伯魚是哭
영령께서 아신다면	精靈有知
또한 눈물을 삼키리라	亦將飮泣
내가 마침 병이 있어	身適有疾
장지에 가서 곡하지 못하니	哭未臨穴
비통한 한을	悲慟之恨
이생에서 무엇으로 갚을까	此生何贖
눈물 흘리며 서툰 글을 쓰자니	泣題拙詞
늙은이 눈물 마르지 않네	老淚不渴

121) 가까이 지냈네[戞骨] : 정답게 가까이 지낸 것을 말한다. 한유의 「송궁문(送窮文)」에 “살갗을 비비고 뼈를 서로 부딪치며 가깝게 지냈다.[磨肌戞骨]”라는 표현이 나온다.

122) 공자[宣尼]께서도 …… 하셨지 : ‘선니(宣尼)’는 한(漢)나라 평제 때 포성선니공(褒成宣尼公)으로 추시(追諡)된 공자를 가리킨다. 한강 선생이 아들을 잃게 되었음을 공자가 아들 백어를 잃게 된 것에 비유하였다.

또[又]

정랑正郎 송광계宋光啓[123])

금란계[124])로 맺은 사람이 몇이나 남았나	金蘭情好幾人存
또 다시 흉보 받고 침문[125])에서 곡 하네	又復承凶哭寢門
일찍이 부친께 배우고 선조 가업[126]) 따르더니	早學鯉庭追祖武
늦게 등용문에 올라 임금 은혜 입었네	晩登龍籍荷君恩
어찌하여 좌랑 벼슬한 지 한 해도 채 못되어	如何佐幕將期歲
갑자기 고향으로 돌아갔다가 저승으로 가셨나	遽爾歸鄉向九原
늙은 학은 슬피 울고 어린 봉황 통곡하니	老鶴哀呼雛鳳慟
영령께서는 이를 원통해 하시리라	英靈於此必含冤

---

123) 송광계(宋光啓, 1566~?) : 자는 군옥(君沃), 본관은 야로(冶爐)이다. 1601년 식년시 문과에 급제하였다. 조선왕조실록 1606년 6월 4일 기사에서 형조 좌랑이 되었다는 기사와 1606년 11월 16일 '정랑 송광계(正郎宋光啓)'라는 기사로 보아, 1606년에 형조 정랑을 역임했음을 알 수 있다.

124) 금란계(金蘭契) : 돈독한 우의를 비유한 말이다. 『주역』「계사(繫辭)」에 "두 사람이 마음을 같이하니, 그 단단함이 쇠를 끊을 만하도다. 마음을 함께한 말은 그 향내가 난초와 같도다.[二人同心 其利斷金 同心之言 其臭如蘭]"라는 말에서 유래한다.

125) 침문(寢門) : 『의례(儀禮)』「사상례(士喪禮)」에 "임금이 사람으로 하여금 조문하게 하면 휘장을 걷고, 주인이 침문 밖에서 맞이하며 빈을 보고 곡하지 않는다.[君使人弔 徹帷 主人迎于寢門外 見賓不哭]"라고 하였는데, 정현(鄭玄)의 주에 "침문은 내실(內室)의 문이다.[寢門 內門也]"라고 하였다.

126) 선조의 가업[祖武] : 선조의 유적이나 사업을 말한다. 『시경』「대아(大雅)·하무(下武)」에 "선조의 도가 이렇게 밝으니, 후세에 선조의 발자취를 계승한다면[昭玆來許 繩其祖武]"이라고 하였는데, 정현(鄭玄)의 전(箋)에 "그 조상이 밟은 자취를 삼가는 것이다.[戒愼其祖考所履踐之跡]"라고 하였다.

또[又]

생원 박명윤朴明胤

옥수[127]가 사씨 집안에서 나니	玉樹挺生謝氏莊
뛰어난 풍모는 남달랐다네	英英風度異尋常
일찍부터 집안 가르침을 전수받았으나	早聞詩禮傳庭訓
늦게야 임금께 총애와 광영 입었네	晩對天人荷寵光
만리 붕정[128]에 곧장 오르리라 여겼더니	萬里鵬程期直上
하루아침의 계몽[129]이 너무도 갑작스럽네	一朝鷄夢太忽忙
평소 따라 노닐던 것을 추억해 보니	追惟平素從遊厚
나도 모르게 놀라 부르짖으며 눈물 떨구네	不覺驚號涕泗滂

---

127) 옥수(玉樹) : 훌륭한 자제를 비유하는 말이다. 동진(東晉) 사현(謝玄)의 숙부 사안(謝安)이 현의 기량을 중하게 여겨 "무엇을 원하느냐?"고 물었더니, 사현이 "지란(芝蘭)·옥수(玉樹)가 뜰에서 나듯, 사씨 집안에 훌륭한 자제가 나게 하는 것입니다."라고 한 말에서 유래한다.

128) 붕정(鵬程) : 권2 각주 96) 참조.

129) 계몽(鷄夢) : 죽음을 뜻한다. 사안이 병이 위독해지자, 구슬프게 부모에게 말하기를 "예전에 환온(桓溫)이 있었을 때 제가 항상 온전하지 못할까 두려워하였는데, 홀연히 꿈에 환온의 가마를 타고 16리를 가다가 흰 닭 한 마리를 보고는 꿈을 깨었습니다. 환온의 가마를 탄 것은 그의 자리를 대신한 것이고, 16리를 간 것은 지금이 그의 자리를 대신한 지 16년째 되는 해입니다. 그리고 흰 닭은 유(酉)를 주관하는데, 지금의 태세(太歲)가 유(酉)입니다. 그러니 저의 병은 아마도 낫지 않을 듯합니다."라고 한 말에서 유래한다.(『晉書』「謝安傳」)

또[又]

생원 이천봉李天封[130]

명이로구나 이 사람의 죽음이여	命矣斯人沒
애통하여 가슴을 도려내는 듯하네	痛惜若剜心
참되고 순박한 성품 세상에 드무니	眞淳世所稀
선을 좋아하여 벗들이 모두 공경했네	好善友共欽
부친께 배워 학문이 더욱 독실했고	鯉庭學益篤
학문에 매진하여 조예가 깊었다네	董帷造詣深
문장 솜씨 서신에 넘쳐나고	文章溢簡牘
의론은 문단에서 뛰어났네	論議擅詞林
가시나무에 봉황이 일찍이 깃들어[131]	枳棘曾栖鳳
조정[132]에는 알아주는 이 적었네	蓮幕少知音
평소의 뜻을 시험해 보지도 못하고	素志曾未試
갑자기 이수의 침범[133] 받았네	遽嬰二竪侵
내 마음 너무나 그립노니[134]	顧余情孔懷
행동을 서로 바로잡아 주었다네	動靜相規箴

---

130) 이천봉(李天封, 1567~1634) : 자는 숙발(叔發), 호는 백천(白川), 본관은 경산(京山)이다. 1601년 생원시에 입격하였다. 형 천배(天培)와 함께 정구를 사사하였다. 정묘호란 때 성주에서 의병을 일으켰고, 그 공으로 관직에 제수되었으나 나가지 않았다. 이듬해 금부도사에 제수되었다. 성주 덕암사(德巖祠)에 향사되었다.

131) 가시나무에…… 깃들어 : 재주는 뛰어난데 벼슬이 그에 걸맞지 못함을 뜻한다.

132) 조정[蓮幕] : 남제(南齊) 때 왕검(王儉)의 막부를 연화지(蓮花池)라고 일컬은 고사에서 비롯한다. 정장이 예조 좌랑의 자리에 있었기 때문에 하는 말로 보인다.(『南史』「庾杲之傳」)

133) 이수의 침범[嬰二竪侵] : 이수(二竪)란 진(晋) 경공(景公)의 꿈에 나타났다는 고(膏)와 황(肓) 사이에 숨은 두 아이로서, 고칠 수 없는 병을 뜻하는 말이다.

134) 너무 그립노니[孔懷] : 『시경』「소아(小雅)·상체(常棣)」의 "죽음과 초상의 두려운 일에 형제가 가장 그립네.[死喪之威 兄弟孔懷]"라고 한 말에서 유래한다.

봄바람에 같이 읊으며 돌아가고　春風同詠歸
가을달에 함께 흉금을 열었네　秋月共開襟
지금 하늘이 빨리 앗아가 버리니　而今天奪速
외로이 홀로 거문고 부숴 버렸네[135]　踽踽獨破琴
애통함 머금고 초만[136]을 지으니　含哀題楚挽
슬피 부르짖으며 읊지를 못하겠네　悲呼不堪吟

또[又]

급제及第 이언영李彥英[137]

성현을 즐거워하여 학문에 전념하니　典學由來樂聖賢
오랜 세월 아버지께 가르침 받았네　趨庭佳訓幾多年
청운의 기쁜 소식은 급제 전하고　青雲喜信傳天桂
바다 같이 남다른 은혜는 조정 비추었네　碧海殊恩煥幕蓮
서울에서 아버지를 곁에서 함께 모셨고[138]　洛水斑衣同侍側
번화한 객지 생활에서 더욱 서로 따랐네　京華旅食更隨肩

---

135) 거문고 부숴 버렸네[破琴] : 백아는 거문고를 잘 타고 그의 친구 종자기(鍾子期)는 거문고 소리를 잘 알아들었는데, 종자기가 죽자 백아는 자기의 거문고 소리를 알아들을 사람이 없다 하여 거문고를 부숴 버리고, 종신토록 다시는 거문고를 타지 않았다고 한다.(『列子』「湯問」)

136) 초만(楚挽) : 슬픈 만가를 뜻한다. 사장(謝莊)이 지은 「송효무선귀비뢰(宋孝武宣貴妃誄)」에 "불러 대는 스산한 만가 소리는 홰나무 끝에 부는 바람에 울리고, 불어 대는 처량한 퉁소 소리는 소나무에 얽힌 안개 속으로 퍼져 나가네.[鏘楚挽于槐風 喝邊簫于松霧]"라는 구절에서 유래한다.

137) 이언영(李彥英, 1568~1639) : 자는 군현(君顯), 호는 완정(浣亭), 본관은 벽진이다. 1603년 문과에 급제한 뒤, 성균관 직강·사헌부 장령·승정원 좌부승지를 거쳐, 밀양 목사·청주 목사·선산 부사 등을 역임하였다. 저서에 『완정문집』이 있다.

138) 아버지를 …… 모셨고 : 반의(斑衣)는 노래자(老萊子)가 나이 70에도 부모 앞에서는 색동옷을 입고 재롱을 부렸다는 고사를 두고 한 말이다.

황량[139]이 익었다고 한 것도 이제 옛날이 되어 黃粱報熟成今古
산양[140]으로 머리 돌리자니 눈물이 샘솟는 듯하네 回首山陽淚似泉

또[又]

생원 박문영朴文楧

세상에 나가 벼슬살이 하는 날에도 湖海宦遊日
전원에서 한가히 누웠던 때와 같았네 田園倦卧初
우러러 한 조각 달을 그리며 瞻思一片月
두 통의 편지를 소중히 간직했네 珍重兩封書
인생의 길고 짧음 누구와 함께 할까 脩短人何與
삶과 죽음이란 너무나 슬프구나 存亡愴有餘
쓸데없는 일로 상여줄 잡지 못하니 縻冗違執紼
슬픈 눈물 홀로 옷깃 적시네 哀淚獨沾裾

또[又]

이육李堉

어릴 적부터 따른 세월 깊어 羈丱追隨日月深

---

139) 황량(黃粱) : 인생의 영화(榮華)가 일장춘몽이라는 의미이다. 당나라의 도사 여옹(呂翁)이 기장밥을 짓는 동안, 곤궁함을 탄식하는 노생(盧生)을 위해 부귀공명을 누리는 꿈을 꾸게 해 주었던 고사로서, 한단지몽(邯鄲之夢)이라고도 한다.(「枕中記」)

140) 산양(山陽) : 죽은 벗을 그린다는 뜻이다. 진(晉)나라 때 상수(尙秀)가 친구 혜강(嵇康)이 죽은 뒤 산양에 있는 혜강의 옛 집을 지나다가 이웃 사람이 피리 부는 소리를 듣고 지난날을 추억한 고사에서 온 말이다.(『晉書』「向秀傳」)

세한의 마음[141] 간직하였네 襟期共托歲寒心
이제 거문고 줄 끊어지고 지음이 적으니 如今絃斷知音少
모래 속에서 누가 떨어진 금을 주울까[142] 沙礦誰當拾零金

또[又]

평사評事 이탁李濯

일찍이 사귀며 영원하자고 기약하니 論交曾結百年期
관중과 포숙아의 우정을 그대와 나는 알았네 管鮑朋情爾我知
기개와 절조에서 타고난 좋은 바탕 알겠으니 氣節可看天質厚
이끌어 줌은 오로지 아버지의 가르침에 힘입었네 提撕專賴戶庭資
종자기 죽은 지난날 백아는 거문고 줄을 끊었고 鍾亡昔日牙絃斷
백어 죽은 당시에 공자께서 슬퍼하셨네 鯉卒當時孔聖悲
삼 년을 멀리 떨어졌다가 생사 간에 이별하니 三歲天涯生死別
어찌 내 마음을 만사로 다 표현할 수 있으리 詎將心事盡哀辭

또[又]

여찬呂燦

형께서는 지금 어디로 가시는지 吾兄今也向何方
선한 자에게 복 주는 하늘의 뜻 알지 못하겠네 福善天公意未詳

---

141) 세한(歲寒)의 마음 : 어려운 시절이 닥쳐와도 변함이 없는 마음이나 지조를 뜻한다. 『논어』 「자한(子罕)」 편의 "날씨가 추워진 뒤에야 소나무와 잣나무가 늦게 시듦을 안다.[歲寒然後 知松柏之後彫也]"라는 말에서 유래한다.

142) 모래 …… 주울까 : 당신 같은 사람을 다시는 찾기 어렵다는 뜻이다.

관이 지하에 있으니 공자처럼 애통해 하고 有棺下泉尼父慟
광기를 돌에 쓰며 주자처럼 마음 아파했네[143] 壙文題石晦翁傷
바람 이는 듯한 시원스런 얼굴은 선루에 막히고 風生眉宇仙樓隔
물이 용솟음치는 듯한 문장은 옥부[144]에 갈무리했네 水湧詞章玉府藏
천추에 영결하니 슬픔과 한으로 눈물 흐르고 永訣千秋悲恨淚
지는 달빛에 거문고 타며 중당[145]에서 곡하네 更彈殘月哭中唐

또[又]

송시영宋時詠

기품과 바탕 아름다워 군자라 불렸고 氣質休休長者稱
어려서 집안의 가르침을 아버지께 배웠네 早年詩禮鯉庭承
붕정[146]에서 공명 세울 것을 알았고 鵬程已見功名立
원로[147]에서 사업 크게 이루리라 기약했네 鵷路將期事業弘
천리는 아득하여 어진 이 장수하지 못하고 天理冥冥仁未壽
인생은 부질없어 선한 자 보답받지 못했네 人生草草善無徵

---

143) 관이 …… 아파했네 : 한강 정구가 공자처럼 먼저 죽은 아들에 대하여 애통해 하였고, 주자처럼 아들의 광기(壙記)를 쓰며 마음 아파했다는 것을 의미한다.

144) 선루(仙樓) …… 옥부(玉府) : 선루와 옥부는 모두 신선의 누각으로, 죽음 혹은 저승을 뜻한다.

145) 중당(中唐) : 『시경』「진풍(陳風)·방유작소(防有鵲巢)」에 "사당 안의 길은 벽돌이 깔려 있고, 언덕에 맛있는 칠면조 풀이 있도다.[中唐有甓, 邛有旨鷊]"라고 하였는데, 주희의 집전(集傳)에 "사당 안의 길을 당이라고 한다.[廟中路謂之唐]"라고 하였다.

146) 붕정(鵬程) : 원대한 뜻을 말한다. 권2 각주 96) 참조.

147) 원로(鵷路) : 원로(鵷鷺)와 같은 말이다. 원추새와 백로는 나는 모습이 질서정연하므로, 조정에 정연하게 늘어선 백관을 비유하는 말로 흔히 쓰인다. 여기서는 백관이 늘어서 있는 조정, 즉 벼슬길이란 뜻으로 쓰였다.

몇 마디 해로가[148]로 신선의 길 재촉하노니　數聲薤露催仙御
상여 줄 잡은 슬픈 감회를 견딜 수 없네　執紼悲懷不自勝

또[又]

이숙李埱

대범하고 순수함은 누가 형만 할까　坦率眞醇孰似兄
매번 맑은 모습 뵈며 함께 나이를 잊었다네　每陪淸範兩忘形
희농의 세상과 멀어지니[149] 어찌 술을 사양하랴　羲農世遠寧辭酒
호해의 바람 시원하여 갓끈을 풀었네　湖海風涼便解纓
누항[150]의 영원한 기약 정다운 얘기 나눴더니　陋巷永期成穩話
신천[151]을 어찌 생각했으랴 갑자기 목이 메이네　新阡豈料遽呑聲
벗들은 오늘 끝없는 한을 지니고　親朋此日無窮恨
아버지는 자식 잃은 슬픔 견디지 못하네　不耐高堂哭喪明

---

148) 해로가[薤露] : 만사를 뜻한다. 해(薤)는 부추 종류인데, 사람의 목숨이 부추 잎에 맺힌 이슬처럼 쉽게 소멸된다는 뜻에서 온 말이다. 또한 '해로(薤露)'는 악부에 나오는 「상화곡(相和曲)」의 이름으로 고대의 만가(輓歌)이다. 초나라 송옥(宋玉)의 「대초왕문(對楚王問)」의 "양아곡, 해로곡을 노래하자, 나라 안에서 그것을 이어 창화(唱和)하는 자는 수백 명이었다.[其爲陽阿薤露 國中屬而和者 數百人]"라는 구절이 있다.

149) 희농의 …… 멀어지니 : 희농(羲農)은 복희(伏羲)와 신농(神農)으로, 모두 상고 시대의 임금인데 그 시대에는 사람들의 마음이 순후하였다고 한다.

150) 누항(陋巷) : 공자의 제자 안회(顔回)가 살았다는 누추한 거리로서, 가난하지만 안빈낙도하는 삶을 뜻하는 말로 쓰인다.

151) 신천(新阡) : 새로 만든 무덤을 말한다.

또[又]

노세후盧世厚

집안에 전하는 혁혁한 유업은 충과 효요	傳家赫業唯忠孝
성세의 뛰어난 명망 문장에 의해서이네	盛代高名自翰章
이러한 사람을 오늘에 잃게 되니	斯人今也斯亡矣
하늘의 도는 아득하여 알 길이 없네	天道茫茫不可詳

또[又]

이장립李長立

형의 순수한 자질은 실로 타고 났고	吾兄純質實由天
효도하고 충성하며 옛 현인을 사모했네	爲孝爲忠慕古賢
한 평생 높은 아취 고을 사람이 따랐고	一生高趣鄉人服
반 평생 청빈함은 사우들이 전하네	半世清貧士友傳
전라 도사 자리 올라도 마음 더욱 낮추고	位躋湖幕心逾下
예조좌랑 명성에도 뜻을 옮기지 않았네	名躡春官志不遷
훗날 삼공의 자리에 오르리라 여겼더니	謂言他日期三揖
지금 저승으로 가 버릴 줄 어찌 알았으랴	豈料如今隔九泉
문 앞의 오솔길은 푸른 풀에 묻히고	門前行徑埋青草
돌아가신 뒤 빈 서재는 흰 안개로 싸였네	身後空齋鎖白烟
정은 형제 같으면서 사제 간을 겸하였으니	情猶同氣兼師弟
무덤 앞에서 하염없이 눈물 흐르네	臨穴難堪涕泗漣

만오선생문집발晩悟先生文集跋

이 책은 내 8대조이신 만오 부군晩悟府君의 유집遺集이다. 부군께서 지난날 부친 슬하에서 가르침을 받을 때 문목공文穆公께서는 유학의 도를 가르쳐 밝히는 것을 자신의 책임으로 여기셨다. 당시의 대유大儒와 명현名賢들이 모두 선생님께 나아와 가르침을 청하자 완연히 우리나라에서 유학의 도가 부흥하니, 때맞추어 내리는 비와 같은 교화를 입었다. 대개 마음으로 기뻐하고 진심으로 따른 것이 공자 문하의 삼천 제자와 무엇이 다르겠으며, 더구나 친아들임에랴. 부군은 빼어나고 아름다운 자질로 가정의 가르침을 받으니, 어려서부터 사리분별이 있어 주선周旋하고 진퇴進退하는 사이에 가르침이 참으로 이미 행해졌다. 덕성에 훈도되고, 재주와 학문이 일찍 성취되어 실로 등림鄧林[152]의 신령스런 뿌리가 이미 유래가 있는 듯이 무리 중에서 아주 뛰어났다.

일찍이 논하건대, 아버지와 스승의 이끌어주는 힘이 없으면서 성취할 수 있는 이는 드물다. 부군은 안으로 이미 훌륭한 아버지의 가르침을 받고 밖으로 김 문정공金文貞公[153]의 문하에서 배워서, 도의道誼의 바름과 강습의 독실함과 보고 느끼는 효험이 있어 업적을 이룰 포부가 있었음을 이미 만사輓詞와 뇌문誄文에서 미루어 알 수 있다. 청천晴川에서

---

152) 등림(鄧林) : 전설에 나오는 숲으로, 훌륭한 인재가 모이는 곳을 뜻하는 말로 쓰인다. 과보(夸父)가 해를 따라 달리다가 목이 말라 죽었는데, 그때 버린 지팡이가 숲을 이뤄 등림이 되었다는 말에서 유래한다.(『山海經』「海外北經」)

153) 김 문정공(金文貞公) : 김우옹(金宇顒, 1540~1603)으로, 문정공은 그의 시호이다. 자는 숙부(肅夫), 호는 동강(東岡), 본관은 의성이다. 조식(曺植)의 문인으로, 1567년 문과에 급제하였다. 저서로는 『동강집』·『속자치통감강목』 등이 있다.

도를 강론할 때에 그 당시의 수많은 현철賢哲들과 어깨를 나란히 하며 모시고 가르침을 받았다. 의심과 문답의 정밀함과 칭찬과 장려의 은근함은 또한 공에게 실제 효과가 있었음을 강록講錄에서 상상해 볼 수 있다.

마음은 벼슬길을 달가워하지 않았으나 중부仲父이신 서천군西川君이 명나라에 변무辨誣한 공로로 조카를 관직에 천거하였다. 여러 번 미관말직에 천거되고 여러 군을 다스렸으나 화려한 것을 즐거워하지 않고, 공명功名을 바라지 않았으니, 「원유가遠遊歌」154)에서 평소의 뜻을 알 수 있다. 학문의 도에 있어 문학은 여벌의 일이었으나 문장은 유창하고 기발하며 논변은 정직하고 명쾌하였으니, 세상을 경영할 만한 재주는 「등제책登第策」에서 알 수 있다. 시는 뜻을 말한 것인데, 모두 평범하고 담박하며 전아하였다. 게다가 충성스럽고 안타까워하는 마음은 정성을 다하여 군친君親을 잊지 않았고, 멀리 강호江湖에 있을 때에는 부모를 그리는 생각과 스승에게 의지하기를 바란 마음이 간절하였으니, 그 성대함이 시율詩律 속에 드러났음을 알 수 있다. 이로 미루어 볼 때 효성과 충성을 다하는 도와, 진덕수업進德修業의 공부가 반드시 평소 가슴 속에 쌓아둔 것에 서운함이 없었다. 하지만 애통하게도 하늘이 나이를 더 주지 않아 중도에 돌아가셨으니, 주자朱子가 등남부滕南夫에 대하여 탄식155)을 하였던 것도 이와 같은 류이다.

지금 세대가 점차 멀어져 부군이 남긴 자취가 점차 멀어지니, 추모하고 그리워하는 마음이 어찌 없을 수 있겠는가? 더구나 생각건대 책 상자에 넣어두었던 유고가 흩어지고 없어져 얼마 남지 않았으니 후손으로서 안타까움을 견딜 수 없다. 게다가 선대 이후로 몇 번이나 판각하려고 하였지만 끝내 이루지 못하였으니, 실로 300년 동안이나 이루지 못하였던 일이다. 지금 종중의 논의가 한데 모아져 원본과 부록을 합하여 한 권의 책으로

---

154) 원유가(遠遊歌) : 「원유곡(遠遊曲)」을 말한다. 『만오선생문집』 권1의 처음에 나오는 시로서, 부귀공명을 바라지 않고 고향으로 돌아가 학문하고 수양하려는 뜻을 읊고 있다.

155) 주자가 …… 탄식 : 주자가 지은 「발등남부계당집(跋滕南夫溪堂集)」에 의하면, 무원(婺源) 사람으로, 재능이 뛰어났으나 단명을 하였던 사람이다.

만들어 출간에 붙이게 되었다.

을축년(1925) 가을 8월에 후손 은석恩錫은 삼가 기록한다.

우리 만오 부군은 만력 갑인년(1614, 광해 6)에 돌아가셨으니, 그 때는 위로 문목공文穆公이 중풍을 앓으시고, 아래로 승의랑공承議郎公[156]이 겨우 15세로 아직 관례를 치르지 않았다. 또 마침 이 해에 노곡盧谷의 화재를 당하게 되니 부군의 남긴 글이 사라져 보존되지 못한 것이 마땅하지 않겠는가? 그러나 대대로 내려오면서 마음을 써서 거의 사라진 속에서 남은 일부분과 여러 사람들의 문집 속에서 얻은 대로 기록을 하여 겨우 한 권 분량이 되었다.

완곡하고 전아하게 속마음을 토로하여 시로 뜻을 표현하였고, 넓고 크게 글을 써서 시대를 구원하고 임금을 바로잡을 대책을 아뢰었다. 잠箴·발跋·서書·제문祭文과 잡저雜著 등의 글은 모두 증상에 따라 약을 처방하듯 사체事體에 분명하고 용도에 적합한 요체이니, 부군이 마음속에 간직하고 있던 것을 상상해 볼 수 있다.

아! 세상 사람들은 부군이 문목공의 자식인 줄은 알지만 부군이 부군인 줄을 알지 못한다. 그렇다면 부군에 대하여 놓쳐버린 점이 있지 않겠는가? 을축년(1925) 8월 15일 선조의 사당에 일이 있었을 때 어떤 이가 일어나 말하기를, "세상이 피폐하여졌구나! 우리 만오공이 남기신 책을 벌레 먹게 하고야 말겠는가?"라고 하였다. 이에 재물을 모아 판각을 맡기게 되니 실로 선조의 뜻을 실현하는 바탕이 된다.

14대손 기락基洛은 삼가 기록한다.

---

156) 승의랑공(承議郎公) : 만오의 맏아들인 정유희(鄭惟熙)를 말한다. 문목공 정구의 상을 당하여 지나치게 슬퍼하다가 문목공이 사망한 그 해에 병들어 죽었다.

만오선생문집
晩悟先生文集

색인

색 인

가나다 순

(ㄱ)

(ㄴ)

(ㄷ)

(ㄹ)

(ㅁ)

(ㅂ)

(ㅅ)

(ㅇ)

(ㅎ)

만오선생문집
晩悟先生文集

영인

目次

晩悟先生文集 卷一

詩

雜著

跋

箴

祭文

晩悟先生文集 卷二

附錄

晩悟先生文集目錄

卷之一

詩

晩悟先生文集目錄 一

晩悟先生文集目錄 二

策

箋

敎書

書

晩悟先生文集目錄 五

晩悟先生文集目錄 六

晩悟先生文集目錄終

晩悟先生文集卷之一

詩

遠遊曲 留玉果時

閔余生之多艱兮聊暇日以遠遊功名之非所望兮乃所願則寡尤荏苒歲月之不吾與兮倏冬夏與春秋悲夙志之不可以得遂兮擬斂志而自修想桑梓之故鄉兮有某水與某邱思歸去而終老兮任物外之優游黜陟是非之不聞兮復何羡乎公侯紛左圖而右書兮山後峙而水前流簞食瓢飮之亦樂兮世唐虞之歌謳囂囂然不知老之將至兮顧外此而何求念不佞之此來兮奄一紀之已周要不得罪於州郡兮恆蚤夜之懷憂何故舊之不足恃兮乃吹毛而索疵果孤蹤之無與兮心悠悠而不自由知此身之不可以有爲兮逝將從事於田疇

登第有感

困頓來時客欣榮去路人 聖恩如許大涓滴答無因

述懷

平生四海志不欲鬢繁華風塵爲客久何處是吾家

題書版

壯志初題柱衰年萬事休窮廬空有恨殘雪滿吾頭

題壬子榜目

同年三十有三人紅紙題名雨露均立朝他日忠邪別誰是無慚 聖主臣

甲寅以湖南亞使留長興府

一春將盡日千里未歸人思親久不寐孤燭更無鄰

快勝軒夜坐二首

驅馳千里路迢遞心事天涯有孰知半夜空軒明燭坐悠悠懷抱不堪支

中宵起坐意無他戀 闕思親孰有加千里一身惟悴盡愚衷報國更如何

長興旅舍追感

扶病驅馳已半年此生湖外豈無緣幸逢先祖曾遊地滿目雲山摠似牽

康津縣衙題二首

細雨孤燈有所思心懷報國更無私驅馳千里身長苦多病孤臣去益遲

平日親朋笑我癡薄官今日始相知只緣 王事未歸去千里孤臣各有羈

客懷

八

去歲之冬離帝闕又聞親舊更無存天涯千里添新
恨對竹看山孰與論

興德縣有懷

驅馳千里路悠悠心事天涯不有求只緣老病難酬
主今日寒軒又淹留

興德縣與縣監郭戚兄德修永禧同話

千里天涯遇弟兄功名今日勝公卿只慚才劣長爲
客江柳山花揔惱情

興德次李訥翁韻

長路悠悠山與溪何須行色問東西天涯客怳添酸

苦夢裡功名日益迷

夜吟

耿耿長宵明燭坐天涯一客獨無眠重來此地含杯
笑始識人間揔有緣

扶安曉吟

一燭悠悠達夜明達人空抱未歸情千里五雲長入
夢孤忠耿耿又鷄鳴

谷城送房大順

吾爲房君贈佗年幸相思悠悠無盡意臨路折楊枝

追次洛江韻

仙帆縱所之李郭知非遠江心日欲沈氣像紛千萬

夢見先慈覺後有感

先慈夢拜極分明旣覺難堪永慕情人子至懷人莫
識杜鵑何事又悲鳴

遣懷

此身何事此天涯百感悠悠有孰知夜半開牕良久
坐不堪旅恨强吟詩

潭陽夜坐

天涯薄宦苦無歡心事中宵不自寬憔悴此身歸未
得夢魂何夜不鄕關

谷城縣別縣監趙弘璧正字金仲虛

追憶當年對說時豈知今日有分離落落此恨無由
盡何處相思卜後期

謝昌平倅權信中贈扇子

一年鞍馬任驅馳無益於公不補私多謝故人行有
贐卻愁攜手更臨岐

昌平呈辭狀有感

如何初計竟蹉跎好事無多惡事多不佞自知難用
世空軒終日獨吟哦

禧陵與祀廳偶題

九

奉職何須問汚隆盡心承事卽爲忠微臣猥典 禧
陵祀如在當年 聖化中

次盧重任脊盆梅韻十絶

物外孤査案上移主人從此托心知雪夜淸香嗅更
好幽懷偏覺靜中宜
玉色奇花吉士移靜中眞趣有誰知傍人莫說生涯
少亦有庭心菊弟宜
主人何事此梅移物外高標我卽知人得梅時梅遇
主淡姿淸韻兩相宜
寒梅遙自外郊移歲暮襟期寄晩知何必有朋來後

說主人深契此相宜
主人心不與時移晩遇梅兄深結知金葩玉色渾相
映最到無風月下宜
委棄荒郊歲幾移盆中今日遇君知奇姿莫道無人
識寒蕚淸香雪後宜
我愛梅兄節不移高姿從古少人知如今見子盆中
植奇士奇花一樣宜
梅在深山志不移子居空巷世無知一夕相逢眞有
數歲寒心事案邊宜
梅兄何日此盆移千載重逢和靖知兼主當前添竹

弟淸香貞節渾相宜
無心寒蕚有心移我友胷襟此可知傍人莫把凡花
視滿鼻淸香近盆宜

訪李戚兄士正楷不遇

跋涉泥程走馬來只要兄弟好懷開賴有書帷賢子
弟慇懃勸我數三杯

偶題

世間人欲苦難量百世何能稱爾情若使千年方得
死千年閱了又求生

思鄕

家山追想歲初離寧有吾親不憶時天涯千里經旬
病况復湖鄕少舊知

贈黃長水秀奎

憂患之中心不樂相逢此夕興無窮一杯相屬情何
盡日暮蓮池意更憧

次李戚姪見甫命龍

水水山山萬里程老而忘恥愧今行多君此夕勤相
訪豈啻從前叔姪名

悶旱

民生休戚總由天今日何爲旱我田 聖主桑林禱

有禱從玆誰復歎無年

贈元警鳴

余於時路少相知每遇同心有別離浮世功名君莫說非非是是任其爲

蒸鷄一器奉贈趙可畦 翊 謫所

兄承　恩譴謫公城獘境相連半日程相思不見無相贈一器翰音表寸情

喜可畦書至二絶

官居寥落似僧廬驚坼多情數字書咫尺地三旬思不見短鞭何日著公餘

謫居遙想勝官居閉戶看文興孰如朱墨叢中頭角沒邇來全廢古人書

贈可畦四首

踈拙難堪世路知憑君聊與托襟期相逢不覺心先醉詩酒如今又犯譏

孤踪湖外少相知彼此何時有好期相思雨裏偏多感況復殘生困衆譏

迂儒心事有誰知身外功名本不期擬赴故山魚鳥約從玆高免世間譏

早隨黔澗結心知此地逢君豈所期　聖主洪恩能識未恐妨塵網自多譏

以頒　赦差員向左道戲贈可畦二首

難將斗酒破愁城孤夢長飛錦水程慇懃卽寫相思字脈脈應同彼此情

夜月明同壬戌秋遊人何減舊風流無端忽憶長沙客不耐相思萬斛愁

次崔德久 恒慶 韻

我慵君不棄君義我偏欽兄弟綢繆意友朋鄭重心天寒風力勁情極酒杯深山水平生契端宜處處尋

送李茂伯 澗 雨之任輸城 幷序

行者必以贐吾於茂伯之別將何以爲贐耶無財不可以爲禮敢不以言爲贐乎吾嘗聞諸夫子之言曰言忠信行篤敬雖蠻貊之邦行矣況子之去也非蠻貊之邦乎何土非王土何職非王職日月所照雨露所霑　聖主洪恩何處不到勿以遠近而貳之罔以高卑而間之益懋乃職圖報　上恩此非茂伯之友之所期於茂伯者乎忠信篤敬茂伯之能事吾不爲茂伯再告焉而朋友濶別之情其何以自禦耶邈彼關河離懷黯黯聊將一詩以道之

二

我送故人去輸城天一涯才宜扶社稷職是禦魍魎
謫宦何須恨榮還會有時臨風惆悵意非爲惜分離

次後凋韻三首

晩境悲霜髮山腰入數楹相尋無俗駕閒聽有禽聲
詩酒消長日琴歌過此生莫言浮世事吾不慕功名
功名最不好危處在青雲奔走恒慚我優遊每羡君
風流寧有極松竹自無分如此生涯足何須第一勳
我是塵中物衰年白髮添高人山裡在　聖恩嶺外
霑烟雲長依伴詩酒日相兼賤迹今來過一杯倒暮
簷

贈可畦二首

南來已一歲此地似吾鄕憔悴三冬恨凄京五斗糧
斷交辭末俗長病坐深房隔水頻傳信誰能此義當
商山曾故土錦水又今鄕冷落無知己凄京孰繼糧
孤村千里迹明月五更房淸恨其何許難將斗酒當

病中偶題

一病嗟何久情懷詎自聊缺經二夜呻楚達三朝問
疾門無客尋林鳥有巢擁衾渾不語扶杖暫逍遙

畱潭州

衰老從王事年年作遠遊功名看獘屣日月似奔流

未卻千層恨難消萬斛愁潭州經二五關雲更淹畱

贈鄭本

悠悠行路客懷抱共誰論作別頻揮淚相思每斷魂
雨來三夜永夢罷一愁存脈脈無言地孤燈話弟昆

次韻權昌平

華館三更夜孤燈欲滅時主賢能備酒客病未含卮
世契君應識交情我不移卻愁天易曙郵路有分離

敬次山海亭韻

伊誰於此起高亭檻外遙連萬里溟生計自誇專學
海詞華人謂應文星口吟羲易橫松榻手奏陶琴倚

竹扃眞趣箇中知者少幽懷默契我南冥

洛中偶吟

愁擁寒衾獨不眠五更殘漏度如年燈前隻影知誰
伴館下微官只自憐默數歸鄕雖有計潛思投紱奈
無緣春堂春日方今永何以歸歟舞壽筵

雨中書懷

三旬爲客滯長安愁裡難偷半日閒夜雨五更悲白
髮春風千里憶紅顏君民壯志雖虛擲猿鶴初盟尚
未殘萬事無如歸去好雲霞深處是家山

偶題

萬斛愁中送一春覊遊猶作未歸人三年京洛身將老千里鄉關夢幾巡薄宦到頭無興味沈吟何處喚精神星星短髮今搔盡贏得妻詞發兩唇

次宗人韻

不如同姓著同詩感發人心豈我欺百里地同千里地一年思倍十年思各在鄉關徒夢想偶逢京洛又分離浮生聚散元無定樽酒何時更有期

自知明

自知明自知明自知難與世相爭憂時縱切匡時念愛主難酬報主誠目擊艱危空掩口耳驚刁斗但呑聲自知明自知明自知漁釣勝公卿

還家

一年湖外任馳驅王事多艱不自由逹隔家鄉思渺渺淡懷宗國意悠悠夢中每恨歸來晩道上偏驚歲月流今日隻吾投紱計親朋皆說鬢成秋

次申文叔灑然堂韻

萍逢樽酒幸同傾細話從前十載情曾慕仁鄉多景致況聞高閣擅名聲風塵宦味君休羨雲雨人心我飽缺醉會一堂知有日歸期須趁月光明

晴暉堂分韻日用無餘功相看俱努力得相字

志學初年愧面牆抱經求道懼迷方懷人幾恨難同席思古偏傷未入堂博約願從函丈得交修期與友朋相蘭房幸奉諸賢後卻喜將來免作狂

贈房大順

天涯行色任勞勞孤負仙江泛一舠半朔過從忘寢食數旬詩酒更遊遨不才愧我三生拙有德知君百世豪明日參商雲樹隔相思何處又登高

寄呈可畦

昔在一城中相逢猶未數夫豈有他故彼此俱在劇握手雖不頻中心相愛篤湖嶺一分襟忽成千里別雲樹渺無涯每懷人似玉君承 聖主恩忽有公山謫世事無奈何懷珍困一域弊封在鄉境道里纔五十朝往夕可還儀容思一接時事適蒼黃奔馳無寸隙室邇人則遠中心長蘊結一旬三見書猶勝關河隔閒中日月長問君何所樂杜門感 洪恩讀書紬所得所以王成地心悰自無戚前席憶賢臣召還應有日分憂愧不才觸事慚鷄翼公私計不周吏民交徧謫況當捕賊秋凶徒多見逸心勞事無成左右遭譴責事與計相違中宵長歎息依倅未活民民生可於悒腐儒自知明涓埃無補國林下有宿緣歸歟計 一三

已凌其前得暇日擬與敍契活願君無相棄幽期保歲末與君好相隱何處是盤谷許多所欲言片楮何能訖邑殘無相贈草草在別幅臨風聊寄音庶代吾面目掛一而漏萬伏惟尊照察季夏初六日鄭樟頓首白

思鄕曲 留谷城時

嗟幾年之思歸兮尚今日之未歸功名之有所縛兮末一朝之拂衣佐一幕之何關兮紛外誘之悠悠一官之凌去不難兮夫豈名利場之沈浮茫茫此懷之誰與語兮徒耿耿而不自已今言歸之始遂兮任山水之行李

輓東岡金先生三首

嗟先生兮不可諠道之大兮才之奇充學問兮造詣深王者佐兮學者師襟秋月兮韻氷壺貌樂易兮心坦夷立治朝兮佐明主期古道兮今可施忠一斗兮老彌堅位二品兮心益卑旣時勢兮艱危又宿疾兮支離遂歸來兮湖之西聊自適兮我宜著吾書兮誨吾黨庶後學兮有貽何斯文之不穀奄一老兮不遺士失兮依歸國失兮蓍龜九重兮震悼八路兮傷悲返旅櫬兮天一涯指故鄕兮路逶迤最小子兮受恩深趨門牆兮自童癡才魯莽兮性愚騃賴先生兮稍有知今先生兮不我顧邈九原兮難追執素紼兮程之半送丹旌兮涕橫頤接容顏兮復何時承誨語兮永無期有生兮有死先生兮自怡樂比兮無所小子兮何之三竿兮落日一曲兮哀詞

嗟嗟吾道至於斯光霽容儀竟莫追直道永違明主佐眞儒無復後生師不惟木稼傷邦瘁其奈山頹痛哲萎小子最承平日眷丹旌千里送餘悲

眞儒無著我先生造詣雖深不自多益學問工程長進進源頭心地每惺惺愛君謾抱醫民策遯世還深輔

主誠只有餘謨綱目在門生悲恨幾時平

輓西厓柳先生

大老如何不憖遺從今無復望餘儀奉親至孝鄕人服憂世孤忠　聖主知柱石一身關廟社經綸十載任安危封疆有守違臨穴爲國而悲且哭私

輓鄭平甫 鍾 四首

嗚乎鄭平甫我驚君爲驥一疾終不起如今長已矣良善乃素稟慷慨是其志曰自齠齔年已有食牛氣來贅長者家能辨利與義孜孜學不倦此外無他嗜辛勤應科舉末梢終不利雖未勇斷彼斯文專用意

日暮忘路遠前修心所歧惡惡如撥湯好善如出己
奉先盡其誠弟兄心一致雍容師友間穆穆無異議
從遊三十年人服眞無僞結茅山水間偏知仁智味
生平何所營契活淡如寄善著天所福四子醇且美
謂君德如斯壽福期相値如何壽夭間漠漠無此理
念我交最久邇來迫卅祺綢繆兩無間同腹情何異
君愛我踈愚我服君坦易優游謂長保百年伽水裡
今成隔世別宿計空墜地全歸子無憾我悲終何旣
凄凉短麓上子宅在於是執紼嗟未遂淚迸不知止
淚迸知奈何此悲長無已

臥病經旬未得安思君長是淚漫漫從今永訣平生
友難再伽川漁釣歡

雲繞靑山山繞廬樹林人道是仙居仙居慘憺今無
主寂寂空留架上書

欽君資質超於衆每與相逢吐肺肝尊師親友今無
比愛弟恭兄古亦難此日有魂歸地下他時無路遇
人間傷心淚逐薤歌落夕照依依掛數竿

輓朴君美 明彦 改葬二首

吾友云亾十八秋追惟往事儘悠悠論文淵上恒靑
眼佩酒林間指白頭暫別一朝分嶺海長辭百世隔

明幽孤丘今日魂初返執紼荒凉淚未收
顔回已矣終無壽伯道如今始有兒魂返故原靡所
憾綿綿餘慶復何疑

輓河天沃

十載從來爲一家如今相失痛如何六旬非夭君休
恨後事寧須問少多

輓再從叔母尹氏

洪惟淑德本柔嘉早入西原禮法家半世守閨甘淡
泊一生主饋絶奢華孀居八載身催老病臥三旬壽
未遐賴有山風無咎子送終今日不須嗟

策

史獎策

臣對臣嘗聞古人之言曰董狐不生天下無直筆仲
尼已歿千古無公言噫後世之筆其果終不可直而
後世之言其果終不可公耶公是非於人者惟公是
非於己者能之則直筆之能秉公言之能立已矣無
見於今日矣愚臣所以長太息者實未嘗不在於斯
焉今我 主上殿下開大庭招遠臣誕發玉音昭揭
金章大哉一言先訪史獎臣蠡測也童觀也何足以
知之雖然對揚 休命不敢以不知辭請拜手稽首

爲　殿下颺言焉臣伏讀　聖策曰自古有國止爲
萬世可信之史歟臣伏讀再三欽仰　殿下明是非
嚴勸戒之盛心也臣聞史者一代之權衡千載之龜
鑑也記前代之事以著其得失者在於史示後世之
法以鑑其得失者在於史先儒所謂國可滅史不可
滅者正謂此也是以善爲國者莫不以擇史爲急也
史得其人則一言不輕予一字不輕奪褒至公貶亦
至公而可以爲萬世之法史不得人則予之者非可
予奪之者非可奪褒不公貶亦不公而誣百代之公
論史之不擇而欲言之公難矣哉雖然徒欲擇焉而

晩悟先生文集卷之一　十七

不知其所以擇則烏在其能擇乎哉必也才也學也
識也三者旣盡然後方可謂有史之具而稱史之職
矣才不充學不講識不明而能爲史者臣未之聞也
才無不充學無不講識無不明如是而爲之史則黼
黻至治與日星而幷明鈇鉞亂賊與風霜而同厲筆
是直筆言是公言而將百世不惑矣噫天生一世人
材自足供一世之用則尚何一史之難其人乎特在
上之人灼見而能官之耳曰若稽古結繩之俗變而
書契之文興左右之史唐虞亦備而隨事必記莫切
於欽書編年通紀最詳於麟經則其所以爲祖於談

史者亶其然矣魯麟見獲孔筆已絶歸來千載孰爲
公言幸而於漢得一太史公則猶足爲一時之良史
矣然而論大事則先黃老而後六經敍游俠則退處
士而進姦雄　聖問中所謂純而不雜則臣不敢輕
許也首尾三千餘年論著五十萬言則文果直矣紀
帝王而本詩書世列國而據左氏則事果核矣賢伯
夷而列之於傳首慕晏嬰而願爲之執鞭則可謂不
虛美矣不諱陳平之受金力詆張湯之深刻則可謂
不隱惡矣子雲所稱豈欺余哉至於予奪之或誤而
是非之頗謬則蘇子亦有分裂聖經如碎錦之誚矣

晩悟先生文集卷之一　十八

譏之者豈獨班子哉若夫班固之史雖曰可稱而其
於太史公若是其班乎王充著書則甲班而乙馬張
輔持論則劣固而優遷世未有一定之說而以臣言
之則創始者難爲功因循者易爲力遷則創始而固
則循其成法而已譬之帝王遷其高光之開創而固
乃文景之守成矣臣以此爲之優劣焉范曄之史則
進諸侯於帝紀增百官於書志雖自謂無慚良史而
先儒譏其可議者多而可取者少則亦何足爲今日
道哉三國以降評其書而曰古本之贋朝報之冗者
豈不信乎而亦不敢爲　殿下屈指也噫馬遷也班

固也范禪也雖或有史之才而學則不講矣識則不
明矣其何能不背古人筆削之遺意哉　聖朝啓昌
運熙洽數百年記事記注春秋有官待教奉教翰苑
有臣其所以取則於唐虞左右之史者至矣盡矣佐
堯羽舜哲之主旣成巍巍蕩蕩之治演周誥殷盤之
詞宜有灝灝噩噩之盛顯哉謨承哉烈賛襄之不遺
善可師惡可戒記載之備盡明燭往事之是非俾爲
來許之勸懲郁郁之文擧世皆仰而奈之何有其官
而無其人惟私是循而公道之掃地焉直筆不書而
枉曲之成風焉是非非眞是非予奪爲私予奪欲售

私恩則以邪爲正者有之欲逞已怨則以廉爲貪者
有之其於前古之史未見其或者彷彿則雖謂之才
與世俱下可也而　殿下所謂不專在文而惟實之
爲務者豈不切中於今日之史弊乎　先朝寶牒修
在今日歟惟爲任顧不重歟今日之任是責者果有
才乎果有學乎果有識乎無是才無是學無是識而
居是職當是任則其何能大書特書皆正皆直無譏
於今日而有辭於後世乎鋪張對天之閎休賛美無
前之偉績顧不難歟噫喪亂之後士氣不振公道久
熄弊習已錮獨於秉筆之官敢望公道之行乎筆削

何由而得其實是非何由而得其公乎欲以此爲傳
信後世之史則臣恐是非之或混而無以爲異日之
勸戒也然則若之何而可也臣以爲轉移之機不在
乎他在乎　殿下培養之如何耳　殿下誠能正以
養士之節直以養士之氣正直之在位則使之卑踰
尊而踈踰戚邪枉之立朝則使之屛諸夷而遠其跡
黜斥依阿苟容之士拔擢持正不撓之臣使士風丕
變公道大行則居史官任史責者惟知公論之不可
屈私意之不可循以直死爲榮而以枉生爲辱不筆
則已筆則皆公言也不削則已削則皆正論也公言

落落正言堂堂無是非之不公無予奪之不正善類
以之而增氣邪輩以之而褫魄光竹帛而耀簡策譬
如化工自肖於物象譬如斷案自符於法律董狐之
直筆不患其不復見而仲尼之公言亦庶乎仰跂矣
豈不盛哉豈不美哉惟　殿下之留意焉臣伏讀
聖策曰子大夫止予將親覽焉實有以欽仰　殿下
詢蒭蕘察邇言之盛心也嗚乎　殿下以史弊爲問
故臣旣以擇史臣爲對又以培士才爲獻矣顧念今
日可憂之事非止於史弊一事而　殿下之問不及
焉臣不勝私自憂焉嗚乎今日急先之務綱有二而

目有八焉曰正心術立紀綱其綱也曰敬天怒恤民
隱開言路收人心公銓選開　經筵崇學校嚴武備
其目也噫心者一身之主宰而萬事之根柢也况人
主一心攻之者衆聲色逸欲蕩其意近習便嬖蠱其
志是以兢兢業業堯舜之正此心也惟精惟一大禹
之正此心也慄慄翼翼非湯文之正此心乎無偏無
黨非武王之正此心乎存養之功浚而心之體以立
省察之功至而心之用以行惟我　殿下始初清明
以正心術爲出治化之本未知於居閒處獨之時能
戰兢自持不愧屋漏否小心翼翼不敢遑寧否操而

存之在　殿下捨而失之亦在　殿下惟　殿下之
留神焉噫善爲國有道自立紀綱始紀綱不立則萬
事無統夫所謂綱者猶網之有綱也紀者猶絲之有
紀也網無綱則不能以自張絲無紀則不能以自理
故一家則有一家之紀綱一國則有一國之紀綱大
綱既擧而黎民於變者堯之所以帝也人紀肇修而
邦家輯寧者湯之所以王也夏之紀嘗如綫矣而小
康中興以大禹之紀綱爲之基也周之衸嘗一搖矣
而宣王復古以文武之紀綱爲之本也惟我　殿下
銳意圖治以立紀綱爲正風俗之本未知所謂綱者

果能穆穆而無替乎所謂紀者果能井井而不紊乎
收而振之在　殿下散而壞之亦在　殿下惟　殿
下之留神焉噫天人相與之際甚可畏也上下一理
顯微無間人事善於下則天降祥以應之人事失於
下則天降灾以警之是故堯之欽天舜之勑天成湯
之上帝是祗武王之上帝臨汝此則不求天於在上
之天而求天於在已之天也若夫修德而祥桑枯善
言而熒惑退此則盡在已之天而回在上之天也今
者雨暘之不時焉日月之薄蝕焉飢饉則荐臻矣山
谷則沸騰矣無乃在已之天有未盡修而在上之天

有此仁愛之警耶先儒氏有言曰高高在上若不吾
見而無時不監焉蒼蒼不言若不吾與而無時不保
焉灾祥在天而敬忽由已惟　殿下之加意焉噫人
主一念之仁天下至治之幾也仁主於愛而愛莫大
於愛民是以不虐無告大禹之所以恤民也惠鮮鰥
寡文王之所以恤民也今者曾歲大無周年不豐鼠
有食黍之歎鴻無集澤之期民之無告未有甚於此
時也惟　殿下之加意焉噫江海之所以爲江海以
其善納乎百川也聖明之所以爲聖明以其善察乎
衆言也今者上有樂聞之誠下拘進言之戒朝廷之

上果無一事之可言閭巷之中果無一弊之可論耶
中庸曰舜好問而好察邇言惟　殿下之惕念焉噫
至愚而不可誣者人心也一失而不可合者亦人心
也撫之則后虐之則讐今者賊退十年侵鎬之兵雖
息而安不忘危戊申之戈未鮮加以潢池多弄兵之
兒良民抱枝王之懼人心之未寧未有甚於今日也
惟　殿下之惕念焉至於銓選之不能盡公　經筵
之不以時開學校不可不崇武備不可不嚴微臣雖
不敢一一以陳而孤忠所在　聖主所燭不以人廢
言於二綱八目之說略有所採施則千里孤臣退伏

圭竇沐浴　淸化歌詠太平雖死之日猶生之年臣
不任出位犯分戰灼兢惶之至謹昧死以對臣謹對

箋

大殿誕日賀箋

聖德恊承謨慶旣膺於川至昌辰届出震祝敢緩於
山呼萬姓同驅百獸率舞恭惟　主上殿下六龍御
天五辰凝績得其位得其壽九五福之幷臻宜乎民
宜乎人億兆願之咸戴玆値誕降之日敢獻有喜之
章臣跡滞南荒心馳北闕隔鵷班於千里蹈足未效
於朝端頌鶴籌於萬齡稽首獨勤於嶺外

教書

教全羅道觀察使李慶全書 代知製教吳長作

王若曰宣化靖民方伯專一路之制董旅禁暴元戎
揔五兵之威惟兼此之實難顧非卿而誰可緬惟炎
服素稱雄藩兵燹以來凋耗已甚公私諸具收拾無
由自非有剛柔文武之才安能任修舉撫摩之責惟
卿善慶赫世文行傳家耳染目濡秀發庭前之王樹
金泥繡帖光增日下之祥雲逮歷敭於淸班益紹休
於華閥殫心備顧問之選經幄幾年布政竭咨詢之
勞原隰百里卿纔遞還於朝著予實倚毗於臣隣無

忝所生是卿自勗昭事乃辟實予所期閔予國事之
維艱歎卿家患之斯酷人皆曰王仲舒之誥非中書
則莫宜我獨信張方平之材於方面亦有裕屬玆南
顧之日嘉卿北拱之誠疇若時哉聲章允副於衆望
無踰卿者簡拔不待於薦書玆授卿云云念五十州
之浩穰殆數千里之疆域地控夷塞海有鹽奴之窺
覘波通漢江路當遞夫之漕運士習尙口患有甚於
朋家豪右專鄕弊已成於蔑憲俗靡是崇而質實之
道衰巧僞爲飾而謹慤之風亾必有經遠制邊之謀
戎虜可戢必有哀窮惠困之政疲癃可蘇匪明罔周

匪斷何憯律已之道淸愼居先感人之要誠懇爲貴
學校者教化之本尤當導經學而謹課程農桑則衣
食之原務在舒民力而勸樹藝明義理則人心自淑
輕徭役則民力可寬斷獄例多滯寃讞蔑必待於克
審親民莫如守宰黜陟盍循乎大公況當今操鍊之
方爲戀先捍禦之務干矛器械之是善其可或踈坐
作進退之不從然後可用此其大者餘可推焉然須
有周昂斟酌之權行乎法外或庶幾感通煦濡之意
喩在言前毋爲寬緩縱弛以干違道之譽毋或戀迫
忿疾以速失中之譏毋膚喜事而創出新規毋苟依

樣而虛應故事官通訓而直斷無煩啓知罪大辟而
上聞以俟裁處於戲予言盡矣卿往欽哉一路福星
佇再見於今日五日報政罔專美於古人

書

上沈一松 喜壽

即此春和伏惟台監起居萬福瞻仰之私不任下情
樟伏蒙台蔭僅保守縣耳前於德龍之歸伏上一書
兼以死贄獻誠未知下監否遡仰台庶無便造謁只
伏祝台起居萬重

上徐樂齋 思遠

積雨初晴伏惟此時味道有相起居萬福區區瞻仰
不敢時刻懈焉樟伏蒙餘庇僅支宿狀惟是眼病支
離差快未易私悶罔已前往泗濱之日初欲一進門
下忽聞切迫之訃遽於往赴竟爲宿願歸來之後連
値霖雨且緣看護無主之喪尙未得更覲親庭以此
區區之跡亦未一進於左右只有慕庸烔烔

與表兄盧主簿 克弘

即此仲秋凉氣漸多不審尊候動止何如前者鞍馬
屢臨州內而勢常巧違未圖一拜當時餘恨到今無
已朴獄竟至全釋凶賊未討潑嶭未復實緣監司甘

心護凶曲辭欺 天以至此令人只自憤惋欲死耳
如有一縷公論則旣成之命庶或可回而臺閣無人
言之奈何老親昨昨返宅昨入武屹正此衰暮之年
不得靜頓將息私悶昔年紬歸內外譜略惠還如何

與李茂伯

年前謝狀已下照否不審歲換動止何似萬里關嶺
飛鳥亦斷一紙音問況望其傳耶只有一片殘夢夜
夜相尋於萬疊雲山之中樟歲前拜典籍竊以爲出
身後初授之職不可以不謝扶曳依行行未抵洛官
以限滿已遞旣入城中則又緣仲毋病重不敢遽歸

未免少濡滯有若希望者然可笑近者連有宗家祀
事文將留得一箇月將以暮春南歸矣兄無憂由南
來計耶樟來時見茂甫兄之一家消息平安云只祝
九百自愛以無負平生之志不孤士友之望

答李茂伯

近日洛中訛言孔將吾兄消息休咎相半矣與君顯
聚首相語置之於疑信之間而一念相愛之憂恒不
能自已得見手札前言盡妄矣欣快之私不啻披霧
北任之拜爲日已久入城之期應亦不遠男兒四方
何入不得寬心往赴視遠猶近涵泳天和不負所學

此正故人之所期待而想兄之所以自任者亦不外
此矣區區兒女之悲何足掛諸懷抱中乎樟罷官之
後未得卽歸非敢以在京爲樂求官爲意也私勢有
碍尚此遲遲可笑

與李馨甫 芬

一別千里二載于今悠悠思想寧有彼此聞吾兄暫
罹無妄旋蒙霈渥旣驚且慰樟一年湖幕積勞成疾
不堪供職呈辭得請歸已一朔有餘而眼病極重痊
愈無期有好書未讀有勝地未嘗閉目塊坐無聊當
何如杜門息交服藥養病此餘生事業耳

與宋君沃 光啓

秋暑尚酷謹問此時仕體若何千里懸溯以日爲年
樟病未供職呈辭得請幸矣而歸來之後眼病轉劇
私悶罔已來伏鄉閭耳目全閉洛中消息無由得聞
近者有一飛語言兄佩符忠原云潑賀潑賀然雲泥
路殊一拜無便臨書悵想轉切悠悠

與或人

久阻徽音方切懸想翩翩一札來抵客榻忙手奉展
悦接芝儀積年鬱懷稍降一分慰何如之因諦邇來
起居之詳尤庸喜劇樟游宦一年不能早退奉職不

敏今又坐罷留旣非便去亦不易苦此淹滯以待暑
歇耳生世不辰見此主辱憤惋曷極所教淸白吏追
錄事鄙生已遞該曹金佐郎方入本部想不待賤言
之勤尤以爲幸

與或人

千萬戀溯中伏奉遠惠手書兼受情貺不有眷存何
能若是樟旅食京師一年强半酸寒百況使人催老
思歸一念如水東注而　國有大變不敢告歸悶默
濡滯度日如年可歎何當一拜敍此悠悠

與崔司諫伯進

二一

日者人回伏奉厚復書仰認德學俱懋仕履萬勝爲之感慰樟年來廢學依此蔭官羞悔曷極玆欲捨此簪紱歸讀古人書夫如是則人孰我侮家親老境依穿百患迭作欲於閏月間呈病退歸鄙生亦難久於此欲歸則迹似偃蹇方不知所以自處耳

答方伯

前者屢伏承台下書仰審按節有相台體起居萬福區區感慰感慰無以仰諭樟僅保馳驅他何足說印册事所到者數處而厥數不多未知台意何如家親頃遭火災家舍書册盡爲灰燼他不足惜萬卷之書其可

更得耶家親所撰禮集疏劄無一之保痛痛柰何

與從弟貞甫

卽日滚秋侍奉曁仕況何似君之所得雖曰清班職務鞅掌何以堪苦千里無便復職而不得賀詔獄而不得慰出獄而又不得賀情誼安在遠地事可歎只望吾賢季謹侍奉勤職事以暇日讀書修行毋但爲碌碌一蔭官幸甚君之此職乃先世所經之官益加謹愼無替先聲而有以增光焉則尤幸

雜著

爲鄉人呈方伯文

星州晴川書齋儒生進士李舒等謹齋沐上書于秉巡察使閤下伏以弊州遠在嶺外然文獻不可謂無徵而幸賴鄉老倡道之力起數椽之屋於伽水之上顧念有家而無糧玆備若干木段貿得鹽石於海邑寒士力薄運致亦艱伏惟吾閤下按節南來民皆加額右文盛意人孰不服倘蒙特霈大惠許賜兩船俾自密陽甘同津輸致本齋則諸生免何食之歎閤下有愛士之德豈不幸甚隨境運致不甚有妨於列邑生等非不以苟且爲嫌而特荷閤下尚學之盛意敢此伸稟如不以爲不可則諸生之幸也

通諭湖南列邑文 在湖南亞使時

南冥曹先生神道碑石方掘取於長水縣凡慕先生之德者不可不盡心顧護以成大事適會始役於道內其在各邑守令僉公烏但傍觀歆歎而止哉如或各自留念隨力出助以補工人供饋償功之資斯文幸甚

跋

書湖行日錄後 甲寅

官纔五品秩之卑也驅馳鞍馬身之苦也所掌者叢繁務之劇也閱歲未歸時之久也受制於人辱之多也

必須年富而力強才周而能忍者方可以當此任也
況湖之南五十有三邑道路則脩矣人心則悍矣睚
眦一失讎隙便成喧爭不息搆誣是事驅逐守宰略
無顧忌風俗之不美未有甚於此道者顧我不佞性
則褊矣才則劣矣在昔富盛之年猶不堪鞅掌之任
況於今日桑榆已迫雙鬢已皤此任此職豈我所堪
朝命一下義不敢辭一出脩門不敢告勞以其性
之褊也故雖秩高之守宰豪右之巨室有不能盡饒
焉才之劣也故簿書之倥傯親舊之干囑有不能善
處焉桑榆已迫也故驅馳之苦有不能自支焉韓子

所謂若此者非愈之所能正爲今日道也强所不能
一年將周欲歸則 聖恩難負欲留則私勢牴牾支
離濡滯久而不歸果一朝而積勞成疾積謗成叢吾
其可以自堪乎永謝簪紱來卧桑梓陪親教兒讀書
養性以終吾年壽不亦樂乎

箴

梳貼箴

我髮汝理我垢汝滌我心誰理我欲誰窒惟外與內
其理則一盍余念兹朝乾夕惕

祭文

祭東岡先生文

先生而至於斯耶天道之渺渺而神理之茫茫也嗟
余小子其何所適從自今至死之年將同乎盲瞽之
不識乎東西四方也邦家之無祿士林之不幸皆不
暇言獨小子私痛之無量也惟先生之才之德有不
可以涯涘無賢不肖皆知其爲非三代下人物也資
稟之美精神之粹器宇之洪氣像之高固已自乎髫
髮之日也暨乎當獨立之時承詩禮之訓用功之地
必先乎灑掃應對之節也從事於文章之學而不規
規於言語訓詁之末缺得之餘所謂有德者必有言

而有同蒭豢人口之皆悅也既又試藝於蓮池登名
於桂籍其於當世之科舉不啻若拾芥之易也然而
惺惺之功進進之業日造乎吾儒爲己之學夫豈肯
徒事乎文章之小技也況又摳衣於李曹兩先生之
門益知夫踐履上達之實地也用力於格致誠正之
功玩心於高明正大之域其所以自期者以爲不死
則不已也胷次淡然無一點塵埃人或比之於光風
霽月也天下之物無足以動其中其視一時之功名
富貴曾不以爲少絜也築室於東岡之陂樂以忘憂
若將終身不知年歲之不足也 聖王方渴於求賢

旌招屢臻於華門也義不可長往而不顧其所以一
起者乃是堯舜乎君民也十年乎帷幄之中凡所以
啓沃賛襄者非仁義則不陳也出入乎蘭臺柏府翺
翔乎玉堂薇垣也時政之得失生民之利害知無不
言言無不中渙得乎納約自牖之義而使天心有以
默悟於　楓宸之上推一代格心之大人咸曰惟先
生其人也一時都俞之會可謂有君而有臣藹藹焉
千載之風雲也行止久速有不可人力致之江湖廊
廟進退之憂均也嗟執拗謀國之未善伊癸未廷議
之紛紛也獨先生毅然而特立不爲是非焉所惑也

自是而或朝或野出處之筭不一也己丑之禍憯矣
値權奸之當國也朔風之行色蕭條會寧之路千餘
里也雪擁咸關雲横鐵嶺人不堪其憂先生處之若
自爾也夫子之道至大無入而不自得也思美人兮
不見望西方兮長歎息也壬辰之亂尚忍言哉　聖
駕之踰梁甚也茨鞋得達於　行在動龍顔之喜色
也及其還朝之後益承嘉尤之渥也入言路則勵風
霜之操秉銓衡則盡公明之實也至於見機之明則
奸人之罪既正處士之寃又明歸計乃決於壬戌之
冬冬也行色摟摟於畿境羌不可以久容也西原之地

泉甘而土肥可以托去國之孤踪也先生之去兮吾
道南矣一時知先生者莫不爲國事嘻也雖不能有
爲於當時而亦足以頤養於晩齡一時愛先生者亦
莫不爲先生喜也在老境尚篤於愛君又去秋之入
洛也病不堪於供仕遂上章而乞骸骨也俄輿疾而
退休指湖西之舊基也謂仁者之必壽衆情之咸不
疑也夫孰知孔楹之入夢乃會簀今日之遽易也斯
文函丈之無托國家蓍龜之永失也君子之不幸小
人之福也斯文誰使之振君德誰使之復也後生誰
使之誨吾民誰使之祿也若夫綱目之纂吾先生晩

年工夫都在是也書未成而筆已絶矣痛矣哉孰繼
其志也天胡畀先生以若是之盛德而不靳假以期
頤之遐壽俾有　聖主之痛擧世之悲吾黨之哭也
優於賦而嗇於享固天意之不可識也自先生之棄
吾黨吾黨之士孰不長號而念絶也惟小子之洊痛
天長地久而無窮極也在十餘歳之時已承先生眷
眷之誘掖也先生不以小子爲無似欲推而納之無
過之地見小過則憂之著於色有小善則悅之發於
形也豈惟尋常師弟之比實猶天鍾彝倫之情也邇
來十數年間雖不得執經受業區區欽仰慕悅之私

則未嘗一時息也頃小子受百里之命來守先生後
寓之傍邑也旣公務之多端又私故之牽掣也雖承
教之未頻然詣門之摍數也累叨不屑之教諄諄然
兩端之旣竭也逮罷官而歸來恨道路之稍隔也眼
旣一進於門墻非復舊時之容顏也心惻然而內憂
悵先生別而不成懽也厥後陪家君又謁於座下喜舊
疾之暫歇也話半夜亹亹而忘倦談古今論義理少
無間於疇昔也竊自喜而歸來曾數月之未洽也偶
因事而戾京忽承訃於倉卒也惝怳仆地而哭不成
聲如夢如紿疑此言之非眞也嗚乎曷歸余懷之悲

旣數日殆未定夫精神也跋山涉水顚倒馳來始趍
哭於靈座前也昔者鼻比之卓矣何今日丹旐之翩
然也將尺辭而告哀文不足以盡其衷也惟先生不
亾者存有以黙佑冥漠之地而使小子不陷於不肖
之中也當服膺而無怠懍朝暮而惕若也一哭柩前
天地窮也薄奠旣設靈庶格於彷彿也

祭外舅聚遠堂曹公先益墓文

樟猥蒙天恩叨擢文科來拜丘隴如陪杖屨感想平
生悲慕無已

祭鄭平甫文

嗚乎人有謹祭祀和兄弟篤志而力行好善而慕義
者則雖古焉千載之上遠焉萬里之外皆欲尚友之
神交之况幸焉而共生於一世同出於一鄉又幸焉
而相遇於一門托契於弟兄焉玆豈非浮世罕有之
盛事乎吾之於平甫也實有前所云之幸而常謂福
善者天之常理也平甫宜享箕疇之五福而一曰之
壽無恙於不永則吾二人相從之樂可永保於百年
矣何天意之不可恃而使平甫倏然而逝使我永抱
無涯之慽耶噫顔淵三十二而卒今公之壽加顔淵
九歲則不可謂短命伯道尙無主鬯之兒而公之身

後有蘭四朶則其視伯道之不幸又何可同日語耶
噫吾自今誰與婆娑於水石誰與談笑於樽酒誰與
觀善而箴過誰與語情而談懷踽踽焉無徒惸惸焉
失侶求友之鳥聲其忍聞耶破絃之琴韻其忍聽耶
出門而何所歸也有疑而何所問耶夫如是則吾雖
欲自遣而其可遣乎吾雖欲不悲而其可不悲乎襟
期之莫逆臭味之相同不啻塤篪之相和管鮑之相
切也遂托爲平生之契不幸而有關東之別仍値壬
辰之變干戈彼此生死未的嶺海關雲長抱江東渭
北之恨其亦不幸矣我於甲辰之秋始遂狐丘之願

偷餘生於萬死之餘講舊好於千載之後一笑相逢甚樂如何有酒則相招焉有事則相會焉蓋無五日六日七日之不相見也噫我在己酉之秋不吊於天爲天只所秉捐踣伏孤廬朝暮當死而平甫眷眷相顧之義其可忘於沒世耶公旣視吾父如視所生事吾父如事所生故於吾母之喪葬也奔走之勞視事之勤蓋非人之所及其可生死而或渝耶今歲之夏觀國光於京師閱五月而乃還行未及門問先及公則人曰平甫待君甚苦我謂平甫之思我應若我之思平甫也竚待靑眼之日擬敍隔濶之懷病故多牽

蹉過數日聞公寢疾吾意愷悌君子神明所扶勿藥之報朝夕當至孰謂福善之天終不可恃而不淑之音遽及於千萬夢寐之所不到耶平甫之實德高行見知於一門見稱於一鄕見信於朋友固不待病友之言而吾平生景慕愛尚而不已終不可自泯於今日則吾又其可以無一言耶其心則確如也其言則訥如也處兄弟愉如也視生涯淡如也居鄕黨恂如也好善則篤疾惡則嚴事師則極其誠交友則盡其信此皆吾平甫之所有而平甫未嘗自以爲有者也藹藹丰容如見而不見琅琅淸韻若聆而未聆凄凉虛室丹帛空存一觴來奠有淚泉傾

祭外八代祖判書卓公墓文

維年月日外八代孫通訓大夫行全羅道都事鄭樟敢昭告于外八代祖考奉翊大夫禮儀判書進賢館提學卓公之墓美質夙稟高第早擢聲華大振爲國巨擘仁必有後裔胤天錫輝暎今古聞者歎息繄我孱孫猥忝外蘇恭承　宸命來佐湖幕仰惟松楸體魄所托今來展省百感交臆菲薄是薦仰伸悃愊伏冀尊靈是焉來格

祭外七代祖參賛卓公墓文

維年月日外七代孫通訓大夫行全羅道都事鄭樟敢昭告于外七代祖考資憲大夫議政府參賛文貞公卓公之墓於惟我祖挺生高門幼而異衆長而超羣潛心理學不樂世氛移孝於忠出而事君一代播聲千載垂勳念我外裔遠隔塋墳無路展拜實罕究紛今來瞻省載感載欣一酌告誠庶歆苾芬

祭李野老淳文

吾東大姓鐵城之李世有偉人令名永嗣文章道德孰不欽戴冠冕赫世莫之敢擬舍人府君誕承宗器立朝大節國乘有記乃克有孫寔我叔氏質賡純良

資挻淑美式自齠齔不常人似容物之量食牛之氣
逮至長成風度峻毅從師取友令聞不置文可驚人
學期成已行滿家庭名溢州里諸叔諸姑既云均事
衆子衆婦莫不一視待人多恕應務有智澤世抱才
畜君有志人無異辭遠大可致造物揶揄墻屋失利
累舉不中初計莫遂物議稱寃公心無恚公於發言
戎謹不置公於慮患備罔不至公於世味無所偏嗜
公於前哲亘爾追跂當義勇徒遇難無怕誠懇出天
論議極地賢人所許佞夫所伺晩年無爲知止而止
林泉高蹈世緣何累土村一區跡絶城市至樂斯存

塵寰是避付生耕鑿寓心書史一命雖降初心豈慕
難進是尚不告永矢逍遙自適俯仰無愧及遭亂離
素履不墜收召州旅誓雪國耻功雖未售義則不否
冦既退焉身庶安爾于山之南乃卜新址結茅徜徉
可保餘紀族譜初成州志將就一疾遽臻半載危只
大命已迫萬事已矣生順歿寧公則有是有生有死
亦人常理有德有壽有孫有子向陽藏風幽宅克貫
天不啻公無憾終始伊我於公叔恩師義我性庸拙
公則不棄公誨勤欵我服心裏昔我初冠歲在癸未
摳衣承教忠孝二字余之不敏雖未踐履服之無斁

寧忘步趾追思至今言尚在耳人事不齊會難別易
壬辰相離關嶺萬里干戈彼此消息無自一心馳慕
願言何已荏苒十年未通一紙邈矣燕城我適奉璽
偶逢一鴈敬奉雙鯉如承顔采欣感無比甲辰之秋
我還桑梓即趍展拜半日留侍公神不減公貌猶膩
廿載叔姪一堂情意說罷存亡兩極悲喜落日孤藿
松醪一觶積年阻抱未攄一二匆匆辭退誨言疊疊
意當累進仰候動止尋繹誦經旋又依吏屈指數載
先陰疲駟奔馳京洛長執馬轡聞公之病未嘗藥餌
承公之訃未哭筵几罷官歸來亦既累朞身病毋患

形枯神瘁湯藥煎熬只欠一死虧情關禮大負恩庇
抱痛含酸此恨曷既日月不居再期已屆謂將躬詣
親奠薄菲親齊旋劇未離造次此計又乖痛實在髓
潢汙一奠倩人酌彼非誠之淺惟勢之使我膓如焦
我淚如水文以告哀聊道所以公靈遠遊何間遐邇
我悲我恨公應顧諟公諒我情公無我異有非曰嘉
酒非曰旨一丹如炳公饗庶幾

祭從姨母鐵城李氏文

恭惟令門世襲貂蟬宏卿巨相輝暎後前餘慶所鍾
有婦人焉坤德之美蓋稟諸天才無不用行何不全

篤生儒家女事無愆作配君子殆三十年齊眉盡禮
采蘋益虔隨事殫誠如出自然親族慕誼遠近稱賢
螽斯多子世業克傳兒孫滿室一視陶甄福履之盛
鄕里罕肩歲在庚戌家步迍邅冢男罹揑至辱難湔
慈懷是疚宿痾沉綿天意莫詰大命斯遄事何忍言
聞者淚泫粤我小子自少狂狷姑惟子視撫綏實專
恩旣浹肌曷忘沛顚三四年前風樹悲纏姑氏三霜
趍哭無緣日月幾何再期已旋一酌奉訣眼水傾泉
魂其彷佛如在我邊物薄意誠庶幾歆旃

祭姨兄李三益堂天培文

兄資粹美兄學篤實兄行孝友兄量閎博士服兄操
鄕稱兄德使天福善兄宜有嗣使天佑賢兄宜久視
無兒無壽此理難詰兄其已矣天亦難必念我小弟
最蒙兄渥幼而見育長而執經論情較義同腹猶輕
亂離十年一別千里相思不見江渭兩地今春川谷
一夜從容亹亹話言達曙何窮兄容雖憊兄神不減
行色忽忽離情黯黯謂秋而還可續舊歡百年契闊
擬共淸寒日月幾何凶音遠傳承訃驚摧我心如煎
病未侍藥殁未啓足斂不憑棺葬不臨穴平生恩義
辜負已極遲遲一哭半載之後勢雖使然罪何容口
有才未展有學未試後事無托兩孀孰視旣兄又師
我今永失淚隨言零痛由中徹彼蒼者天其忍是乎
仁者必壽聖言亦誣死生常理兄雖自安使兄至此
勸善誠難德容難接法言誰聆我愚誰砭我昏誰明
隻影無伴踽踽躕躇同老卭園夙計歸虛薄奠今日
萬事匈言區區私痛又有甚焉兄視我母如已所出
母在湖西相離歲積兄挈母還病中尤劇母今已還
兄何不識九原之下想未瞑目諸親并會兄獨不來
言念及之痛益難裁欲寫我悲文豈可旣一觴之奠
告哀而已

祭從兄孟山公機文

孰謂天之仁耶天苟仁矣其夭有德之吾兄其肯使
有德之吾仲父有喪明之至痛耶孰謂兄之孝耶兄
苟孝矣其肯乘春萱鶴髮之雙親而寘然不爲之動
念長往而不顧乎攀號而長痛幾絶而幸甦奄奄乎
莫保朝夕者吾仲父也則吾有目其安忍視此吾有
心其安忍爲懷也哉嗚乎兄胡不此之念而有若無
意於親庭者耶吾兄平日自視爲如何哉其不以曾
閔之孝自期乎其何自期於平日者若此之厚而恝
然於今日者若此之薄耶靑孀在室而不克終琴瑟

之好子女滿堂而不克見嫁娶之成仕宦僅止於六品年齡未及於半百胡天之待吾兄若是之甚酷耶嗚乎哀哉純質之資溫醇之德實由於天稟之自然而曰自生孩之初年已有岐嶷之美性人皆以奇童目之而生纔七朔奄遭天只之慟其所以潜慟而暗傷者已在於人所不知之中嗚乎未一歲之時而能知其失母之悲者其不甚異乎自是背負腹抱顧育撫摩之恩皆惟仲父是賴旣長而至於冠旣冠而至於有室然則吾仲父之於吾兄也有父之嚴而兼母之慈矣今兄之死也仲父之所以傷慟者爲如何而

兄不之知也嗚乎哀哉兄之於父母也欲盡孝焉兄之於兄弟也欲友愛焉兄之於宗黨也欲和睦焉兄之於仕宦也欲忠盡焉兄之於居官也欲淸簡焉其心之和其德之懿其操之堅其行之高固不待弟言之譊譊而人莫不知人莫不欽以其表表者而言之則其在孟州也洊得一縣之人心雖以當時之號爲强梗者爲御史於本道至以淸簡奏聞則吾兄之無間於當日者昭昭矣以如是之心德如是之操行不克大施於昭代豈獨其人之不幸抑緣今日赤子之無祿矣嗚乎吾兄平日雖不以榮達自期而亦未嘗

不以立身揚名顯父母爲平生之願今日之所履歷乃止於一縣而止焉則吾固知吾兄當不瞑目於地下矣吾兄之病實由驅馳積傷之餘蓋其作宰於西路也不惟風土之有異於京師而于時適値天朝將官之頻煩出站支待之役奔走鞍馬之苦無日無之風露之所感也暑雨之所冒也兄雖不能自覺於當時而其心氣之受病也臟腑之被傷也紛不知其幾許則孟民之所以愛戴吾兄者雖如彼其至矣而吾兄之死實由於孟州也嗚乎哀哉吾父兄弟三人而伯父早死吾父與仲父在世吾父只有不肖子一人

而仲父有賢子三人吾父未嘗不以仲父爲羨而今乃吾兄先仲父而夭焉樓又出系於伯父仲父膝下惟仲兄一人而已嗚乎庚子之冬吾妹死焉辛丑之冬吾兄歿焉年纔一周骨肉之喪疊現層出豈料吾兩父種德積善之家而不幸之變年年有之乎兄之棺仲父治之兄之葬仲父憂之人間天下其有是耶嗚乎初喪也將葬也仲父之所以經營百爲焦心苦思雖使行路觀之必且涕泣之不暇而兄之孝不能自知則是豈緣兄之不孝使然哉其必死而莫之知也夫然後兄之死也必矣吾之所以長號而劇痛者

爲如何哉兄雖死矣豈忘孝乎有以默相於冥冥之中使我仲父永享岡陵之壽而庶幾無疾病則吾兄之孝可謂無間於幽明矣嗚乎哀哉居諸不居卽遠有期靈柩將遷丹旐將發與兄從此永訣矣號痛窮天其有旣耶像此薄宦不能捨去亦不得執紼而拜訣於入地之日嗚乎我兄知我痛耶瀝血書懷字不成文嗚乎我兄知我痛耶

晩悟先生文集卷之一

晩悟先生文集卷之二

附錄

壙記

有明朝鮮國通訓大夫行全羅道都事兼春秋館記注官鄭樟字直夫其先淸州人本朝開國功臣政堂文學文愍公復齋先生諱摠七世孫曾祖諱應祥司憲府監察 贈承政院左承旨祖諱思中潛德不輝 贈吏曹判書父諱階恭嘉善職奉西衙母先州李氏權知訓鍊奉事諱樹之女祖母星州李氏處士諱煥之女曾祖母瑞興金氏寒暄堂

先生文敬公諱宏弼之女樟生於隆慶己巳六月壬午萬曆戊戌秋其仲父西川府院君諱昆壽奉使皇朝辨誣得伸自 上特命官其子弟西川捨其子而請其姪除氷庫別提歷司贍寺直長通禮院引儀司憲府監察燕岐縣監新寧縣監壬子秋及第出身授成均館典籍轉忠淸道都事未赴授禮曹佐郞未幾以事罷旋拜全羅道都事秩未滿而病辭遞歸纔半歲而以甲寅十月戊申歿焉越三月十二日丁酉祔葬星州治南二十里大里芹坪判書府君墓西南坎山午向之原後移葬于判書公墓東南

三〇

乾坐之原十四代孫基洛改幡壙記仍附後識 盖自京都來居于星至于樟今三世也娶昌寧曹氏平安道都事光益之女生子男四貞男夭惟熙惟勲惟壽女二一夭一未歸其父爲之誌嗚乎痛哉

行狀

府君諱樟字直夫自號晩悟清州人上世有大將軍諱頔死節西京贈上將軍再世而有章敬公諱瑎又再世而雪谷先生諱誧生文簡公諱樞文簡公生文愍公諱揔策開國勲於府君爲七代祖累世文獻輝暎史乘李牧隱所稱西原大姓是也曾

祖諱應樑 贈承政院左承旨祖諱思中號明愼齋隱德不仕 贈吏曹判書考諱述文穆公號寒岡先生道德文章師表百世妣光州李氏權知訓鍊奉事諱樹之女也府君生於隆慶己巳六月壬午天資明敏文華夙成萬曆戊戌秋其仲父西川府院君諱崑壽奉使皇明辨誣得伸自 上特命官其子弟西川君捨其子而請其姪除氷庫別提歷司贍寺直長通禮院引儀司憲府監察燕岐縣監新寧縣監壬子秋文科及第授成均館典籍轉拜忠清道都事未赴授禮曹佐郎旋拜全羅道都事秩未滿辭病而歸歿於甲寅十月戊申享年僅四十六以原從勲 贈承政院都承旨葬于大里蒼坪子坐之原時文穆公依朱夫子故事撰壙記略敍世系履歷瘞之壙内後移葬于舊基東乾坐之原府君承襲詩禮之學從事寒岡先生之門文章行誼超出等夷一時賢達無不親愛而與樂齋石潭拙齋諸公最爲歡洽未嘗一日相離常會講於晴川晴川卽文穆公講道之所而今考其講錄公實與焉其問學之專篤家庭之推許盖如此其在全羅亞營時伯胤承議公時年十餘請其印書

於亞營府君答書責之曰吾平生所知只居官清愼四字而已今以官力印書與汝凌非貽謨子孫之道况汝欲讀書則家中所藏足矣何必費亞營財力乎其守身之清簡教子之義方又如此平生志存忠孝雖尋常吟哦之間未嘗不惓惓於君親今其遺詩可見也石潭之往輸城也府君以忠信篤敬蠻貊可行文以勉之是乃處朋友之義也其遠遊歌曰功名之非所望兮乃所願則寡尤悲夙志之不可遂兮擬斂志而自修又曰簞食瓢飲之可樂兮世唐虞之歌謳不知老之將至兮顧外此

而何求其存心文學不樂紛華亦可想見於百歲
之下而德業未充中道云歿嗚呼痛哉配昌寧曺
氏平安都事諱光益之女也生於辛未歿於乙未
享年八十五葬于府君墓右壬坐之原子三人伯
曰惟熙端敏志學人皆期以遠大承重文穆公丧
過哀而夭無子取季弟之子昌址爲嗣仲曰惟熟
濬源殿參奉又無子取季弟之子昌緒爲後季曰
惟燾 顯陵參奉子昌載女四人盧灝進士崔震
雄金昇九喪永徽昌址蔭補靑巖道察訪子曰啓
欽致欽 寧陵參奉昌緒無子以伯兄之季子履

欽爲後昌載子曰復欽益欽女柳聖疇孫雲發玄
孫以下世代漸遠子孫亦夥不能盡錄七代孫煒
謹識

墓碣銘 幷序　李萬運

公諱樟字直夫自號晩悟淸州鄭氏高麗上將軍
諱顗之後世有名人曾祖諱應祥司憲府監察
贈承政院左承旨祖諱思中 贈吏曹判書考諱
述文穆公寒岡先生妣光州李氏權知訓鍊奉事
諱樹之女公生於隆慶己巳仲父西川府院君諱
崑壽萬曆戊戌奉使辨誣 上特命官其子弟西

川捨其子而請蔭公除氷庫別提歷司贍寺直長
通禮院引儀司憲府監察燕岐縣監壬子秋文科
授成均館典籍忠淸都事未赴拜禮曹佐郎全羅
都事秩未滿辭歸甲寅十月卒享年四十六以原
從勳 贈承政院都承旨初葬大里蒼坪子坐之
原文穆公撰壙記後移葬于舊墓東乾坐之原公
早襲詩禮之訓且遊於東岡金先生之門文穆公
與門下諸賢講學於晴川書齋有晴川講錄而公
實與焉其在湖南亞營時伯胤公年尚十餘請其
印書公責之曰汝讀書家中所藏足矣何可濫官

爲也平生篤於忠孝尋常吟哦之間未嘗不惓惓
於君親嘗作遠遊歌曰功名之非所望兮乃所願
則寡尤簞食瓢飮之可樂兮世唐虞之歌謳可以
想見其所存矣配昌寧曹氏平安都事光益之女
生於辛未卒於乙未享年八十五葬於公墓右壬
坐之原子惟熙承議郎惟熟濬源殿參奉惟燾
顯陵參奉女盧增惟熙承重文穆公喪過哀而夭
繼子昌址靑巖道察訪惟熟繼子昌緒惟燾子昌
址昌緒昌載昌址昌緒出後女盧灝進士崔震雄
金昇九喪永徽昌址子啓欽致欽 寧陵參奉履

三二

欽昌緖無子取履欽爲後昌載子復欽益欽女柳
聖疇孫雲發玄孫以下不盡錄銘曰
鯉過庭塾遊婺刻不磨後起慕

祭文　學諭宋遠器

嗚呼我公如何不淑誰無一死我爲公惜生匠石
門長伯樂旣文學夙成衿佩稱首月宮匪遐丹桂
可折數與時違霜蹄暫躓禹方冠冕豈爲公榮兩
佩銅魚于岐于寧片香投江四壁依昔外補湖幕
劬勞貢隰馳驅成疾遽謝簀易笑迎無幾哭臨何
亟遡想平素刀割脑膈自公之北是愛是狎齒笑

兩忘已踰三紀春花溪上風絲共理秋月堂前絃
歌同聽情均骨肉孰弟孰兄中間宦遊片牘傳聲
歸來語懷纔及三四壯年先逝衰暮已矣擧卮淚
滴此酒應酸庶幾降臨鑑我心肝

又　蔡夢硯

惟公早達文章夙成器宇師門賢胤吾黨畏友將
期將昌以業厥家長途方騁大限焉加余叨門下
蓬麻是託恩猶弟兄義深麗澤今其已矣彼蒼曷
極

又　李厚慶

嗚呼惜我立雪三十六霜與子相從幾多連床情
與義深偲切形忘我昏惰勉君整莊安肆日偸
莊敬日彊共敦此語冀免倀倀云胡一疾奄至有
喪伯魚早逝受之先亾古之不幸師門又當慈天
罔極晨夕摧傷觸物生悲哀淚盈眶嗟爾門徒所
共遑遑幸玆青氊三蘭幷芳長纔二八克知義方
顔戚哭哀絶飮水漿奉承庭訓不亦其臧日月迅
速玄宮已蕆友朋咸集窀穸告襄陳詞永訣有淚
滂滂

又　崔恒慶

嗚呼惟靈早學詩禮晩事科業蹭蹬十載字惠數
邑鵬忽搏翮驥將展足尋不悅豫貽憂北堂猶謂
采薪竟成膏肓幽明遽隔重我傷神人生斯世孰
不隕身沒而有知應不瞑目鶴髮嚴親撫櫬臨穴
家室子女擗踊呼哭非子而慟伊誰爲慟五十年
先倏如短夢惟我不敏托契平日顧念相好感今
悲昔別成千古一杯永訣

又　內從兄李蔚

嗚呼公之生於世四十有六年矣公之爲人可謂
無負於天而天之所以禍吾公者何其酷耶况我

先生盛德宜有餘慶之應而今公纔及强仕之年遽罹云亾之慘使先生而抱無涯之慟天將不欲使斯文復爲善耶抑所以報之者日久事定而後見耶將毁命物之道而自相傾軋耶抑付之於命也數也而不得自專耶天道茫茫理實難諶嗚呼惟靈孝友之性得之天賦敦睦之實不墜家風於書無不通而尤精於易學於文無不工而尤巧於四六早步文圍多士俱空晩擢龍榜始售所志中年蔭補而做官豈公之所樂哉實出於爲養與貧之意而與時矛盾亦不能久於任命數之奇此亦

可驗平生題柱之志僅試湖幕之下而一年未半鄕思轉催呈告歸來陪侍鯉庭豈謂一疾遽忽至斯嗚呼公之於無似年隔三歲而忘形彼此不擇爾汝義從弟兄而兩盡情愛無異同腹沙月溪邊檜淵淵上追隨馳逐共遊共學分離之日少而會合之時多以至晩年得失雖異而赴觧則必同君先者鞭我屈都忘一門之望咸屬于公而公今長逝古人所謂爲公而哭爲私而慟非公之謂耶嗚呼哀哉

又　　生員朴明胤

惟公撛臺茂族鳳閣華冑生而質美學又時懋潤著新酥溫如良玉入孝出悌行方心直待人以誠交友以信筮仕郎署事敏言愼分憂二邑魚釜塵甑庫無私貨旣乏良乘曲仕何榮阨窮不感歸養林泉蕭然自適俄丁內艱克盡孝誠痛毒之暇披閱古經對策螭庭高步蟾宮翺翔省府蔚爲名公文彝鎻掣萬里南州紅蓮綠水任爾優游命矣斯人而有斯疾英魂何處玉京綿邈嗚呼哀哉鶴髮堂上怨淚汍汍孤鸞鏡裡隻影欒欒有女悲啼有子泣血捨之不顧如何造物人生斯世倏如浮漚

壽不可延命不可謀顔回蚤死伯魚先逝紛紛蜉蠓何可勝計今子於世表表有儀貢爲三品年至四紀生聞詩禮死有棺槨三珠靜秀可繼可述揆之今古亦不多闕在生雖憾在死何憾嗚呼哀哉我在幼年摳衣庭下與子相好情誼非假磨肌吐肝爾我忘形名雖友朋實同弟兄時逢亂離南北分飛渭北江東夢魂依依於歲甲午我忝鄕擧間關赴洛踽踽無與聞君來住好賢坊裡馳往省之握手歡喜因僑隣宇朝夕相隨笙琴殊好抱璞何爲白牛之年我又西笑君在京師歷職顯要要我

同舍自春徂夏講磨之餘時或嫚罵詭謔相宜言笑莫逆榮枯得失付之蕉鹿有志者成子竟登科紅袍象笏於我頻過把盞相屬我叩君呼有酒則酹無酒則沽長思此樂永保百年那知今夕子忽我先落月滿屋孤夢偏驚斷笛空咽哀淚如傾茲具菲薄敬奠一酌詞以告誠庶幾來格

又　戚從李天封

嗚乎惟靈生長名門世德其懿稟受之美鍾氣之粹瓊琚之才瑚璉之器休休寬裕長者風致夙承庭訓學業早遂文旣拔萃聲譽日肆屢捷文苑竟

化鵬翅靑雲有路志業可試世路多𡾟所守爲崇鶴寄群鷄孰知其瑞百里孤城牛刀再施鳳栖于棘詎展素志一缺幕孤蹤如寄眷懷而歸信地所乘天又何爲而不憖遺日月不居巳卜佳隧朔風丹旐旭日素幟觸目生悲遠近同異細想儀刑五內如墜聊將不腆敬薦一觶不亾者存庶幾格思

又　評事李濯

嗚乎公稟性純實又承庭訓行己以恭待人以寬居官廉潔在家淸苦而翰墨之才特餘事耳志在立揚出入場屋其詞藻之富贍筆力之雄健可以一戰定霸而每屈人於解額自屈於庭對蹉跎蹭蹬始得一科而未滿三載朝露溘然使其才不得大施玆豈非造物者戲劇於其間而然耶嗚乎昔與之別今已三秋君承新寵榮還故山我切歸覲往于關西握手都門相期會面之速圖未及旋而吾有從軍之行公又佐幕於湖南則榆關春樹錦城暮雲渺渺音容只憑塊夢而已去冬南歸公亦來寧而一塲相逢偶爾巧違我今還塞公又下世那知昔年洛中之別乃爲今日之永訣耶嗚乎哀哉其淸揚之標俊邁之姿不可得以見矣仁義之

說規警之言不可得以聞矣詩成而與誰唱也酒熟而與誰斟也踽踽孤蹤失此良友白首痛哭天地茫茫含哀一奠庶歆菲薄

又　裵尚龍

惟公西原大姓嶺表名家曠世風調冠群才華踐歷明敏堂搆可期操履淸儉詩禮不墜寓興圖籍毓慶蘭舍天胡未定壽仁理昧冉牛斯疾伯魚早死顧玆孤苦猥蒙矜閔每賜顔色不示畦畛落花淵舍暮雨沙汀一杯相屬萬事忘情歸依無分獲侍不卒茫茫斯世面背殊色赤子純心於何更接

太古淳風於何更覩嗚呼溟漠有懷難任一奠永
辭公其屑歆

又　金科

嗚乎我公而至於斯也公之於鄉與偕由由公之
於朝有容休休醇慤見天眞也淸寒知安貧也行
年未五十矣舍紱纔過數月矣夫何遽至於此也
伯魚蚤逝尼父悲傷子淵短命顏路經襄尤可慟
也尤可慟也柳車將發不覺魂斷

又　郡守趙靖

嗚乎惟靈家傳忠孝世業詩書奉承庭訓夙有令
譽蜚 恩入官早綴纓簪棘棲雖屈雷惠則溉滙
池奮翼鵷路益坦將翺將翔謂展素蘊何言一疾
遽至不淑靑霞入夜白日晦色鶴髮臨年寢饍誰
視諸孩在襁訓掖靡倚存何順事歿吾不寧凡民
是憾矧余忘形聯鑣紫陌往事如昨握手黌堂敘
款至昇中因遊宦曠歲貽阻弔慶憂喜視同行路
雖云勢致心實慚負惟憑便風問訊不廢勗公加
進勉我無替聞公疾革始未問候東猶奔哭亦在
人後平生分義到此增恧惟公知我敢布心腹冀
回冥夢監我投文一酌而退幽明之分

又　從兄櫧

嗚乎惟君二氣孕靈挺生西京人疑謫龍自比璵
璠早承鯉庭晩躡天根試子游器牛刀寧論屈士
元才驥足乞邑免君之爲文倏若驚猿題名鴈塔永
矣不諼座席隻珍墨池化鯤協我宵寐符我卜陳
西向榮壠南歸悅親或佐宗伯或典成均湖路元
寮咸讓精掄靑衫蟬蛻首丘沉呻豈料一疾遽依
古人來理牀琴匣已盈塵斗酒難又誰與濡唇椿
堂回睟孰任昏晨孀三吽哀孫四悲辛柴門故里
樵車轔轔無似於君同祖共塤君追王友我愧金
昆我嘉君亨君矜我屯鵬程載始鷄夢先獨靳
遐福奚自而然福善理爽何辜于天嗟君王鈇愧
我毛全上歲分手谷曰生民那期此別永訣來寅
昔我往矣北風其凉今我來斯隣笛山陽雲愁有
凄欷哀無光抒情用申靈應不亾徘徊未覯豈徒
神傷村肴雖薄庶歆一觴

又　戚從李簹黨

公年少始學自就高明及其學優爲其親老筮仕
數年五馬榮養雙親北堂樂且無央天禍罔極旋
丁姑氏之喪孝終三年身無一疾玆豈非神明之

三六

所扶也歟至於壬子年秋射策龍門高捷乙科此則公之文章餘也分內事也嗚乎以公之才德文章孝友忠信無復有施於家國上有先生又不得終養於百世而何其天奪之速至於此耶惟幸庭中王樹三哥難兄難弟肯搆肯堂將以此慰吾公於重泉之下矣惟我兄弟今來几筵之下一奠痛哭尚在於衆人之後雖出懇然顧念情禮兄弟之義亦安在哉

又　　縣監郭永禧

惟公孝友家傳愷悌天錫持養有素庶幾無疾伯

魚早卒仁壽理爽昔我負笈托跡函丈親則再從情則骨肉遘亂多年分離南北夢想德宇恍若相從先後科第桂影連穠萍逢宦海邂彼湖南共壽萱堂和樂且湛公歸故園爵陶思切遠訃初聞慟不自抑王事靡盬死生莫親今始來斯再期隔旬慚悼兩極悲感交纏一杯哭奠有淚如泉情義所在無間幽明公其有知尚歆卑誠

輓章　　學諭宋遠器

少年才氣冠群儒晩節高風矢不渝詞富可方王鳳閣淸貧堪擬陸龍圖趨時肯負家庭訓問路先尋漁釣區朝露溘然成一夢忽看殘月掛松樞

早托忘年契相從數十霜琴書山雨後詩酒野花傍情同澄水洞心與暮雲長今作幽明別驚號淚萬行

又　　牧使閔護

四缺知天已草草位終郎署吏堪憐短衾掩足須歸賵薄窆安身待集錢誰任滫瀡孀婦孝幸傳肯搆二兒賢沒何寧也嗟吾友備饗牀前奠漬綿

又　　郡守趙靖

舊識南昌尉今爲鶴上賓風流傾王笥勳業阻麒

麟樂極過庭日寃深就木辰老天還忍此行路亦沾巾

又　　李厚慶

函席逢吾子綴文最少年春雲生靄靄鷙鳥擧翩翩早計驊騮血晩尋玉桂鮮長程方擬騁中道忽成仙霜打香芝歇風凋秀蕙顚慈懷同子夏孝思慕雙蓮親戚爭晷哭心朋哀憲憐榮枯逝似水哀樂善如箭積善流餘慶垂仁遠世傳蘭芽會茁茁瓜瓞政綿綿冉冉屆三月冥冥隔九泉相觀嗟不復感舊涕漣漣

又　張顯道

從遊門下今幾歲月如兄如弟情義俱篤每逢晤語吐心憂骨永以爲好庶幾無疾云胡一夕天奪斯速親朋驚慟道路嗟惜宣尼堂前伯魚是哭精靈有知亦將飮泣身適有疾哭未臨穴悲慟之恨此生何贖泣題拙詞老淚不渴

又　正郎宋光啓

金蘭情好幾人存又復承凶哭寢門早學鯉庭追祖武晩登龍籍荷君恩如何佐幕將期歲遽爾歸鄕向九原老鶴哀呼雛鳳慟英靈於此必含寃

又　生員朴明胤

王樹挺生謝氏庭英英風度異尋常早聞詩禮傳庭訓晩對天人荷寵光萬里鵬程期直上一朝鵩夢太悤忙追惟平素從遊厚不覺驚號涕泗滂

又　生員李天封

命矣斯人没痛惜若剜心眞淳世所稀好善友共欽鯉庭學益篤董帷造詣深文章溢簡牘論議擅詞林枳棘曾栖鳳蓮幕少知音素志曾未試遽嬰二豎侵顧余情孔懷動靜相規箴春風同詠歸秋月共開襟而今天奪速踽踽獨破琴含哀題楚挽悲呼不堪吟

又　及第李彦英

典學由來樂聖賢趨庭佳訓幾多年靑雲喜信傳天桂碧海殊恩煥幕蓮洛水斑衣同侍側京華旅食更隨肩黃粱報熟成今古回首山陽淚似泉

又　生員朴文楧

湖海嘗遊日田園偕卧初瞻思一片月珍重兩封書脩短人何與存亡愴有餘鬱荒違執紼哀淚獨沾裾

又　李堉

羈丱追隨日月深襟期共托歲寒心如今絃斷知

音少沙礪誰當拾零金

又　評事李濯

論交會結百年期管鮑朋情爾我知氣節可看天質厚提撕專賴戶庭資鍾亡昔日牙絃斷鯉卒當時孔聖悲三歲天涯生死別詎將心事盡哀辭

又　呂燦

吾兄今也向何方福善天公意未詳有棺下泉尼父慟壙文題石晦翁傷風生眉宇仙樓隔水湧詞章圭府藏永訣千秋悲恨淚更彈殘月哭中唐

又　宋時詠

氣質休休長者稱早年詩禮鯉庭承鵬程已見功名立鵷路將期事業弘天理冥冥仁未壽人生草草善無徵數聲薤露催仙御執紼悲懷不自勝

又　李埱

坦率眞醇孰似兄每陪淸範兩忘形羲農世遠寧辞酒湖海風京便觧纓陋巷永期成穩話新阡豈料遽吞聲親朋此日無窮恨不耐高堂哭丧明

又　盧世厚

傳家赫業唯忠孝歷代高名自翰章斯人今也斯

亡矣天道茫茫不可詳

又　李長立

吾兄純質實由天爲孝爲忠慕古賢一生高趣鄕人服半世淸貧士友傳位躋湖幕心逾下名躡春官志不遷謂言他日期三揖豈料如今隔九泉門前行逕埋靑草身後空齋鎖白烟情猶同氣兼師弟臨穴難堪涕泗漣

晚悟先生文集卷之二

是吾八代祖晚悟府君遺集也府君在昔趨庭之日文穆公以講明斯道爲己任當世大儒名賢皆束脩登門莞然爲東方吾道之復興咸被時雨之化盖心悅誠服孰不有如孔門之三千而况親子乎以府君之姿禀粹美擩染家庭自孩提有識周旋進退之間敎固已行矣薰陶德性才藝夙就逈出曹耦之頴者實惟鄧林靈根旣有所自來也盖嘗論之人無父師提撕之力而能有成者鮮矣府君內而旣承獨立之敎外而遊金文貞公門其道誼之正講習之篤觀感之效旣可以此推驗其有爲之志於輓誄文也晴川

講道之會與一時羣哲駢肩摳衣而難疑答問之精推詡勸奬之眷亦可想其公之有實效於講錄也志莫屑於世路而仲父西川君以　皇朝辨誣功白官其姪累遷徵銜歷典數郡而不樂夯舉功名之非所望者可以認素志於遠遊歌也學問之道文章其餘事而詞藻之汪洋發越論辨之正直明快可以知其經世之才於登第策也詩言志而皆平淡典雅且忠厚惻怛之情惓惓乎不忘君親處江湖之遠則陟岵之思倚斗之望可以見其藹然呈露於所著詩律也由是而之焉之則爲孝盡忠之道進德修業之工必

將庚無憾予平生胷臆所蘊而痛矣天不假年中逵云亾盖朱夫子所以慨然發歎於滕南夫者亦此類也今世代浸降府君之遺澤漸遠則追慕羨墻安得無感懷者乎矧惟巾衍之蓄散逸無多不勝苗裔之慨恨而且先世以來累營潔梨終焉未果此實三百年未遑之舉也今者宗議詢同合原本附錄釐爲一卷書付諸剞劂歲之乙丑秋八月日也后孫恩錫謹識

我晩悟府君歿於萬曆甲寅時則上而文穆公患風痺下而承議郎公才十五而未冠且蘆谷之火適丁是年府君遺書亦災逸不保不亦宜乎然歷世苦心隨得隨錄於斷爛敗紙及諸賢集中者僅容一冊而委蛇典雅溫出衷赤詩之所以言志也灝噩排置救時匡君策之所以奏對也至若箴跋書祭及雜著等文字皆對證投劑明體適用之要則府君之所存可想也已嗚乎世之人只知府君之爲文穆公之嗣而不知府君之爲府君則不幾失於府君者乎歲乙丑八月十五日有事于先廟作而言者曰世敝矣晩悟公咳唾一褒行將蟫鼠而止乎於是鳩材屬工實先志之所體也

十四代孫基洛謹識

晩悟先生文集